Econo-Globalists 18

副島隆彦
Takahiko Soejima

再発する世界連鎖暴落

Japan's Losing Ground

貧困に沈む日本

祥伝社

再発する世界連鎖暴落

まえがき

これからまだまだ株の連鎖暴落は起きる。

今年の8月24日から始まった世界的な株の連鎖した暴落は、投資家たちの肝《きも》を冷やした。NY《ニューヨーク》ダウは1日で1082ドル落ちた。9月2日にも1000ドル下げた。1万5000ドル少しまで落ちた。

この煽《あお》りを受けて、日本株も733円安の暴落が起きた。今も1万8000円どころか1万7000円の攻防戦をやっている。あの8月24日に、日経平均の先物夜間取引で1万7160円（瞬間の最安値）が出現した。ということは、これからは1万6000円台、1万5000円台の株安が続く。9月29日には1万7000円を割った（1万6901円）。

世界的に連鎖する株暴落が、断続的にこの秋もずっと続く。さあ、そしてこれからどうなるか、だ。

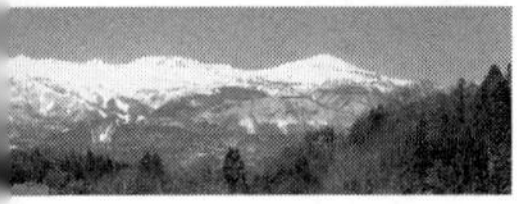アメリカの株

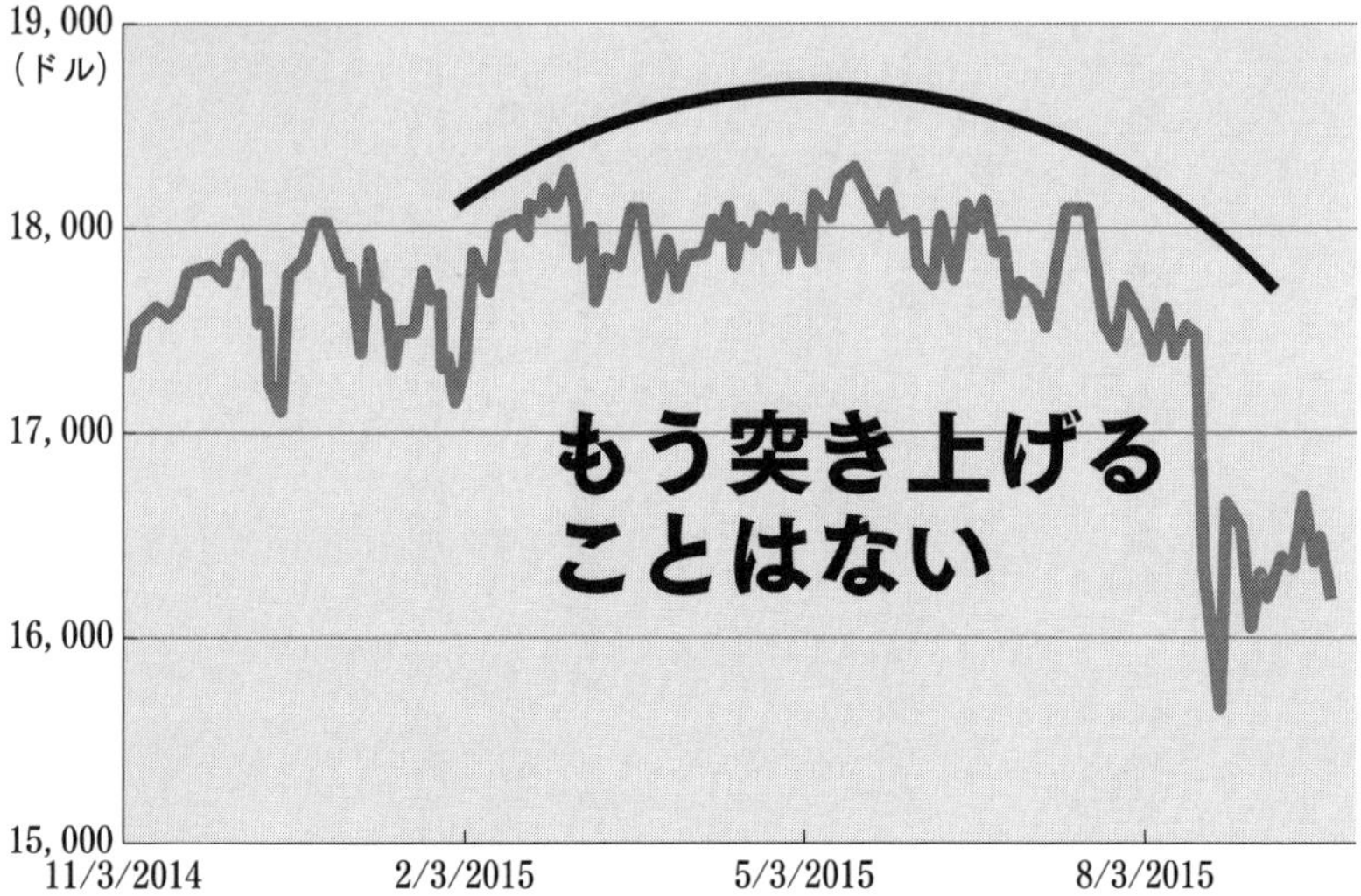

私は1年前に『官製相場《かんせいそうば》の暴落が始まる』(２０１４年11月、祥伝社)を書いた人間だ。政府が自ら率先して法律違反の相　場　操　縦《マーケット・マニピュレーション》で、官製相場を仕組んでいる。その〝主役〟はＧＰＩＦ《ジーピーアイエフ》(年金積立金管《かん》理《り》運用《うんよう》独立行政法人)と、共済年金とゆうちょ・かんぽ資金と日銀ＥＴＦ《イーティエフ》の「５頭のクジラ」たちである。本文のＰ96で詳述する。「官製《かんせい》相場」は流行語になった。そこら中で皆が使った。「官製相場なんだってね」と。

この本で、私は「官製株バブルで投資家や経営者たちを浮かれ騒がせておいて、消費税の追加増税のあと、２０１５年に日本株が暴落する。ニューヨークでも株式の暴落が起き

日本の株

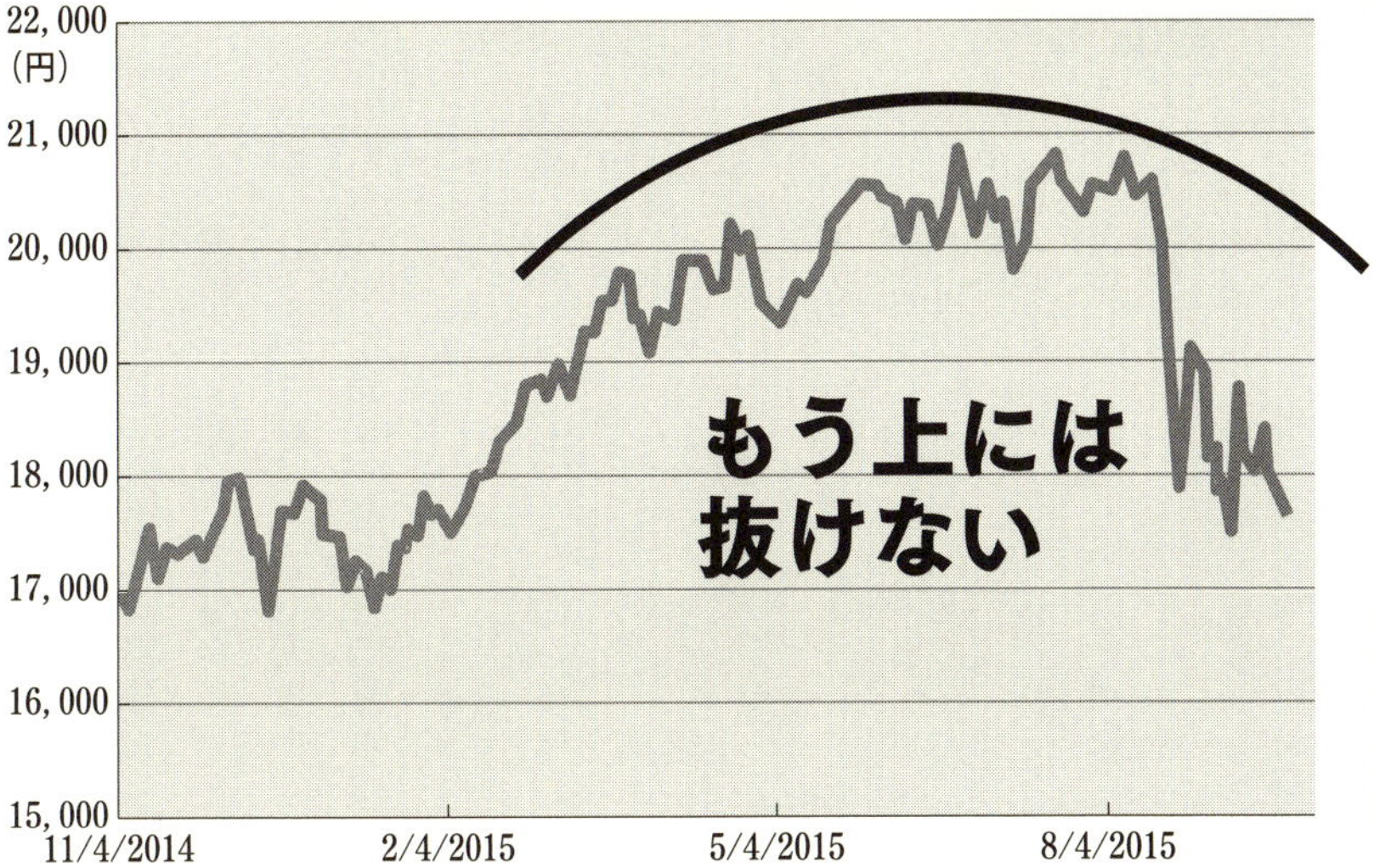

る。無理やりつくったNYダウ平均株価1万7000ドル台は、1万5000ドル台まで落ちるだろう」。

　このように書いた。今、まさしくこのとおりになった。そしてこのあと、さらに起きるのは、「世界連鎖暴落の再発」である。私のこの予測を批判したり否定したりできる人間は、もういないはずだ。あんなに強気だった者たちまでが、今はもうダンマリを決め込んで、浮かぬ顔をしている。……だが今さら、「また暴落が来ますね」とは、とても言えない。自分に対して恥である。

　アベノミクス礼賛《らいさん》で、「安倍《あべ》首相よ、もっと株価を上げてくれよー。2万500円どころか2万5000円にしてくれよー」と、夢と願望で縋《すが》りついていた個人投資家たちは青ざめて、今や投資の含み損を抱えてオロオロしている。私が「気をつけなさいよ、またハシゴを外《はず》されますよ」と書いてきたとおりではないか。こういう時は「言わんこっちゃない」とか、「ほら見たことか」とか、「だから言っただろう」という。これらの日本語がピタリと当てはまる。

副島隆彦《そえじまたかひこ》

目次

3章　Ｇ《ジー》Ｐ《ピー》Ｉ《アイ》Ｆ《エフ》〝年金バクチ〟の大失敗　77

副島隆彦の特別インタビュー

現役ファンド・マネージャー2人が語る「リーマン・ショック直前と似てきた」

4章　新たなる恐慌前夜　163

5章　貧困に沈む日本　211

巻末付録

「どん底値」で買う！　優良銘柄36

オビ写真／泉 浩樹
装丁／中原達治

1章

世界連鎖暴落が再発する

●金融危機の先にあるものは何か

私はこの2年間、きわめて不愉快だった。「副島先生。最近、……先生の金融の予想は外《はず》れてますねえ」と、私は面と向かって言われた。資産家や投資家たちから軽口を言われた。彼らはニタニタしながら、私に機会を捉《とら》えて言った。わざわざ電話をかけてきた者までいる。彼らはアベノミクスに縋《すが》りついて、浮かれ騒いだ投資家たちだ。そして大損を出している。

ただし、今のところはまだ含み損（値下がりした株の評価損。買い値との差損）だ。この含み損を抱えたまま、泣きそうな顔で株価の再値上がりをひたすら神頼みしている。「官製相場だろうが、政府による吊《つ》り上げだろうが、何でもいいから株を上げてくれー」という悲鳴である。だが、もうそんなことは起きないのだ。P4〜5のNYと日本の株価の両方を見てみなさい。これからまた、このゆるやかな山を上に突き抜けるような動きがある、とあなたは考えますか。

もう、アメリカ株が1万8000ドルを超えることはない。同じく日本株も2万円を超えることはない。この2つのグラフの値動き上に、大きな雲の傘がかかっているではないか。この雲を突き抜けて、さらに上に株価が上がってゆくことはない。それぐらいのこと

日経平均株価の推移
(2011年〜)

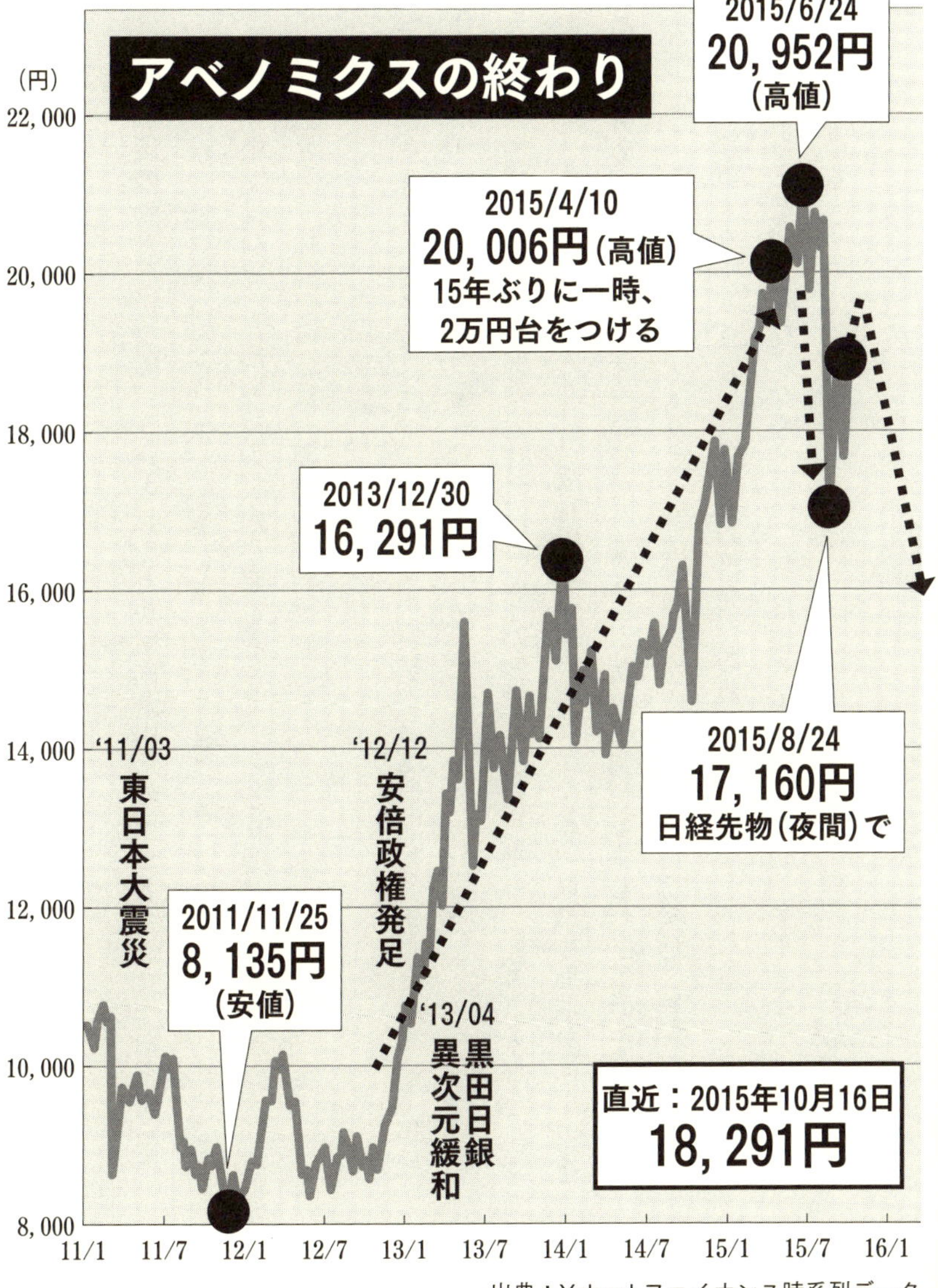

出典：Yahoo! ファイナンス時系列データ

は分かりなさい。

私はこの株価の動きを指して、安達太良山《あだたらやま》とか阿武隈《あぶくま》山地の型《かた》と名づけた。だらだらとした山の頂上が、横に連《つら》なって、そして下に落ちてゆく形である。富士山や剣山《つるぎさん》のようなトンガリ屋根ではない。この安達太良山を突き破って、これから2000ドルとか40000円の急上昇を、仕組むことはもうできない。


8年前の2007年8月17日に、〝サブプライムローン危機〟が発生した。その1年後の2008年9月15日に、あの恐ろしい〝リーマン・ショック〟が勃発《ぼっぱつ》した。あの時、アメリカの大銀行、大証券、大保険会社のほとんどが本当に破綻《はたん》したのである。それを一挙に2兆ドル（200兆円）のアメリカ政府資金を投入してなんとか救済した。あれから8年である。ああ、もう8年が経《た》ったのだ。ようやく私が予測して待ちわびていた、次の大きな金融危機（ファイナンシャル・クライシス）が世界に襲いかかってきた。それは、まさしく世界中で連鎖する株（と国債）の暴落の再発である。

今度の危機もまた、そんなにたやすいことでは乗り越えられない。ますますいよいよ危機は深まってゆく。その先にあるのは、実は、戦争《ウオーフエア》（warfare）の企《くわだ》てである。アメリ

ＮＹダウの推移（直近1年）

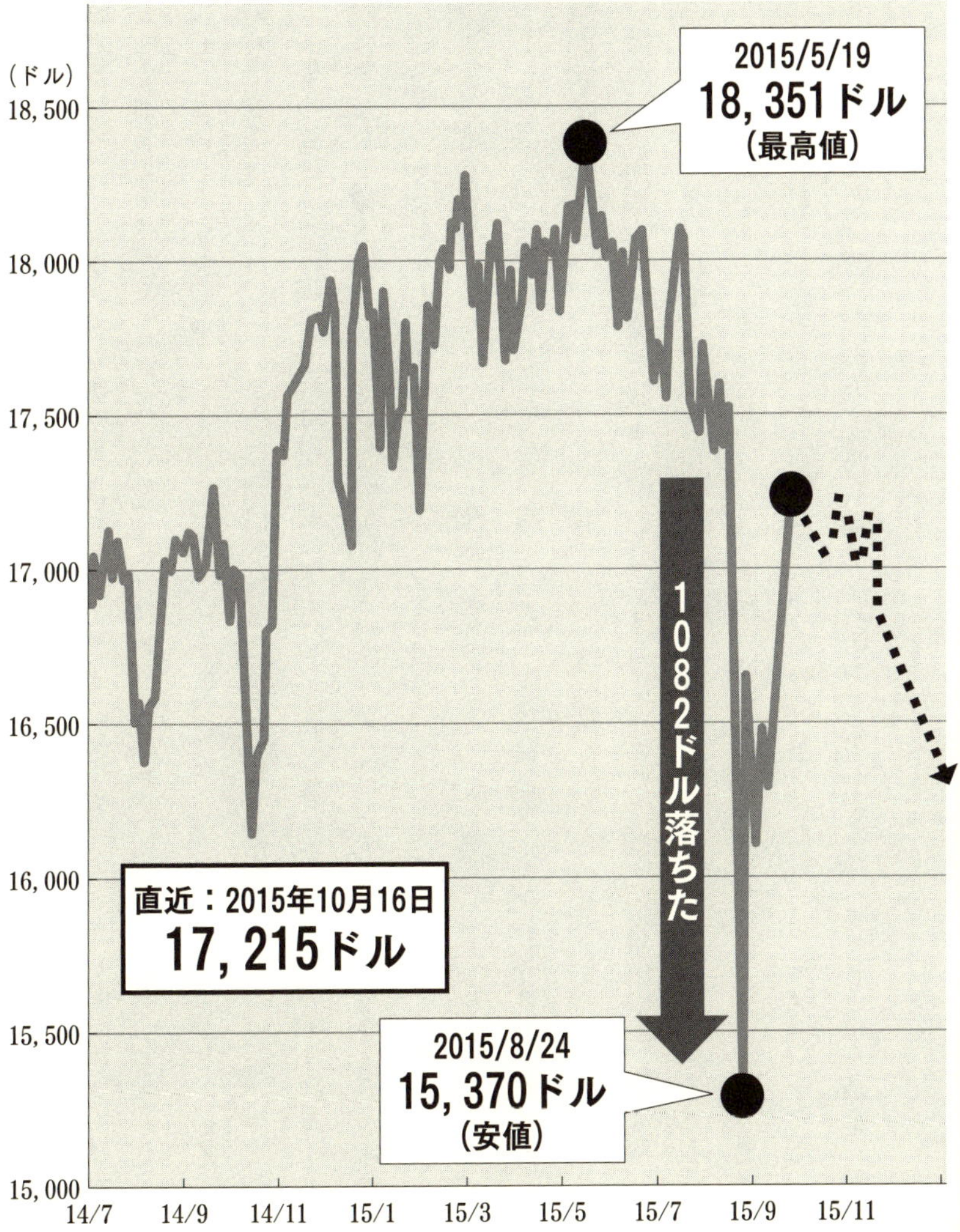

出典：Yahoo! ファイナンス、New York Stock Exchange

18,000ドル台乗せがアメリカ株の絶頂期だったとよく分かる。

カ政府はすでに金融・経済の危機を救済することはできなくなっている。だから人類の歴史の法則（80年周期説）にしたがって、このあとは「不景気（金融危機）を戦争で吹き飛ばせ」という大きな戦争（ラージ・ウォー Large War）をアメリカは準備している。日本の安倍政権は、それにいいように利用されるだけの手駒《てごま》である。

戦争の危険が迫れば、「戦争の太鼓（陣太鼓《じんだいこ》）が鳴り響いて、景気がよくなる」というのは本当だ。後ろのP225のグラフで説明するが、第一次世界大戦（1914）や満州事変（1931）や朝鮮戦争（1950）、ベトナム戦争（1965）の時もそうだったのだ。だが戦争が始まると、今度はとたんに株価が暴落したり、金融取引が止まったりして、ちょっとした混乱が起きる。そしてそのあと、大きな戦争景気、すなわち軍事特需《とくじゅ》による好景気が巻き起こる。

そして3年から4年間で戦争が終わる。すると、とたんにまた景気が悪くなる。「戦争おわり暴落」だ。だが、そのあとまた、戦後の復興の好景気というものが生まれる。これが人類の法則である。だから私は、「戦争絶対反対」などという幼稚なことは、金融本では書かない。どうせ権力者、支配者たちは、追いつめられたら、やる時はやるのだ。私たちは、そのことまで自分の人生設計、資産防衛の考えの中にべっとりと組み込んでおかな

これが5年前に起きた“フラッシュ・クラッシュ”

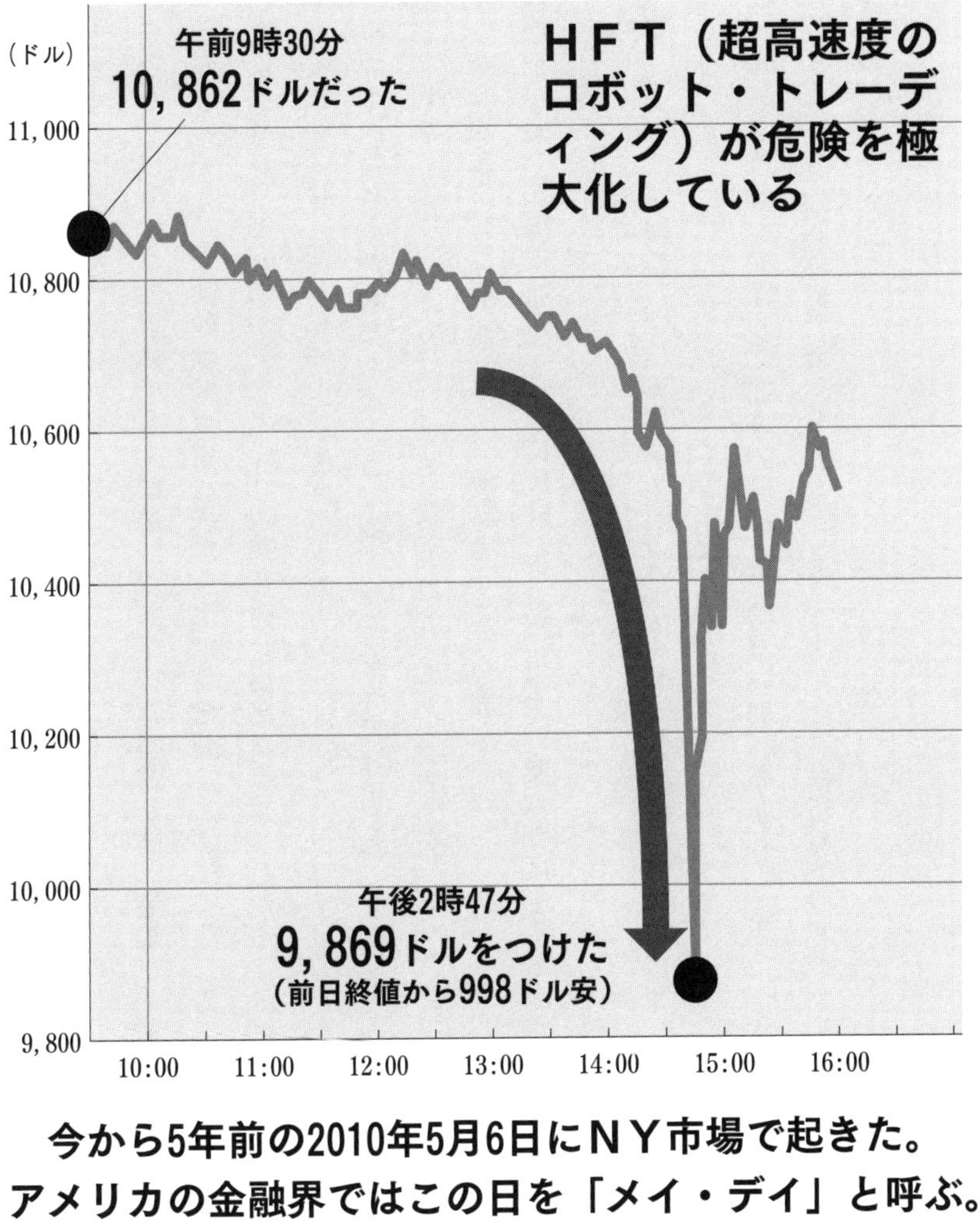

今から5年前の2010年5月6日にＮＹ市場で起きた。アメリカの金融界ではこの日を「メイ・デイ」と呼ぶ。

前ページに載せた今回（8月24日）のＮＹの1,000ドル暴落のグラフとウリ二つである。

ければならない。

　このあともしばらくは〝連鎖する大暴落〟である。この動きは、半年や1年では終わらない。世界中のいろんな国の金融市場が次から次に断続的に、暴落、そして半値戻し、そのあとまたダラダラと安値が続くという現象を繰り返すだろう。だからこれ以上、損を膨《ふく》らませたくない人は、早めに手じまいをして自分のポートフォリオの防御態勢をつくるべきだ。世界中の投資家たちでも、大きな個人資産を株で運用しているワルの投資家たち（5億ドル＝600億円ぐらい持っている人たち）の、今の合言葉は、「リスクマネーからひとまず安全な現金ポジションへ移す（避難させる）」である。

　こんな不安定な相場の時に、さらに危険な行動に出て、深みにはまる馬鹿がいる。損をした分を一挙に取り戻そうとして、失敗して傷口《きずぐち》を広げる。この手の人々は救えない。世に「墓穴《ぼけつ》を掘る」と言う。すでに抱えた損を取り戻そうとして、あせって新しい危険な金融商品に手を出す。そしてもう二度と立ち上がれないぐらいに、すってんてんになる。すってんてんになるぐらいならまだよい。抱えた借金が襲いかかってきて、「今日も都心の電車が止まる」（飛び込み自殺者のこと）というコトバが、当然のように投資のネット情報の世界で飛び交っている。

「個人への追証《おいしょう》の取り立てが始まった」とか、「ロスカットで証券会社に強制決済させられた」、「株の信用評価損が急拡大」、「追加担保《ついかたんぽ》差し入れの義務（これが追証）が発生する個人が続出」というコトバが当たり前のように使われるようになった。

●今ここで〝損切り〟をすべきだ

あと一つの恐怖は、今の金融市場は世界中で当たり前のように、ＨＦＴ《エイチエフティ》（High Frequency Trading　ハイ・フリークエンシー・トレーディング）というロボット・トレーディングをやっていて、これが激しく爆発して市場全体をぶち壊しにすることだ。いつＨＦＴが暴走を起こして市場を壊してしまうか分からない。その危険の中に私たちはいる。これを〝激しいボラティリティ相場〟と呼ぶ。１日で１０００ドルとか２０００円とかの急落や、そのあとの急上昇が起きる。まるでそれが当たり前であるかのような状況が出現している。この「ジェットコースター相場」の激しい揺れに耐えられない投資家は、振り飛ばされて座席ごと投げ飛ばされて死んでしまう。

このＨＦＴ《エイチエフティ》（略称「ハイフリ」）が動いているボラティリティ相場で、１日の株価がマイナス５％とか10％も動くことが今や当たり前になっている。

こんな危険な株式の売買市場で、自分の大切な資金を動かしている人々は、常軌《じょうき》を逸《いっ》しているとしか私には思えない。まともな人間なら、さっさと手じまいして、ポジション（建玉《たてぎょく》）を整理して、さっさと一旦《いったん》、山に避難すべきである。そして高みの見物をするべきなのだ。それが本当の賢い投資家というものだ。

ところが、ほとんどの人は逃げられない。すでに手負《てお》い狼《おおかみ》となっていて含み損（評価損）を抱えてしまっているものだから、それを取り戻したいと思っている。だから逃げるに逃げられなくなっている。それでも真に勇気のある人間は、損失を覚悟で、ここで〝損切り〟をすべきである。これ以上、傷口を広げてはいけない。また、どうせ次の暴落がやって来るのだ。初めのP4～5のグラフに出したとおり、安達太良山《あだたらやま》にかかる雲の傘や、「まゆげ犬」の眉毛のような分厚い鍋の底を見たら、とてもではないが安倍政権（アベノミクス）などに夢を託して自分の大事な資金を放置したりはしない。

だいたい、与党政治家たち自身は、日経平均2万円の大台に乗せた時（4月22日の高値）に、さっさと売っている。自分たちの政治資金や選挙費用を確保するために、しっかり一人数億円ずつ儲けて（絶対にバレてはいけない裏金の操作で）しまっている。政権党の政治家たちの株の闇取引は「〇〇代議士私設秘書」という裏人間《うら》たちによって行なわれる。現実政治（リアル・ポリティクス）の本当の汚さを何も知らないで、いい年になったトッちゃん坊やたちが、偉そうな政治談議などするものではない。

●私が投資家たちに言ったこと

私は、この2015年の5月に日経平均2万円台に乗せてから始まり、8月24日の暴落までの、安達太良山の雲の傘や鉄の鍋底のような波形が続いた日経平均2万500円（2万5000円ではないですぞ）の相場に対して苦虫《にがむし》をかみつぶしてきた。5月から8月まで続いた、なだらかな高《こう》株価状態の〝浮かれ株バブル〟景気に怒ってきた。

だから「副島先生、最近、外れていますね」という冷やかしの言葉がたくさん飛んできた。

私はこの5月に日本橋の兜町《かぶとちょう》の中心地にある東京証券会館で講演をした。堅実な商品先物業者の主催の会である。ここで私は、「皆さん、気をつけてください。今は株が高くて儲かっているでしょうが。相場の世界は何が起きるか分かりません。一寸先《いっすんさき》は闇《やみ》。油断したら地獄が待っている、と相場の格言《かくげん》（マキシム）で言うでしょう」と言った。そして「私は、今日は皆さんが儲かるような、気のきいた金儲けの話はできません」と言った。

そうしたら会場から私に向かって、漣《さざなみ》のような軽蔑《けいべつ》の笑い声が起こった。「お前みたいな年中《ねんじゅう》、弱気のヤツの話でも一応、聞いてやるよ」という横柄《おうへい》な態度だった。あの5月の時点は、P15の表のとおり、2万円の大台に乗せて皆《みな》で「もっと行け。もっと行け。どんどん株よ上がれ」という感じだった。だが会場に来ていた投資家たちは、アベノミクスの計画的な株吊り上げに十分に乗せられて、すでに騙《だま》されて、いい気になっていたのだ。

私は、その4月に『「熱狂なき株高」で踊らされる日本』（徳間書店刊）という本を出していた。その本でも「浮かれバブル景気に乗って騙されないように」と警告を発していた。だが、その時、会場にいた投資家たちの多くはホクホク顔で、自分の投資金《がね》の含み利益を抱えて、「自分は賢いから儲かっているんだよ」という顔をしていた。

しばらくして私は、会場からの私をあざける感じの雰囲気にどんどん不愉快になった。だから私はついに怒り出して、こう話した。

「みなさん、また大損したいのか！　政府にダマされ、証券会社に騙されて、いいようにけしかけられて調子に乗っていると、また大損しますよ。これまで何回ひどい目に遭《あ》ったのですか。その時の痛い思いを、今こそ思い出すべきでしょう。いい気になっていると、いつも梯子《はしご》をバタンと外される。死ぬほどイヤな思いをするのは自分ですよ。このことだけは、私は言っておきます」

会場は一瞬にして静まり返り、聴衆の顔は一様にひきつって緊張した。私は、なるほどこの人たちはセミプロ級の投資家たちなのだ、と分かった。歴戦の勇者たちなのだ。少なくとも、こんなヒドい金融市場の中で、なんとか生き延びてきた人たちなのだ。

だから、あの5月の高値の始まりのところで、すべて売ってしまうべきだったのだ。

「もうはまだなり。まだはもうなり」という株式相場の世界の貴重な格言（マキシム）もある。本当に賢い投資家だったら、あの5月の時点で株をすべて売って整理してしまっただろう。ということは、賢くない投資家は……だ。

2章

これからこうなる！
個人資産を守り抜く
ための金融予測

これからの株の動き

急落と吊り上げを繰り返す

日本の株は、このあとも年末に向けて400円、500円の乱高下を続けながら、だらだらと下がってゆく。初めのP4〜5の「まゆげ犬」のような、日本株とアメリカ株の動きのとおりである。もう日本株2万円突破とか、アメリカ株が1万8000ドルの再度の大台乗せということはない。これまでの金融市場の長い歴史というものを考えた場合に、ないのである。いくら日本政府、アメリカ政府が再度エンジンをフカして吊り上げをやると言っても、その鉄砲の弾《たま》、玉《ぎょく》、余裕資金がないのである。

あと10兆円ぐらい、日本株の吊り上げどころか、現状の買い支え用に、一生懸命準備しつつある。だから後ろのほう（P103）で説明するが、すでにあと2・3兆円しかないGPIFの「日本国内株式への投資余力《よりょく》」を、まず7兆円（運用資金の35%）まで増やそうとしている。この他に、「ゆうちょ」の資金の応援もある。小さなクジラである「3共済」からの応援団の資金も投入する。だから、再度の株価吊り上げは有《あ》る。有ることは有るが、それが限界だ。この10兆円は使い込んだら、そのあとは、再々度の「日銀金融緩和《きんゆうかんわ》」（黒田《くろだ》大砲の3発目）をやるだろう。こんなことばっかりだ。

株価吊り上げ相場の終わり（直近1年）

日本株の8月〜9月暴落

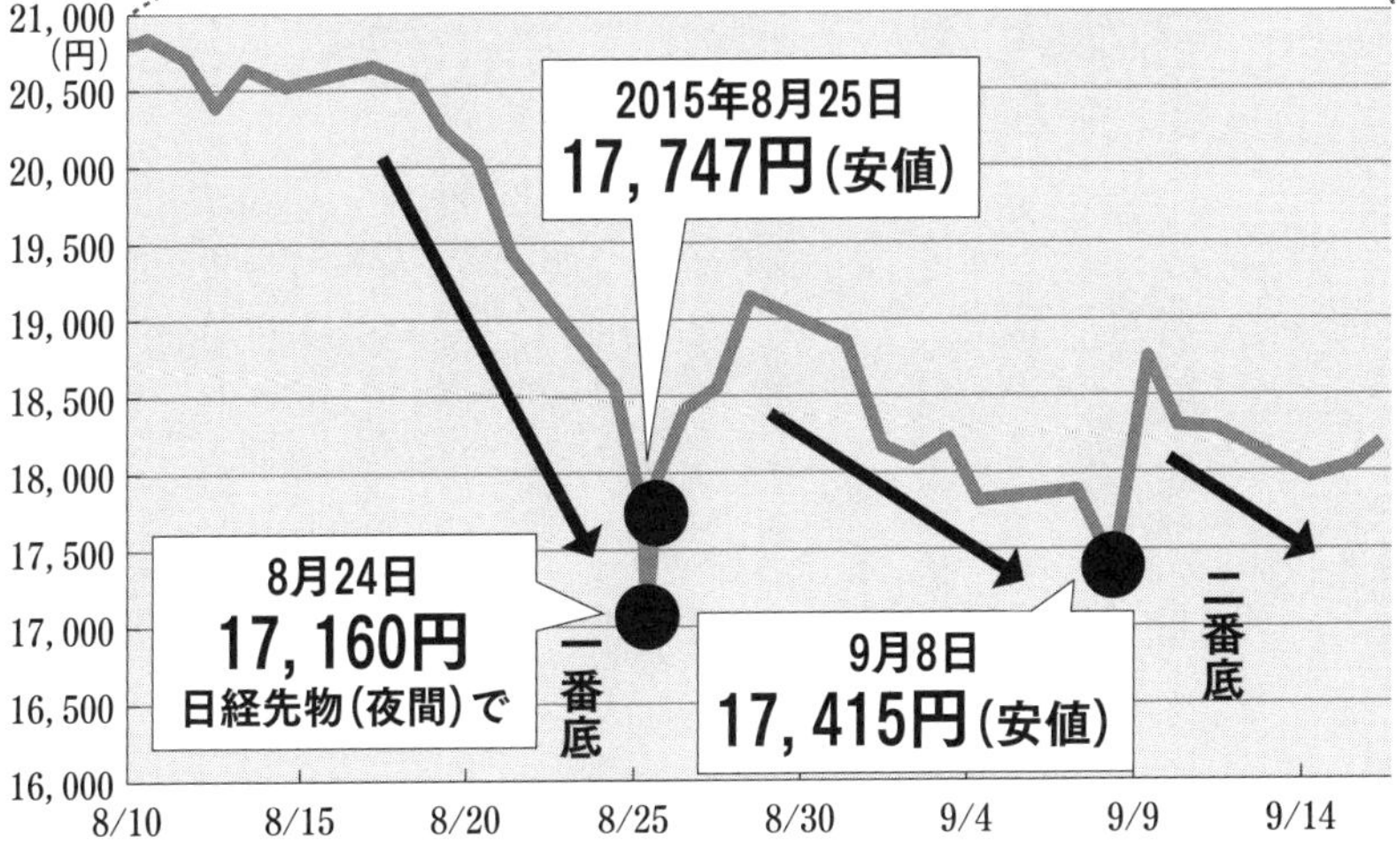

だから今後も、ある日700円、800円落ちたと思ったら、次の日にはまたそれを取り戻して500円吊り上げる（買い支える）という動きをする。だが全体としては日経平均2万円には戻らない。

この乱高下の激しい株価のジェットコースター相場のことを、「ハイ・ボラティリティ（大きな変動幅）相場」と世界基準では言っている。この激しい飛行機の乱気流の中の揺れ（タービュランス）の株式市場を、私たちはこれからも経験してゆく。この危険な変動の中で、ヘッジファンドたちは、前述したHFT《ハイフリ》の超高速ロボット取引で、「値幅《ねはば》取り」の利益を出す。「0・03秒で1回」から「100万分の1秒で1回」の取引を繰り返す。そしてやがて、このシカゴ・マーカンタイル市場（CME《シーエムイー》。日本では大阪証券市場）でやっているHFTが大暴発を起こしてブッ壊れる。

飛行機に乗るのが嫌いな人は今でもたくさんいる。あの乱気流の中に入った時の恐怖感があるからだ。私たちは一気に5メートルぐらい機体が下にストンと落ちたりする経験をしている。あの時、旅客機のパイロットは、乱気流を避けるために、とにかく機体を上昇させて1万メートル（10キロ）上の成層圏《せいそうけん》（雲の上）にまで脱出する。この感じが今の相場だ。

日経平均とNYダウ株価の動き（1988年〜）

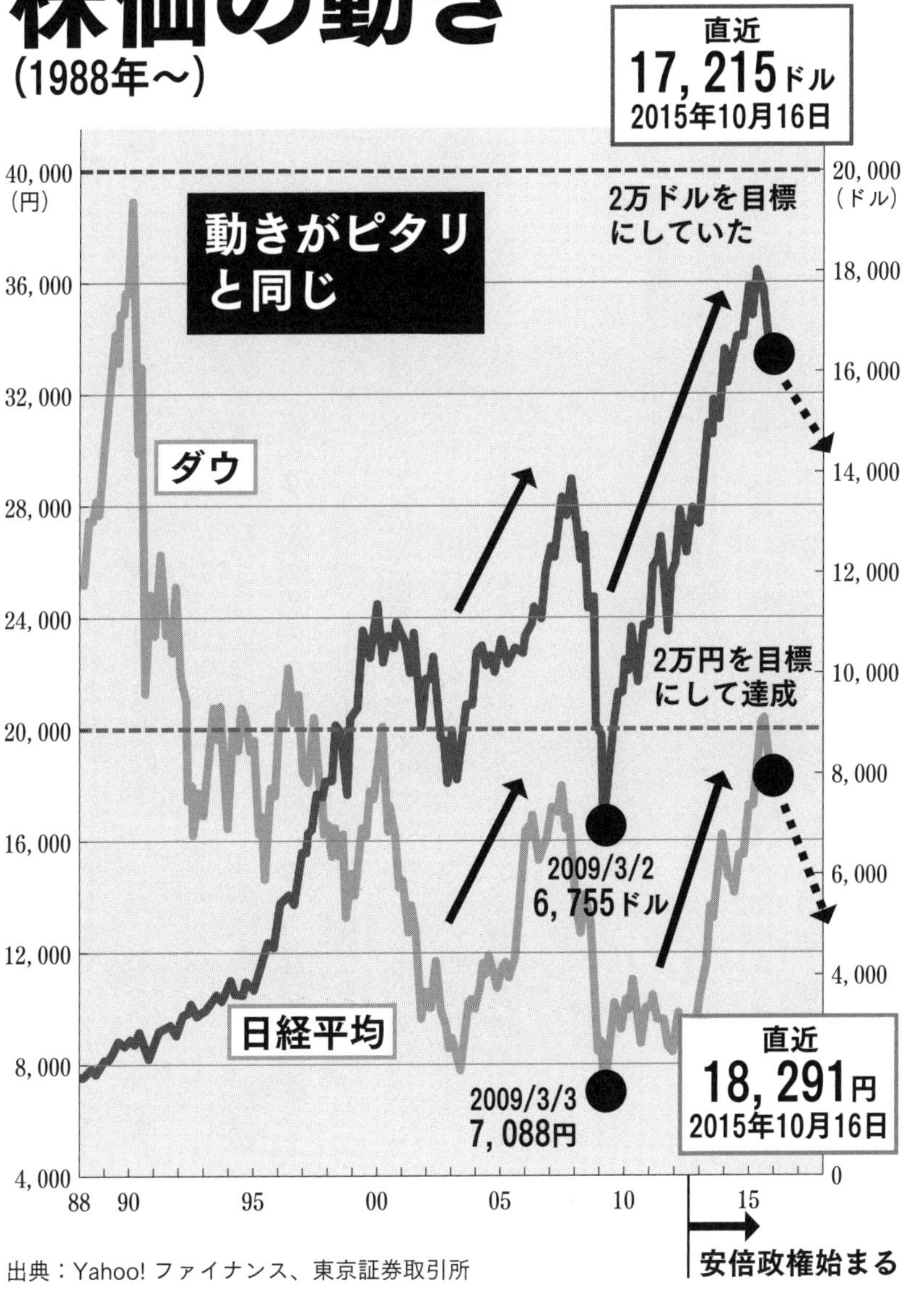

出典：Yahoo! ファイナンス、東京証券取引所

Ｐ29のグラフにあるごとく、日本株（日経平均）は8月24日の夜間取引で、1万7160円の暴落値段をつけた。その4日前との比較で3500円も下落した。そして9月29日に1万6000円台をつけた（1万6901円）。

さて日本政府は、この株価の乱高下をいつまで続ける気か。もう他に手がない。だから、これをやり続けるしかない。彼らは、私がずっと書いてきたとおり、自分たちはお上《かみ》（権力者）だから、いいかと思って、株式市場でも債券市場でも自由に操《あやつ》れると思った。それが大間違いだった。第3章の次に今の金融市場の実務のプロ（ファンド・マネージャー）の人々の証言を載せた。今、ＧＰＩＦの内部は、日本株で大損をした部署の責任者に対して、他の債券《ボンド》の部署の幹部たちが食ってかかって怒鳴り合いの大ゲンカ（内紛）になっている。

●ＧＰＩＦの損失（評価損）は10兆円

日本の株価（日経平均）は、1万7000円前後で攻防戦になっている。直近10月16日の値段は1万8309円である。日本郵政・ゆうちょ銀行・かんぽ生命の売り出しが11月4日と決まったので、この本が出る11月の初めには、無理やりにでも1万7000円台を確保するだろう。しかしそのあとには、1万6000円台を割る事態が生まれるだろう。それからさらに株価の急落が起きて、**1万4000円台にまで下げるだろう。**それでも日本政府は、自分たちの責任問題があるものだから、何度でも株価の吊り上げ策を続ける。彼ら「株価吊り上げ班」も、もう逃げられないのだ。自分が抱えてしまった損（含み損、評価損）を抱えて、それを取り戻さないことには、逃げられない。

この7月10日に「GPIFで2014年度（2015年3月まで）に15兆円の儲け（利益）を出しました」と鼻高々の発表をした（P90で後述する）。ところが、8月中旬から雲行きが怪《あや》しくなって、そして運命の8月24日の大暴落が起きた。それで、最新の四半期《クオーター》（7、8、9月）では10兆円ぐらいの損（値下がりの評価損）をすでに出したようだ。

これでGPIFの中は真っ青になっている。幹部たち（政府の審議会の委員として公表されている）と、わずか100人に満たない職員たちでできている。投資運用責任者はその半分もいない。この者たちが、総額で141兆円の「公的年金の資金運用」をやっている。一人2兆円だ。

私は、よっぽどのバクチ好きでない限りは、こんな危険な株式相場に自分の大切な資金を突っ込んではいけないと思っている。これまで私が書いてきたとおり、まさしく「官製《かんせい》相場の暴落」が始まった。だから、アベノミクスなど信じないで上手に立ち回った人々の勝利である。安倍政権（アベノミクス）なんかを信用して、どっぷりつかった人たちは自業自得である。すでに買い値よりも下落した株式を握りしめて（評価損で３０００万円や５０００万円出している）オロオロして神頼みをしている。ここでは、本当のバクチ奕《う》ちなら、株価がさらに下落するのを目指して（狙って）〝空売《からう》り〟をかけ続ける（先物《フューチャー》での売り《ショート》ポジション）のが相場師というものである。

　８月24日、25日に１日で１０００ドルとか１０００円の暴落があった時に、執念深く、売りを仕掛けてきた個人投資家たちは大儲けをしたはずである。もう一度それを狙ってもいい。だが、「敵もさる者、引っ掻《か》くもの」であるから、何をするか分からない。また急に買い上げることをする。今からでいいから、遅くないので空売り専用のＥＴＦ《イーティーエフ》（「ベア関連銘柄」と言う）や日本版の恐怖指数（アメリカのＶＩＸ《ヴィアイエックス》指数に連動して日本国内で組み立てられたＥＴＮ《イーティーエヌ》。Ｐ208を参照）を買うのも手である。それでも恐怖指数（ＶＩＸ）は、よっぽどの奇怪な動きのときにしか撥《は》ね上がらない。こういう乱高下相場の時には、鉄砲水のような濁流のそばに近寄らないで、少し離れた安全な高台から全体をじっと眺める（深慮遠謀する）ことも大事である。

この数字がすべての実物経済の基本だ

トヨタの株価

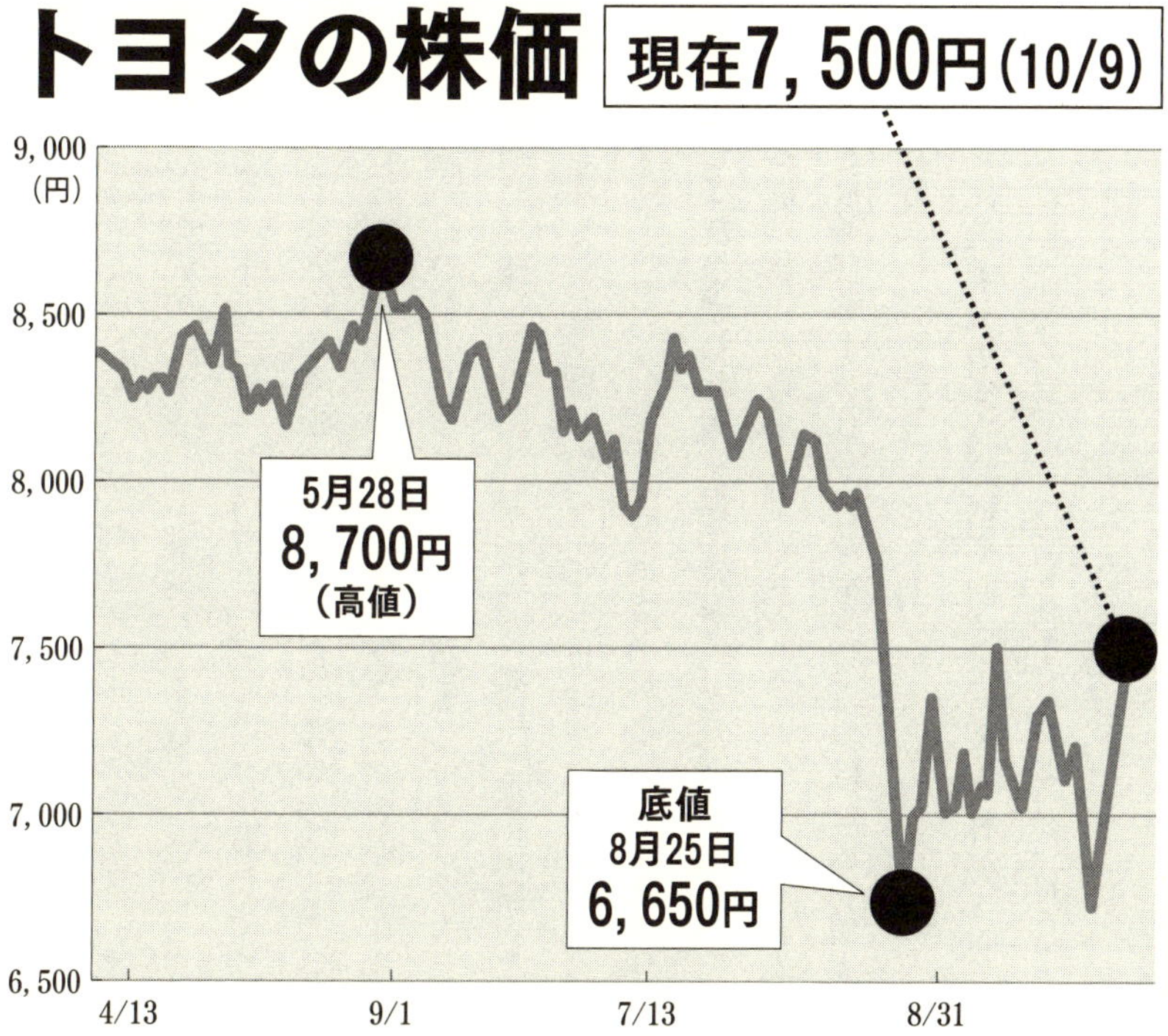

2015年3月末の連結決算

売上高	営業利益	経常利益
27.2兆円	2.8兆円	2.9兆円
総資産	自己資本	経常利益
47.7兆円	16.8兆円	3970億円

2015年5月8日発表の決算資料から作成。端数は四捨五入した

私の本の熱心な読者だったら、私が何を言っているか分かってくださる。人生は、危ないことをしてはいけないのである。ちょっとでも危ないな、と思ったことには手を出さない。これを「マーフィーの法則」という。「少しでも失敗しそうなことは必ず失敗する」のである。黙ってじっと冷ややかに「馬鹿だな、こいつ。まだ私を騙そうとして、また太鼓叩きをやっている」と、自分の友人のアベノミクス万歳、中国大嫌い人間たちの顔をまざまざと見つめているのがよろしい。単純な頭をした者は、大したことはない自分の知能のために滅んでゆく。彼らは中国（および、新興国、途上国諸国）が先に崩壊して、アメリカが勝ち続けると深く信じて疑わない。少しは冷静に世界を見つめてみればいいのだ。

だから来年（2016年）に再度の大暴落が起きて、1万4000円ぐらいにまで下がったら、**日本のしっかりとした大企業の株を〝どん底値で拾う〟**ということを実践してほしい。どん底値とは一体いくらか、ということについては本書巻末の36銘柄の株価で具体的に示す。この8月25日の1000円暴落の時につけた最安値よりも、さらに下回っていることが条件である。

例えば、日本を代表する超優良銘柄であるトヨタの株価で見てみよう（P35にグラフあり）。暴落直前には8000円だった。それが8月25日には6700円にまで落ちた。これが前回の底値である。このあと、9月に入って7500円にまで戻したが、まだずるずると7100円ぐらいで動いた。ということは、次のどん底値で6500円が出現する。**私だったら、6000円割れでなら買う（拾う）。**5500円まであり得る。それぐらい世界の経済の先行きは暗いのである。このように、どん底の値段というものを目指して、皆さん努力してください。

この、どん底値段で買うということだけが、株式市場の素人さん（一般消費者）であり、いつも騙されてばかりいる大衆投資家が唯一儲かる道だ。どん底値段で買った時だけが、儲けることができる。これを難しく言えば、「ヴァリュー投資」と言う。〝投資の神様、オマハの賢人〟のウォーレン・バフェット（バークシャー・ハサウェイ）がやってきたことも、この「ヴァリュー投資」の手法である。「ドン底値で拾う」ということに尽きる。本当に値段のあるものを安値で買う、ということだ。

それに対して、周りに囃《はや》し立てられて浮かれ騒いで、提灯《ちょうちん》買いと言うが、人の言うコトバに逆らって高値づかみをさせられると、大変だ。そのあと値上がり待ちの年月がまたしても何年も無駄《むだ》に過ぎてゆく。高値でつかんでしまって、その後下落が続いたら、それからまた何年も待たなければいけなくなる。

●アメリカには、株価上昇のための資金もない

アメリカの株価も初めの「まゆげ犬」そのもので、1万8000ドル台の時代が終わって、1万6000ドル台の攻防戦になっている。世界中の新興国、途上国の為替が下落（ブラジル、インド、南ア、トルコなど）し、資金が逃げ出しているとされる。そしてその資金がアメリカ市場に入ってくるので、だからアメリカの金融市場は強い、ということになっている。ホントかな、と思う。そんなにアメリカが強いなら、今の世界の金融は、もっと安定しているはずだ。実際にはアメリカ政府は、この世界中から吸い上げた資金を、自分の大借金である米国債の値段が崩れないようにするために使うことに必死である。本当は、アメリカは株価などよりも債券市場（米国債のこと）の崩れのほうが心配なのだ。

債券《ボンド》市場は株式《ストック》市場の100倍ぐらいの金額がある。債券（国債）市場のほうがずっと大きくて重要なのだ。その主要な中身は、アメリカ連邦政府が公然と抱えている累積《るいせき》債務（20兆ドル＝2400兆円）を中心にして、6000兆円（50兆ドル）の政府部門の大赤字がある。それを穴埋めする資金をどこかから調達してくることで大わらわである。そうしないと財政《ファイナンス》が破綻する。だから、株価を吊り上げるための余裕資金もなくなりつつある。それがジャネット・イエレン Janet Yellen FRB議長が極めて深刻そうな顔をしてい

イエレンＦＲＢ議長は短期金利の「利上げ」できず（9/17）

写真：ＡＦＰ／時事

本当は、こっち（財務省。ジェイコブ・ルー長官）のほうが、より深刻←

写真：ＡＡ／時事通信フォト

お金のダダ漏れを止めたい。「金融引き締め」に転じたい。だが、できない。

る真の理由なのだ。

アメリカの株価は、ガタンと1万5370ドルまで落ちた（8月24日）。前週末から2300ドルの大暴落であった。このアメリカ株のグラフ（P17）を見たら、どんな人でももう1万8000ドルに立ち直るのは難しいと分かる。これまでにムリにムリを重ねてやってきてようやく1万8000ドル台だったのだから、もう戻せない。

アメリカの株価は世界の中心の市場であるから、アラブの王族やインドの王族（マハラジャ。藩主《はんしゅ》クラス）も密かに買ってきたわけだから、図体が大きい分だけそうそう簡単には吊り上げることはできない。NYSE《ナイス》（ニューヨーク証券取引所）とNASDAQ《ナスダック》の上場株式の時価発行の総額は、最高値1万8300ドルの時は、合計で23兆ドル（2700兆円）あった。今は、1万6300ドルだから、ピーク時より2000ドル下落しているから18兆ドル（2200兆円）ぐらいに下がっている。日本の東証《とうしょう》の時価総額はピーク時に607兆円（2万600円の時）だったが、今は570兆円ぐらいだ。日本のGDPとまったく同額である（48兆ドル＝5765兆円）。

今のところは1万7000ドル台の攻防戦をやっている。直近の値段は1万7125ドルである（10月16日）。やがて1万6000ドル台も割って、**来年に入ったら1万5000**

ドル・円の為替相場

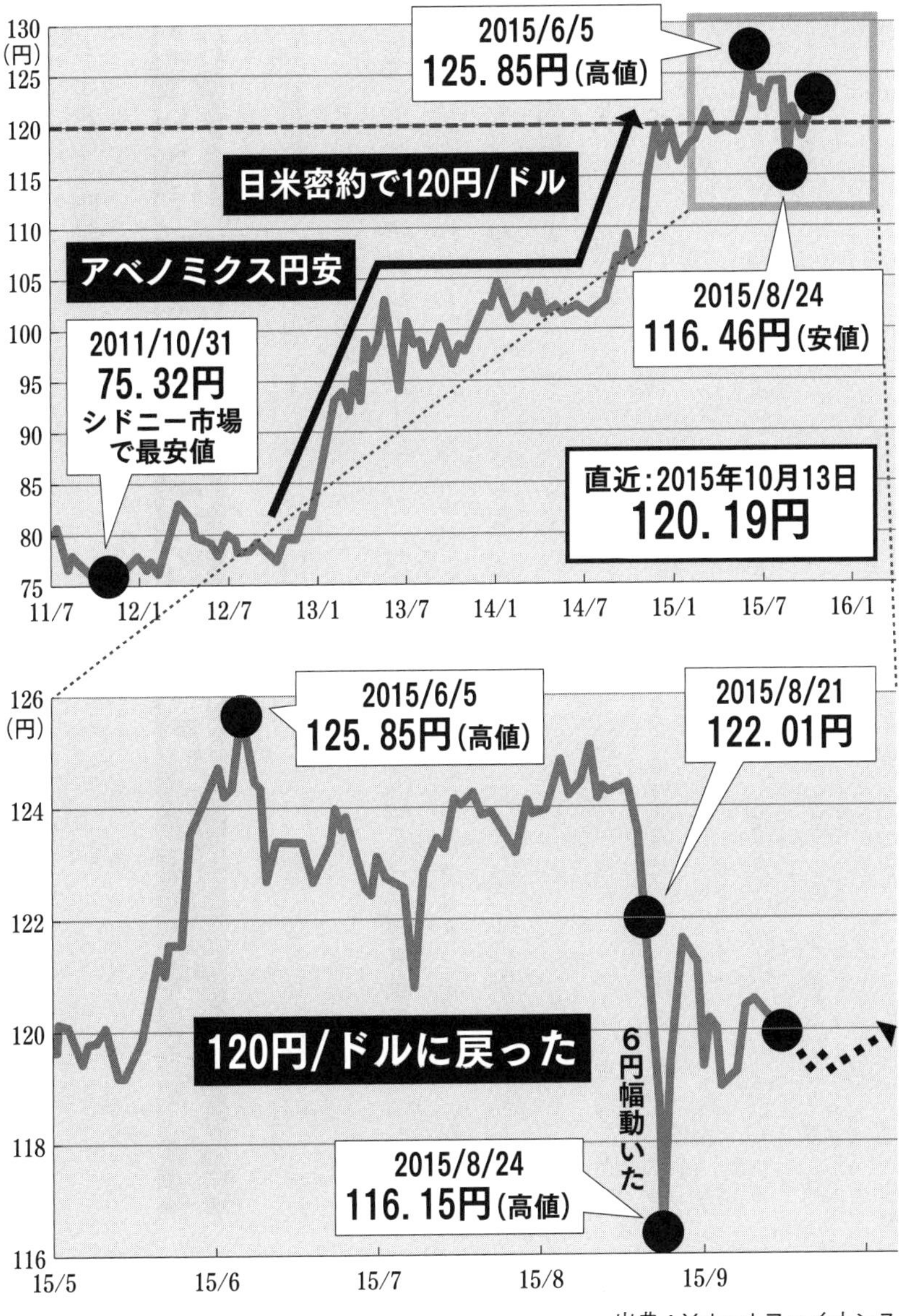

出典：Yahoo! ファイナンス

0ドル台の攻防戦になる。

円・ドル相場はどうなるか

1ドル＝120円で変わらず

為替相場は、これからも1ドル120円前後で変わらない。動いても2円幅がいいところだ。P41のグラフのとおりである。

なぜならば、**アメリカ、ヨーロッパ、日本の先進国3地域で「為替は動かさない」という強い秘密協定がある**からだ。為替を動かさない、ということを基準（物差し）にして、その代わり通貨量（ジャブジャブ・マネー）を、米も欧も日本も一定の割合で増やし続ける、と先進国3者は強く決意しているからだ。

今の世界は為替が動かないことを前提にして（これを定数《コンスタント》と言う）いる。為替を固定させておいて、その代わり他の通貨量（ベース・マネー＝マネタリー・ベース）や国家の借金（国債の発行量）を互いに同じ割合で少しずつ伸ばしてゆくと決めているのである。こっちのマネー量の増加率が変数《バリアント》である。そうすれば、どんなに金融緩和（ジャブジャブ・マネー）を米欧日がやっても、やっていることの異常さが露呈しない。為替がガタガタ動

ドル・元の為替（直近の3年半）

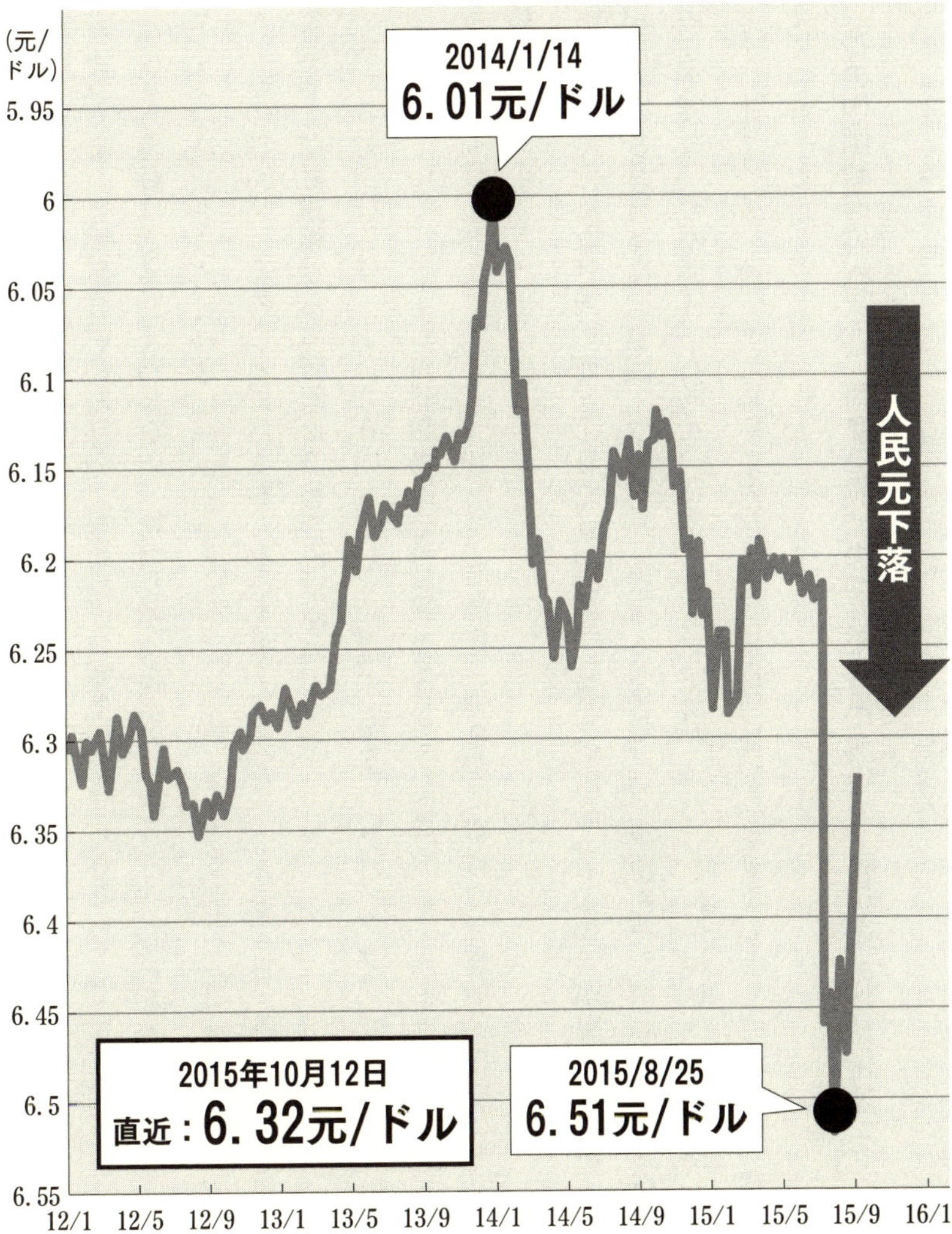

出典：サーチナ・ファイナンス

中国政府が8月11日から“切り下げ”3.75%。自由度を高めた。“世界通貨安戦争”になっている。

くようだと、先進国3者の暗黙の（秘密の）合意事項が守られないことになる。

だから為替はあまり変動しない。物差しが意味をなくしたら、何を基準にお金の量と国家赤字の増額を決めていけばいいか分からなくなる。だから私は、「1ドル＝120円」というのはちょっとのことでは変わらないと考えている。これは、日・欧・米の中央銀行総裁および財務相たちの確固たる秘密協定なのだ。

あの8月24日には、1日で6円も激しく円高が起きた（P41のグラフ）。あの時の衝撃《ショック》が今も続いている。しかし為替相場はその後、安定している。ドル・ユーロでも安定している（1ユーロ＝1・12ドル＝135円）。だから、明らかに初めの合意事項だった1ドル＝120円に戻っている。

ではいったいなぜあの時、1日で6円幅もの激しい円高（ドル安）が起きたのか。その13日前の8月11日に、中国（中央銀行は中国人民銀行。周小川《しゅうしょうせん》総裁）が急に人民元を2％切り下げた。その前は、人民元の為替は1元＝20円だった。それが現在は1元＝18・8円で下げ止まっている。そして、これ以上は、下げ（元安《げんやす》）させないと、元《げん》を政府が買い支えている。

この中国政府の人民元に対する突如の切り下げの実行で、世界中の為替市場（FX《エフエックス》市

場）の取引が逆回転《リワインド》を起こした。

「ドル・キャリートレード」と言って、ほとんどゼロ金利のドルを借りてきて、人民元を買っていた。それでヌレ手に粟《あわ》で儲かっていた。人民元は確実に上昇する、と世界中のすべての投資家に信じ込まれていた。だから、安いドルを借りてきて人民元を買いさえすれば、ほぼ確実に儲かるという為替投資を多くの欧米人がやっていた。アメリカのヘッジファンドの連中は、100倍とかのレバレッジをかけて人民元投資をやっていた。

この「ドル・キャリートレード」では、ヒラリー・クリントンの娘であるチェルシーの旦那《だんな》（元ゴールドマン・サックス勤務）なども、2015年1月のスイス政府による、突如のスイスフラン切り下げで大損をしている。スイスの中央銀行がスイスフランを買い支えるのを放棄したからだ。スイスフランは対ユーロで一時40パーセントも下落した。今は1ユーロ＝1・1フランにまで下がって安定している。以前は、1スイスフラン＝1・2ユーロ（1ユーロ＝0・83スイスフラン）だった。

「人民元が2％切り下げ」られた時、ドル元《げん》の相場では、その前は1ドル＝6・05元の元《げん》高《だか》（ドル安）まで行っていた。あともう少しで6元の大台を割って、1ドル＝5元台が出現しそうだった。中国の悪口をさんざん言っていたアメリカ人たちが、本当は人民元預金をしこたまやっていた。そして突如「元《げん》の切り下げ」でひっくり返って大損をした。中国政府の策略の勝ちである。人民元為替投機《スペキュレーション》で大きな利益を出していた人々がもんどり打って倒された。今は1ドル＝6・35元で安定している。

　この激しい人民元相場の動きのために逆流現象が起きた。それが円ドル相場の「6円の円高」に影響を与えたのだ。実は、その後のNYの株式相場の8月24日の大暴落（1082ドル下げ）も、この中国の人民元の2％切り下げが原因である。ここから始まっていた。そして東京の株も引きずられて大暴落したのである。あの時は日本政府がいくら株式を買い支えても暴落した。三陸《さんりく》大津波のように、ドドド、ザブーンと来たら、そこらじゅうの砂浜や堤防が押し流されてしまうのと同じ感じだ。

　だからあの8月11日の中国人民元の為替の激しい変動が震源地となって、他の多くの先進国、新興国の為替までが対ドルで暴落した。すなわち米・欧・日先進国側の秘密協定（密約）であった「為替は動かさない」という防潮堤がこの時、突き崩されたのである。中国にしてみれば知ったことではない。中国の悪口ばかり言っているくせに、自分の国の通貨を捨てて人民元を密かに買っていた欧米白人の投資家たちに逆ネジを食らわせて、大損をさせて一泡吹かせたのだ。

ユーロ・円の為替相場
（直近の6年間）

出典：Yahoo! ファイナンス

この時、不思議なことに、ＩＭＦ（クリスティーヌ・ラガルド専務理事）が即座に「中国の為替政策を支持する。市場価格の実勢により近くなった」という声明文を出した。ＩＭＦは、世界の通貨（為替相場）の自由市場を、人為的に歪《ゆが》めてきたのはアメリカとヨーロッパと日本の秘密合意であると分かっていたからである。

だからアメリカ財務省のジェイコブ・ルー Jacob Lew 長官たちは、この時、苦虫をかみつぶしたような顔をしていた。アメリカ政府（財務省）にとっては、〝強いドル＝ドル高〟は国是《こくぜ》である。ところが、それに伴う実体がない。本当は、ドル紙幣《ノート》を際限なく刷り散らして世界中に垂れ流しているからドルの力は弱くなっている。それを欧と日を味方に引き込んで米ドルの威信を守っている。今や米ドルの40パーセントは米国以外で保有されている。だから弱体化している米ドルの真の実力の無さが露呈（露見《ろけん》）しそうになると、すぐに円高・ドル安という実勢、実物経済に合った実情に戻ろうとする。ドルはやがて暴落するのだ。それを無理やりつっかえ棒を立てて、円安・ドル高にしているだけなのだ。

中国政府にしてみれば、船の船底にへばりついている牡蠣殻《かきがら》のような連中をそぎ落として、船の速度を維持したいと思っていた。そのために政府主導による急激な人民元安というきつい一発を食らわせた。これで、投機《スペキュレーション》で大きな人民元買いを積み上げていた連中が逆回転《リワインド》を起こした。「ドル・キャリートレード」の資金繰りがきつくなって、ポジション解消（契約の取りやめ）をして損を出したのだ。

●米（ドル）、欧（ユーロ）、日（円）の〝固定相場〟の秘密

ドルとの関係では、ユーロ・ドルは1ユーロ＝1・12ドルである。ユーロ・円では、1ユーロ＝135円である（47ページのグラフ）。この135という数字も、なかなか安定していて、ちょっとのことでは変わりそうにない。密約があるからだ。ところが次のギリシャ財政危機がまた起きて、それがスペインとイタリアの金融危機につながりそうになると、少しは変わるだろう。

それでもユーロ通貨は大きな通貨だから、米ドルとの関係では、西洋白人同盟の信頼関係で、わざと動かさないだろう。同じく英国ポンドは1ポンド＝180円というポンド高を、これまた定番のように維持している。カナダ・ドルとオーストラリア・ドルは、かつては米ドルよりも強かったのに、今は両方とも85円から90円ぐらいにまで弱くなっている。いくらカナダとオーストラリアが資源大国と言っても、経済規模が小さい。人口が3000万人ぐらいでは、活力が生まれない。

スイスフランは前述したとおり1月に大騒ぎがあった。1月15日に対ユーロで41％上昇した。スイス中央銀行が、それまでずっと1ユーロ＝1・2スイスフランだった相場上限規定を撤廃した。つまりスイス中銀は、もうスイスフランを買い支えることを放棄したのだ。この時、スイスフランが暴落した。そのあと安定して、今は1スイスフラン＝123円ぐらいである。

スイス政府としては、もうこれ以上、「スイスは金融立国で金持ちの国だ」というふりをして、他のヨーロッパ人に対して威張るのをやめたい。たかが700万人ぐらいの小《ち》ちゃな国（埼玉県と同じぐらい）なのだから、これから先は1スイスフラン＝0・9ユーロ（1割減）の国でちょうどいいと大きく態度を変えたということである。

実際、スイスにはアメリカ政府が激しく攻撃を加えて、「アメリカ人の富豪たちがスイスのプライベート・バンクにカネを逃がして隠しているのを許さん。その50万人の名簿をすべて提出せよ」という痛めつけをずっとやってきている。初めは、スイスは「悪質な5000人だけ提出します」だったのが、やがて「5万人までなら提出します」になった。だがそれでもアメリカ政府は納得せずに、「全員提出せよ」となった。そうしたら、スイスにお金を逃がしていたアメリカの富裕層は、今は中東のドバイやアブダビにぞろぞろと

金《きん》の1グラムの価格

（直近4年間）

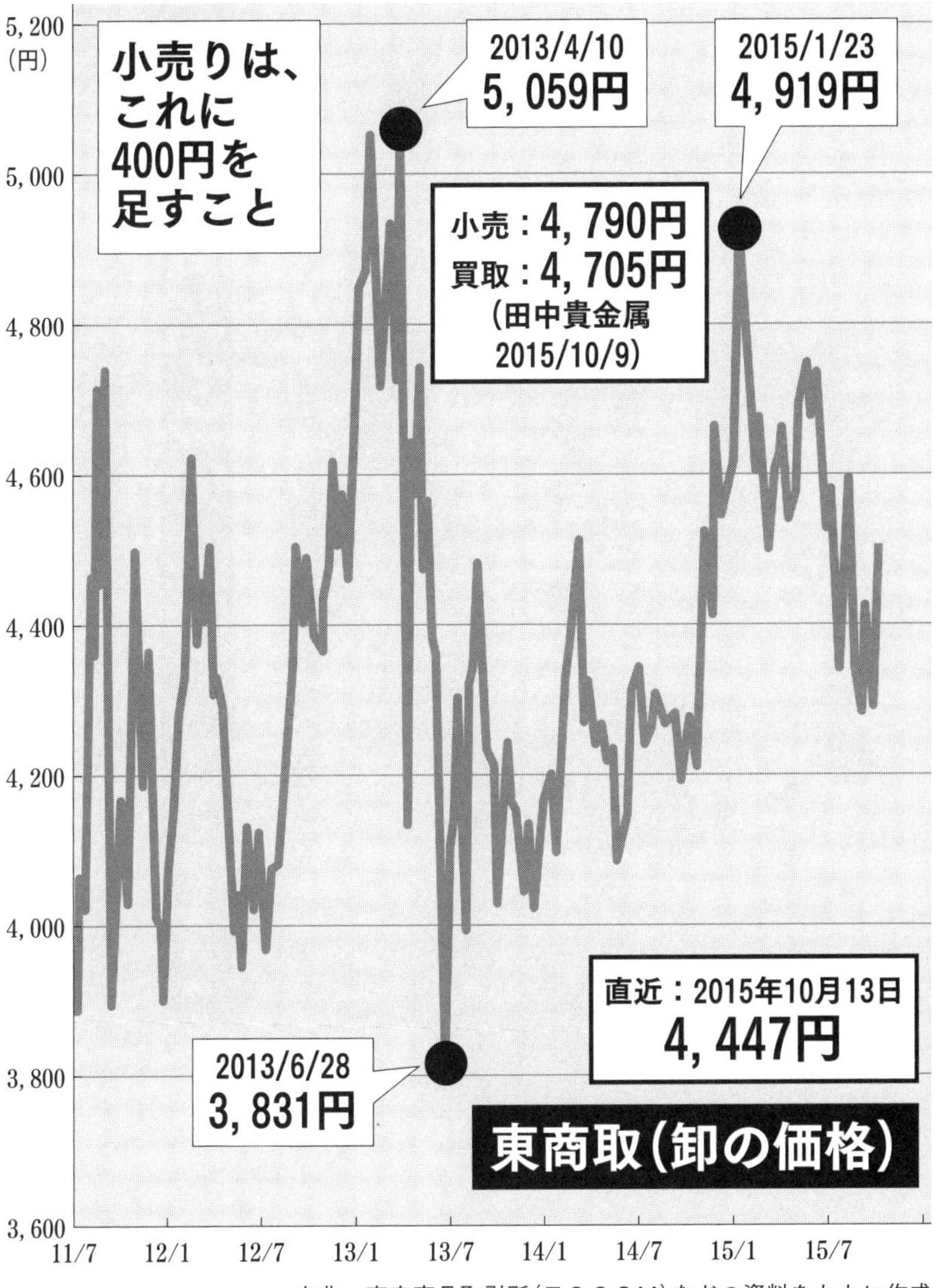

出典：東京商品取引所（TOCOM）などの資料をもとに作成

資金を移したようだ。ヨーロッパの金持ちたちも逃がしている。

金（きん）のこれからの値段　いつ、いくらが買い時か

金《きん》は1グラム4200円台（卸値《おろしね》）が出現したら買うべきである。 今は1グラム4444円前後だ。私にとっては、この金の値段4444円というのが、いつも目にちらつく。分かりやすい、いい値段だと思う。

金《きん》の価格は、ここしばらく上がっていない。NY金《きん》の値段が低く抑えられているからだ。P53のグラフのとおり、1トロイオンス（31・1035グラム）＝1150ドルぐらいという安値である。かつて（3年前）の1600ドル台がウソのようだ。それでも為替が円安だから、国内金《きん》は4400円台を保《たも》っている（前ページのグラフ）。今年1月の4900円をピークにして、ずっと下がり続けた。それでも4200円台をつけたのは7月に入ってから数回である。この4300円の壁割れ（4200円台）は、ほんの数回である。もう4200円台は、これから先もあまりないと思う。もし万が一、あと1回アメリカ政府による〝金殺《きんごろ》し〟すなわち〝金《きん》価格痛めつけ〟があるとしても、そんなものはすぐ

ＮＹ金《きん》＝Ｃ《コ》Ｏ《メ》Ｍ《ッ》Ｅ《ク》Ｘ《ス》
金価格の推移（直近4年間）

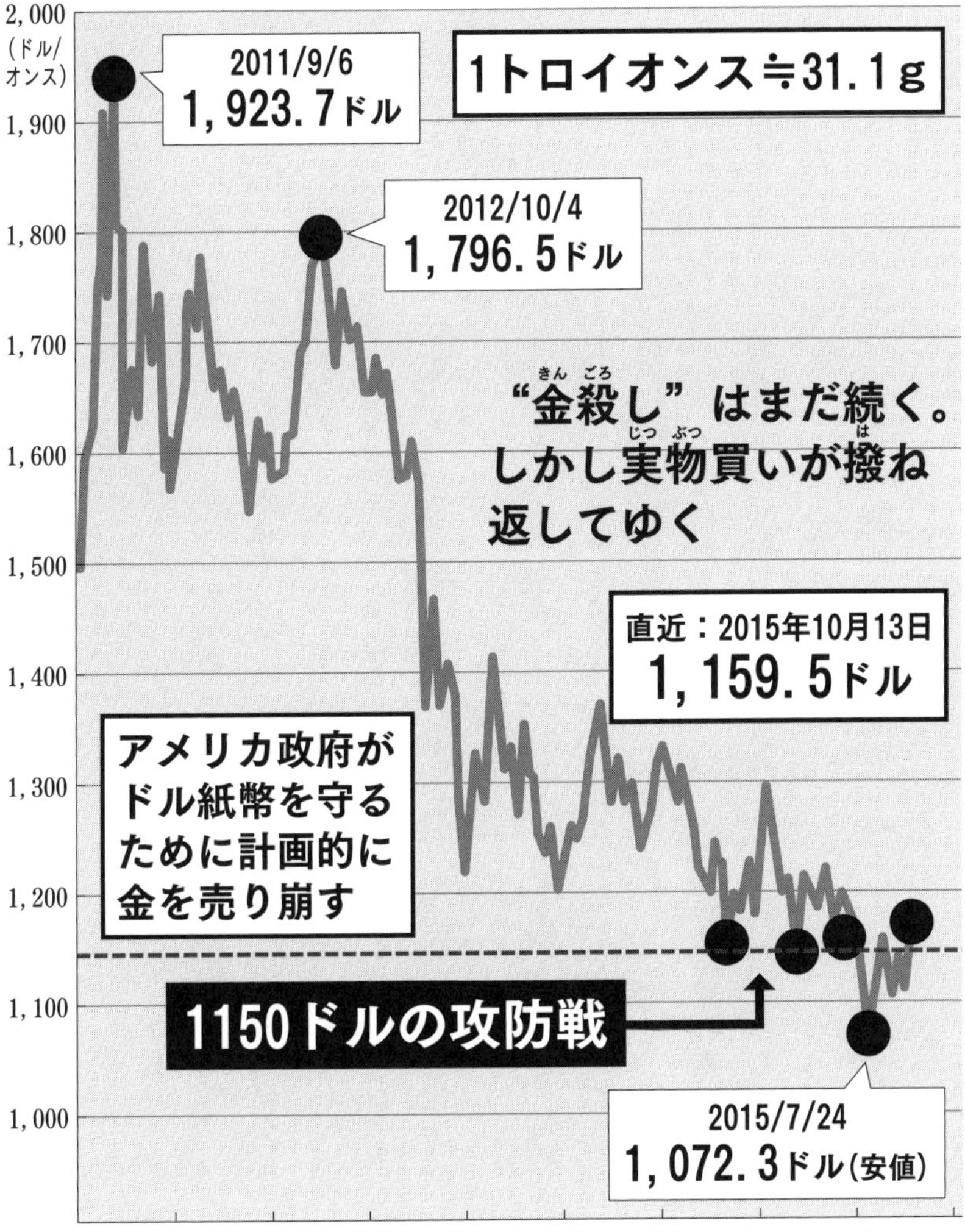

出典：ＣＯＭＥＸの期近値

に撥《は》ね返すだろう。

だから4200円台が出現したら、すかさず買うべきである。今の値段は4400円ぐらいだ。この4400円という価格は卸《おろし》売りの値段（東商取《とうしょうとり》。東京商品《しょうひん》取引所。TO《ト》COM《コム》と言う）であって、これに400円を足すと小売りの値段になる。田中貴金属や徳力《とくりき》、石福《いしふく》で買うと、この小売りの値段である。だから今は小売りの値段は4800円ぐらいだ。1キロの純金の板《バー》を買うと480万円だ。金《きん》はなかなか値上がりしない、と言われながらも、ここまで高くなっている。これまでの小売りでの最高値は5339円（2013年4月10日）である。

逆に金《きん》を売りたい人は、この4800円から100円引いた4700円で金業者に買い取ってもらえる。その金地金《きんじがね》が見るからにしっかりしていれば、何の疑いもなしにどんどん買い取ってくれる。金《きん》の延べ板に偽物《にせもの》が紛《まぎ》れ込んでいて、タングステンに金メッキがしてある、などとバカなことを言っている人たちが今もいる。が、それはみんな日本政府の回し者である。金《きん》を日本国民が買うことを邪魔したくて仕方がないのだ。業者にしてみれば、成分検査機にかければ1秒で分かることだ。

「この金《きん》は本当にあなたの金《きん》ですか」などと聞くバカな業者はいない。ただし最近は、金《きん》に対する国税庁と金融庁の嫌がらせが進んできているから、すぐに身分証明書を出せとか、買った時の証明書を出せとか、よけいなことを言う業者が出てきているようだ。そんな業者は相手にしないことが大事である。

マイナンバー制の導入で、金《きん》の売買にもマイナンバー（12ケタの個人番号）が必要となる、という脅《おど》しのような議論がある。マイナンバー制で何でもかんでもすべての取引をコンピュータで管理する、などと言っても簡単にできることではない。スーパーマーケットやクレジット会社のコンピュータをすべて政府（金融庁、国税庁）に直結させる、などということはとんでもなく手間のかかる作業であって、5年や10年はかかることだ。こういうくだらない、「何でも取引にはマイナンバーを書かなければいけない」などという議論に自《みずか》らひっかかるほうが愚かである。

金《きん》の小売りの値段につく400円という数字は、8％の消費税（350円ぐらい）と、残りは業者の手数料40円ぐらいである。1キロあたりなら売買手数料は約4万円である。金を売る時は350円（1キロなら35万円）の消費税が戻ってくる。だから売りと買いの値段で100円しか違わないのである。

アメリカによる〝金殺し〟はまだまだ続きそうだ。後ろのほう（P232）でも書くが、

「イギリスと中国で世界の金《きん》の現物《げんぶつ》値段を決める」という体制ができつつある。ということは、今は金《きん》の価格はNY《ニューヨーク》のCOMEX《コメックス》とNYMEX《ナイメックス》という商品先物市場《コモディティフユーチャー》で決められている。が、この値決めが無効になりつつあるということだ。アメリカ国内には、もう政府保有分の金《きん》はほとんどない。公式にはFRB《エフアールビー》（NY連邦銀行《フェデラルバンク》）が、8100トンの金を持っていて、ケンタッキー州のフォートノックスという陸軍基地の中の洞穴《どうけつ》に厳重に保管されていることになっている。

ところが実際には、ほとんどすっからかんらしい。この春、テキサス州の政府が、「うちの州の金《きん》を連邦銀行に預けてある。2000トンある。それをすべて返してくれ」という動きがあった。この時に、連邦政府（ワシントン）側はしぶしぶとこれに応じて、200トンぐらいをテキサス州に返還したらしい。

しかし、ドイツ政府が、「敗戦後、アメリカ政府に取り上げられてアメリカで保管されている1200トンのドイツの金《きん》を返してくれ」、あるいは「検査《インスペクション》だけでもいいからさせてくれ」と要求した。ところが、アメリカ政府はこのドイツの要求に絶対に応じようとしない。その理由は、もう金《きん》が無《な》くなっているからだ。どうやら外国政府の保有金《きん》まで、いいかと思って対外《たいがい》貿易の決済に使い込んでしまっているようなのだ。あとで補充し

金Ｅ《イー》Ｔ《テイー》Ｆ《エフ》（ＮＹ）の残高と１トロイオンスあたりの国際金価格

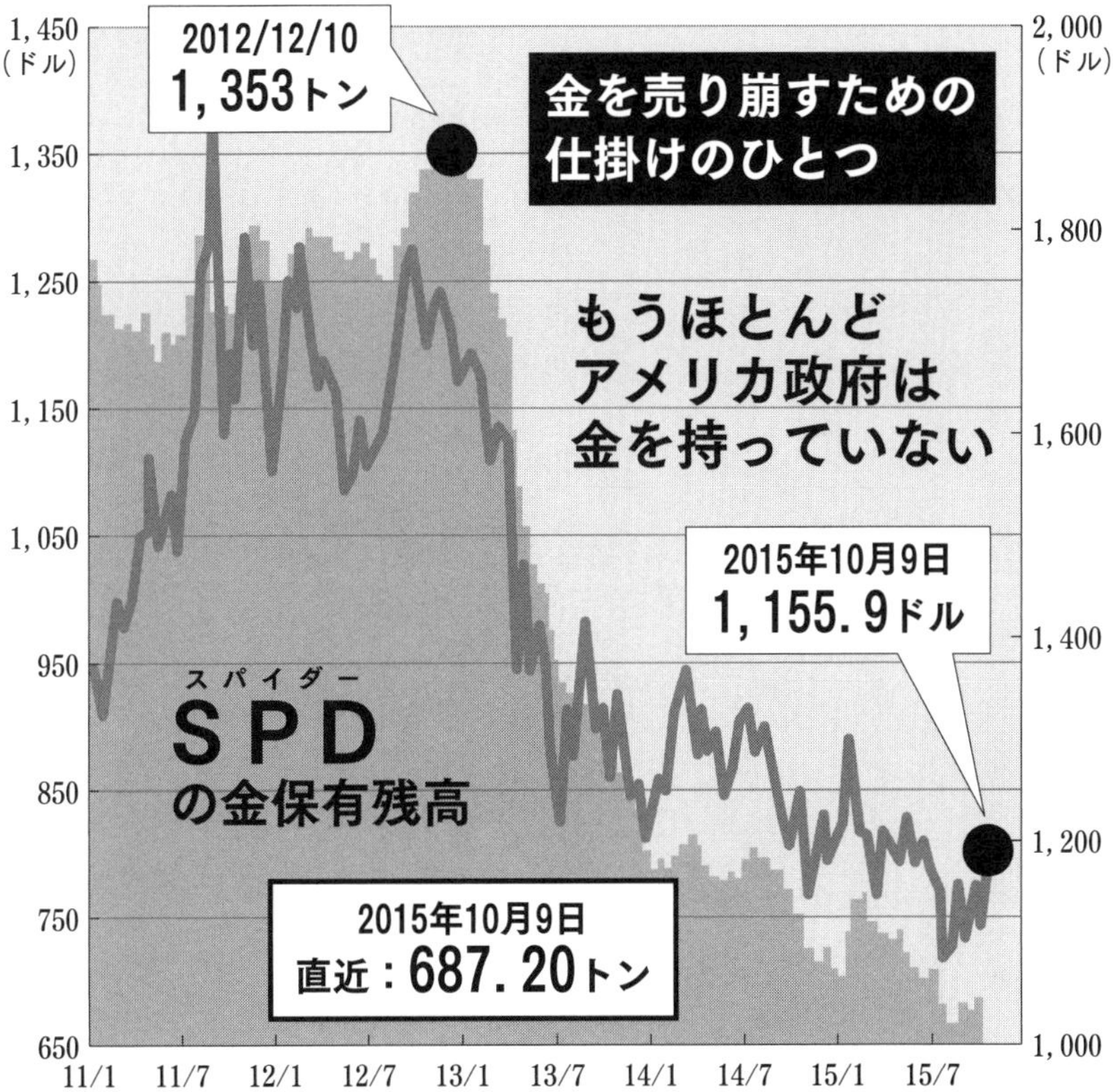

出典：ＳＰＤＲ® ゴールド・シェアＨＰのデータとＣＯＭＥＸ期近値から副島が作成

　このスパイダーという金《きん》の投機用のリース会社の保有金が、激減し続けていることがアメリカの金無《きんな》しの証拠だ。金《きん》価格がスパイダーの金《きん》減少と乖離《かいり》を始めていることが分かる。

ておけばいい、ぐらいに思っている。ところが財政が火《ひ》の車《くるま》のアメリカ政府は、その補充（穴埋め）ができなくなっている。他人（外国政府）のお金に手をつけている、ということだ。

この中には、たったの765トン（4兆円分）しかない日本の日銀がアメリカに預けたかたちになっている金《きん》も含まれている。だから今の日銀本店の地下金庫は空《から》っぽだということだ。みっともないったらありゃしない。空っぽだから強盗に入られる心配がないから気が楽だ、とも言える。だから現代世界の強盗団というのはアメリカ政府のことだ。日本国の上のほうにいる高官たちほど、このことを肌身で知っている。だけど怖《こわ》いから、「アメリカはやることが怖いなぁ」と絶対に口にはできない。

1オンス（約31グラム）＝1150ドルの攻防戦が続いている

NY金《きん》の動きは、現在1オンス（31・1035グラム）＝1150ドルぐらいである。ここまで下げられると私もほとほとイヤになる。〝金殺し〟がここまで続いているのである。以前の1250ドルの壁の攻防戦どころか、今ではさらに100ドル下の1150ドルの攻防戦をやっている。今年の7月24日には、P53のグラフにあるように1オンス＝1

072ドルという最安値をつけた。「もう少しで1000ドル割れ」と囃《はや》し立てられた。

アメリカ政府がゴールドマン・サックスやシティバンクの子会社のヘッジファンドたちを使って〝金《きん》の売り崩《くず》し〟を盛んにやっている。このヘッジファンドというのは、大銀行の別働隊であり、銀行法の規制（ボルカー・ルール）を脱法《だっぽう》している。これこそまさしくシャドー・バンキングだ。これらのヘッジファンドたちを使って金《きん》を先物市場やETF《イーティエフ》で売り崩している。だから金《きん》の下落と安値が続いている。だが、もうここらが限度だろう。

P57のグラフにあるごとく、ニューヨークのスパイダー・ゴールド・シェアという金E《イー》T《ティー》F《エフ》の残高が激減している。この会社には、今や660トンぐらいの現物の金地金《きんじがね》しかない。ゴールドマンやシティバンクは、このスパイダーから金《きん》を借りて100倍ぐらいのレバレッジをかけて、金を売り崩している。

しかし実際には、これらの金を借り出すことをしないで、いわゆる「裸《はだか》の空売《からう》り」をしている。数日以内の差金決済《さきんけっさい》（CFD《シーエフディー》。コントラクト・フォー・ディファレンス）だから現物《げんぶつ》の金《きん》を担保にする手続きさえもすっ飛ばして、無制限に金《きん》を空売《からう》りしているらしい。本当は法律違反（＝違法行為）なのだが、SEC《エスイーシー》（米《べい》証券取引委員会）もグルだから見て見ぬフリで、まったく取り締まろうとしない。彼らが金《きん》を計画的に暴落させる理由は、ドル紙幣の信用を守ろうとするからだ。米ドルがジャブジャブの刷り過ぎで、今や世界中で紙キレに近いことがバレないようにするために、金《きん》をわざと下落させるのである。ドルの信用力は、金《きん》によってしか決定できない。金《きん》のほうが人類の価値の基準なのだ。だから金《きん》とドルの闘いは、これからも続く。米ドル紙幣がその大きく下落した真実の価値を満天下に露呈させる日まで、この激しい闘いは続く。そして最後には金《きん》が勝つ。

このグラフから分かるとおり、少しずつスパイダーの金《きん》保有残高と、金《きん》価格の下落に乖離《かい》《り》（くい違い）が出てきている。金の計画的な引き下げも、もうここらが限界なのだ。来年あたりからイギリスと中国が中心になって、世界の金の値段を決めてゆく（後述する）。もうアメリカがいくら〝金殺し〟を続けて、すでに紙切れのお札である米ドルの信用を守ろうとしても、そろそろ限界が来つつある。

だから初めに書いたとおり、金《きん》を今のうちにさらに買い増しするべきだ。4200円台が出現したら、あちこち購入先（業者）を替えながら、なるべく証拠が残らないようにして買い増すべきである（ただし買った時の購入額の入った伝票は保存しておくように）。5年後、10年後になれば、現在の世界体制《ワールドオーダー》は大きく変わってしまっている。今のような、日本の国税庁や金融庁が「その金《きん》は、いつどこで、いくらで買いましたか」などと個人財産権

中国で金を買って中国で売ることも考える

ドバイの「ゴールド・スーク」（金市場）で

中国・重慶の金ショップで

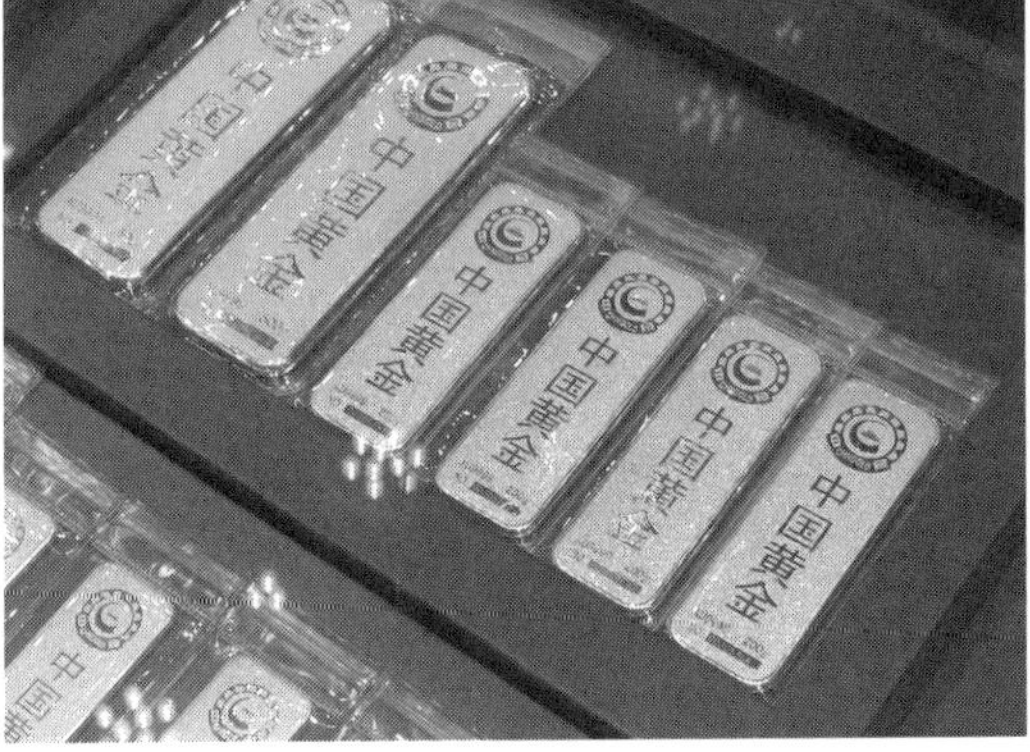

「中国黄金」がブランドである

これからは中国（香港やシンガポールも）で金を買って、中国の銀行に保管して中国で売るのもよい。

の侵害を平気で行なっている現在の事態そのものが消滅する。

なぜなら、貨幣単位が変わってしまう可能性が高いからだ。「通貨（貨幣）単位の変更」のことをデノミネーションと言う。たとえば、今の10円を1円にしてしまうというようなことである。１万円札が新１０００円札になるということだ。これがデノミ denomination だ。

そういう体制変動の激動期には、公務員たちは自分の脳がまともに動かなくなって、何が何だか分からなくなって対応できなくなる。だから今のうちに現物の実物資産（タンジブル・アセット tangible asset）である金《きん》を買っておくことが何よりも賢い資産の保全方法である。50キロぐらいまでなら平気で持って逃げられる。

次はダイヤモンドで資産保全せよ

中国人がダイヤモンドに目覚めつつある。これまでの中国４０００年の歴史で、初めてのことだ。今でも中国人は翡翠《ひすい》や瑪瑙《めのう》などの貴石《きせき》を大事にしている。しかし、今や世界的な貴金属の代表はダイヤモンドであることに、ようやく気づいたようだ。だから日本に来

ダイヤモンドも“爆買い”する中国人旅行客（東京・御徒町《おかちまち》）

ダイヤモンドが貴金属の代表であることに気づいた中国人が、日本で“爆買い”するようになった。貴金属の卸売商が集まる御徒町で、何軒も回って品定めをしている。

て、ものすごい勢いでダイヤモンドを買いあさっている。P63の写真は、日本のダイヤモンド・ロー diamond row（通り）である東京の御徒町《おかちまち》の貴金属店通りの様子である。ここで、1カラットから2カラット（200万円から300万円）のダイヤモンドが飛ぶように売れている。

P73に載せる新聞記事のごとく、今、日本からダイヤモンドが大量に流出（＝輸出）している。このことに驚いている勘の鋭い人々がいる。本当の本当は、日本にあるダイヤモンドの多くは、インド人のバイヤーたちによって買いあさられている。もう4、5年前からだ。

今やダイヤモンドを研磨《けんま》、加工する世界中の工場の9割は、インドのムンバイ（かつてのボンベイ）である。かつて〝ダイヤモンドの3つの都〟と言われたベルギーのアントワープ（アントウェルペン）と、イスラエルのテルアビブと、ニューヨークのユダヤ商のダイヤモンド街（ロー）は、影が薄くなっている。自分の国の国税庁がうるさいものだから、なかなか自由な取引がしにくくなっているのだろう。

だから熟練労働者の賃金も安いであろうインドに、ダイヤモンドの研磨業が世界中から集中している。インドは昔、イギリスの植民地だった。だからインド人は、雇《やと》い主のイギリス人たちから習ってダイヤモンドの価値を知った。かつインドでは自分の国でもダイヤモンドが採《と》れたので、イギリス人を見習ってダイヤモンドやルビーやサファイアの世界《ワールド》基準《ヴァリユーズ》での価値（値段）を知っている。

なぜ東京の御徒町にあるダイヤモンドが中国人に〝爆買《ばくが》い〟されるのか。それはきっと、習近平《しゅうきんぺい》による共産党幹部たちに対する反腐敗闘争の厳しい統制と締め付けが今も続いているからだ。だから、これまでのような、1個200万円するエルメスのブランドバッグをまとめ買いして、大企業の経営者の奥さまが、地方の党の幹部の奥さまたちに配り散らす（賄賂《わいろ》代わり）という段階が終わって通り過ぎたということだ。では次の価値《ヴァリユー》あるものは何か？　やはり**金《きん》の次はダイヤモンド**なのである。

インド人は、日本にあるダイヤモンドはそろって質が高いことをよく知っていた。日本人は繊細な感覚をしているので、ビリビリするほど神経質な人間たちが多い。ゴロゴロっとした大きなダイヤモンドよりも、1カラットぐらいの小粒でいいからと「4つのC《シー》」を大事にして、業者がたくさん輸入した。大粒のものは、ほとんどは業者間で流通して売り買いされていたように見える。

4C《フォーシー》とは、物知りの人は知っているとおり、1．カラット（重さ）、2．カット（削《けず》り、角度)、3.クラリティ(透明度)、4.カラー(色)の4つである。

カラットというのは、昔から中東にある黒くて硬い豆のことで、この豆の粒は大きさが一定しているので、これを量《はか》りに載せて、このカラット豆を基準《クライテリア》にして重さを量ったことから来ている。あとは透明度《クラリティ》の高いものや、ブリリアントカットなどのカッティングの美しさが基準となる。だが一番大事なことは、ダイヤモンドの内部に大きな傷《フロー》や割れ目《クラック》がないことである。それから、できるだけゴロッとした大きいものがよい。5カラットぐらいのものに財産価値がある。5カラットで質の良いものは2000万円から4000万円ぐらいする。これぐらいのものが世界中の大金持ち(富裕層)の間で売買されている。

●世界覇権とダイヤモンドの歴史を知る

ダイヤモンドは、19世紀後半ごろから、南アフリカでたくさん採《と》れるようになった。セシル・ローズというイギリス人の男が一代で巨大な財産家になった。南アフリカにはボーア人というオランダ系白人の入植者がいたのだが、彼らを押さえつけてイギリスの植民地にした。現地の政治指導者にもなったセシル・ローズ(Cecil Rhodes 1853~1902)は、本国イギリスでは「オックスフォード・グループ」あるいは「ラウンド・テーブル」

（円卓会議）という秘密結社を組織して、イギリスの権威と勢力を守《も》り立てた。

キンバリーのダイヤモンド鉱山から始まり、やがてトランスヴァールで大きな金《きん》鉱山を見つけた。このトランスヴァール（地方。南アフリカの北側）が、やがてローデシア（「セシル・ローズの国」）になったのだ。そして、このローデシアが1980年に黒人たちの政権ができてジンバブエ（今も独裁者ムガベ大統領）になった。

今も金《きん》やプラチナは、このジンバブエやヨハネスバーグ（南アの首都は、この近くのプレトリア）で大量に産出する。それらの金を採掘して生産する世界の産金《さんきん》会社で大きい企業は、バリック・ゴールド（本社はカナダ・トロント）、ニューモント・マイニング（アメリカ・デンバー）、アングロゴールド・アシャンティ（南アフリカ・ヨハネスバーグ）などである。だが世界の産出国は、今は中国になった。

20世紀に入り、1980年代から石油とともに激しく勃興したロックフェラー家にはセシル・ローズはかなわなかった。1901年に米大統領になったセオドア・ルーズヴェルトは、初めはイギリスのロスチャイルド財閥に家系からしても忠実だった。このセオドア・ルーズヴェルトが、セシル・ローズと一緒に動いて、南アフリカでライオン狩りまでしている。だが、セシル・ローズが1902年に死ぬと、大英帝国の世界覇権も次第に終わっていった。アメリカ帝国の時代になった。それでも大きくは、セシル・ローズはロスチャイルド系である。イギリス・ロスチャイルド財閥の一部であるオッペンハイマー・デビアス＝セシル・ローズの金《きん》とダイヤモンドの財閥は、ヨーロッパの貴族たちと団結して、その後も長いことアメリカの支配に抵抗した。

しかし1980年代には、さすがのオッペンハイマー・デビアスのダイヤモンド・シンジケートもボロボロになった。アメリカ政府（ロックフェラー財閥が動かす）に、世界規模での独禁法（アンチ・トラスト・ラー）違反で徹底的に痛めつけられた。ダイヤの取引市場は闇カルテルの価格統制（自由競争の排除）の象徴のように言われて、デビアス社は付け狙われて世界中でのダイヤモンドの公正な取引価格市場を妨害された。

だから金《きん》と違って、ダイヤモンドは一体、どのようなものが基準であり、いくらぐらいなのか分からなくなってしまった。それでも、ダイヤモンドの世界市場というのはあるのだ。基準となる石の値段は、ちゃんとついている。日本でも90年代までは「ダイヤモンドは永遠の輝き」とか「テン・スウィート・ダイヤモンド」とかのテレビ宣伝広告をしていた。が、めっきり見なくなった。アメリカ政府としては、金《きん》と同じようにロスチャイルド系であるダイヤモンドの客観的な世界取引市場ができるのが嫌だから、破壊し続けたのである。そして今、ロックフェラー家の失墜と凋落《ちょうらく》に伴って、ふたたび金《きん》とダイヤモンドの時代が勃興してきた。

蛇足だが、これ以外にオーストラリアに「英豪《えいごう》資本」と今も呼ばれる、リオ・ティントとＢＨＰ《ビーエイチピー》ビリトンという大きな鉱山会社がある。ここが銅や鉛《なまり》、錫《すず》、ニッケル、アルミニウムなどの非鉄《ひてつ》や合金《アロイ》の世界的な会社である。日本のＪＸ《ジェイエックス》日鉱日石（昔の〝ヤマ日鉱〟と共同石油の合併体）とよく似た鉱山会社だ。大きくは歴史的に英ロスチャイルド系の資本である。ダイヤモンドのデビアス社はアングロ・アメリカン社という、これも大きい鉱山会社の子会社になっている。

最近7月30日、出光《いでみつ》興産と昭和シェル石油の合併話があった。これは簡単に言えば、純然たる英資本（すなわち、ロスチャイルド系）であるロイヤル・ダッチ・シェル（昭和石油）が、日本ではもう石油元《もと》売り業が儲からない。だから、さっさと本当は同じ三井系である〝民族石油資本の雄〟出光石油に、株を売り払って撤退すると決めたということである。こういう大きなところでの世界的な企業の再編はどんどん進んでいるのだ。

ダイヤモンドに話を戻すと、近年、オーストラリアとロシアで、ダイヤモンドが採掘されるようになった。だから世界的なダイヤモンドの値段が崩れていると言われ続けた。たしかに、まあまあの品質で1カラット100万円と言われたダイヤモンド市場が、この40年間、長く低迷したのは事実である。それ以外に、人造ダイヤモンドというのが造《つく》れるようになって、自然のダイヤモンドの価格を破壊したとも言われた。けれども、これらの情報は計画的につくられたガセネタであったようだ。人造ダイヤモンドは水晶（クリスタル）に超高圧をかけて造るので、1個1億円する、とか言われている。だから人工のダイヤモンドを造るには多額の費用がかかるのだ。かつ誰がそんなものを欲しがるか。鑑定にかければ分かることである。これ以上の詳しいことは私にも分からない。

それでもここまで時間が経《た》ってみると、やはり金《きん》の次はダイヤモンド、という考えは正しいようである。だから日本の資産家たちも、国税庁や政府にバレないで資産を守るには、そして外国に持ち出すにはこのような極小の貴重な財産の塊《かたまり》にもっと注目すべきである。

もっと本当のことを書くと、実は今も日本にもダイヤモンドの闇市場がある。しかし、ここはちょっとやそっとのことで入り込んでいける世界ではない。暴力団が支配している世界というほど単純でもない。日本のダイヤモンドは、すべて、0・2カラットぐらいのクズのようなものからすべて写真を撮られて、番号が控えられて業者間で取引されてい

金《きん》の次はダイヤモンドだ
ダイヤモンドの国内卸価格の推移

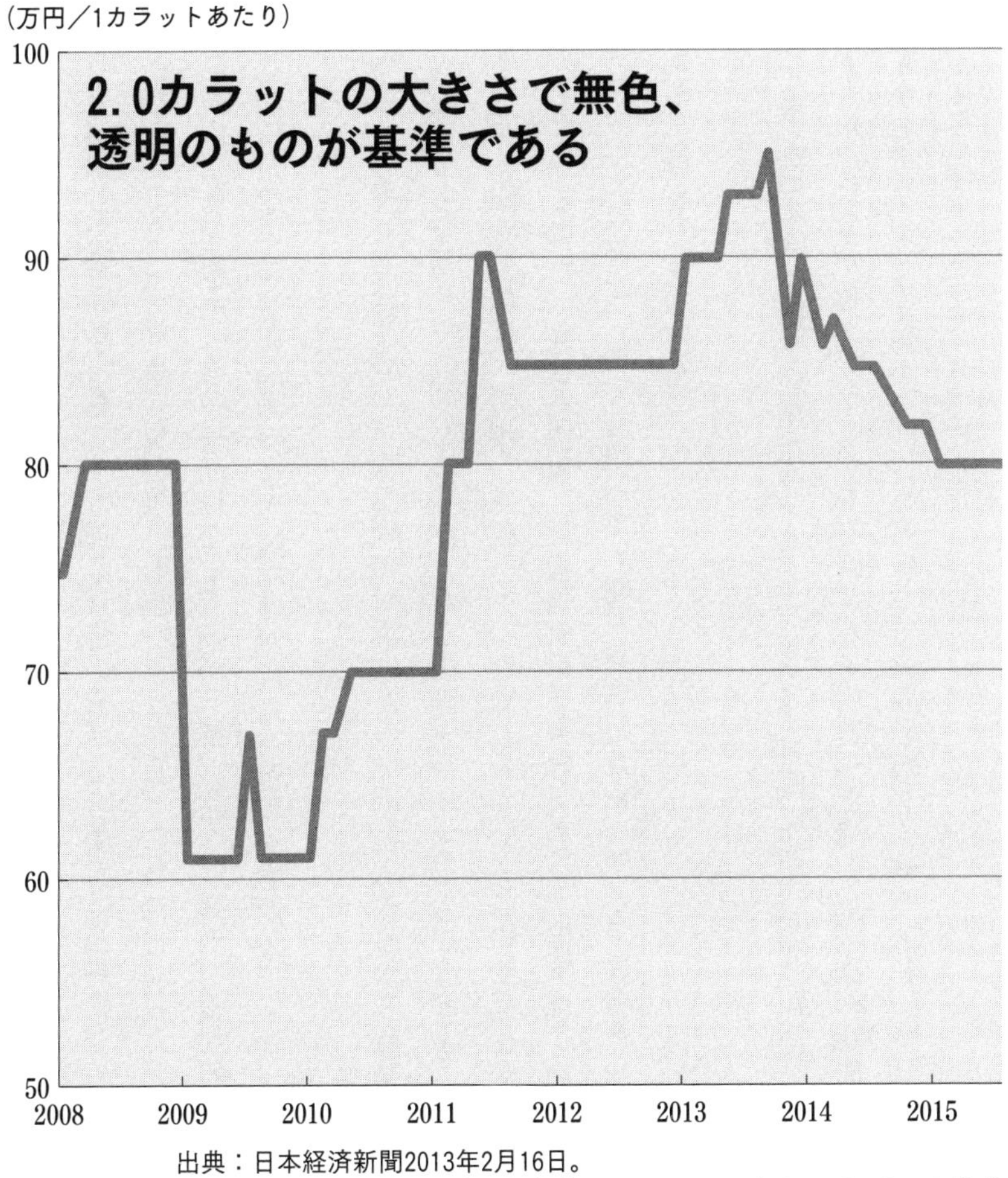

出典：日本経済新聞2013年2月16日。
これに国内貴金属商の卸価格とPrice Scopeなどのデータから作成

1カラットは0.2グラムである。5カラットぐらいの大きさのもの（まあまあの品質でよい）が世界中で取引されている。ダイヤモンド市場は国税庁（税務署）に狙われて、いじめられるので秘密が多い。だからこそ本物である。

る。原石《げんせき》を輸入した瞬間から厳しく管理されている。宝石業者は絶対にこの国のルールから逃れられないように、厳重に税務署に監視されている。これは物品税《ぶっぴんぜい》という税金が始まった時以来の宿命である。この物品税なるものが「贅沢《ぜいたく》品への課税」の別名であった。金持ち層しか持たないような高価なものにだけかけられた税金である。1940（昭和15）年にできた法律だ。

だからダイヤモンドは初めから物品税の対象になって、輸入の時から厳格に監視されている。輸出までも監視したいのだろうが、だが中国人やインド人が今のようにピャーピャー買って持って帰る分には、管理も課税もへったくれもない。この物品税が形を変えて今につながっているのが、実は消費税（付加価値税）なのである。消費税というのは、実は「売上税」のことなのだ。何でもかんでも物を売買したら、すべて税金をかける、という考えである。分かりましたか。

●バブル期の日本人が持ち込んだダイヤモンドが、外国に流出している

インド人が、日本からダイヤモンドをムンバイに買って帰ると、次の新聞記事にあるとおり、もう1回カットし直して新しいデザインの最新のダイヤモンドにつくり変えて、元

の3倍の値段で売れるそうだ。重さは2～3割減ってしまうそうだが、業者にしてみれば高く売れるからいいことなのだ。

ダイヤの輸出急増　タンスの「富」円安でアジアへ

ダイヤモンドや金の輸出が円安を背景に急増している。今年は4月までの累積輸出額が過去最高の勢いで伸びている。バブル期に日本が世界から集めてタンスなどに眠っていた〝富〟が、中国やインドなどアジアに流出している。宝石や貴金属で日本がアジアの供給元になりつつある。

貿易統計によると、ダイヤモンドの4月の輸出額は、3億5千万円。前年同月の1・6倍に膨らんでいる。1～4月の累計輸出額は30億1千万円と前年同期（11億6千万円）を大幅に上回り、過去最高水準だ。

日本国内でダイヤモンドはほとんど生産されない。そのため、輸出されるのは大半が中古品である。輸出先（金額ベース）は首位が、香港、次いでイスラエル、インドの順だった。いずれもダイヤモンド加工業者の集積地だ。

日本はバブル期にダイヤモンドを世界から買い集めた。中古といっても大粒で透明度も高いダイヤモンドが多く、海外勢から人気がある。

ダイヤモンドは通常、指輪やネックレスについている。当時、購入した人たちが高齢になり、質屋などで換金した宝飾品が輸出されている。

質屋に持ち込まれた指輪などはダイヤモンド、白金、金といった素材ごとに分解されることが多い。白金や金は溶かして国内で再生できるが、ダイヤモンドは加工業者が日本に少ない。そのため香港やインドなどで新しいデザインに磨き直されて世界市場に流通する。

宝飾の卸会社が集まる東京・御徒町《おかちまち》周辺の雑居ビルでは、定期的に中古ダイヤモンドの入札会が開かれる。入札会の主催会社によると「常時40~60社が参加し、そのうちインドやイスラエルなど海外の業者は15社ぐらいだ」。特に資金力のあるインド業者の買いが目立つ。競売にかけられたダイヤモンドの落札額は億単位になることも珍しくない。

日本リ・ジュエリー協議会（東京・台東）によると、1965~2013年で、日本国内へは8700万カラット（17・4トン）のダイヤモンドが輸入されている。ダイヤモンドの年間生産量（引用者注。ということは、世界中で1年間に、まあまあの品質、大きさのダイヤが13万カラット（26万トン）生産されている）の6割超を日本が買った計算になる。

（日本経済新聞　２０１５年６月３日）

このように、日本人が高度成長とバブル期にガブガブ持ち込んで貯め込んだダイヤモンドが、今こうして外国にどんどん流出している。金持ち国家だった日本が貧乏になりつつある一つの現象である。だから私たちは、世界の傾向を見て、ダイヤモンドを見直すべきである。大きくて良質のダイヤモンドに世界値段があるのだから、国家に監視されないで保存できる重要な実物資産《タンジブルアセット》としてダイヤモンドを私たちは見直すべきである。

世界を管理し、統制したい権力者たちは、〝金《きん》殺し〟の次には〝ダイヤモンド殺し〟（ダイヤモンドの公正な世界市場の破壊）まで、新たに仕掛けてくるだろう。それでも実物《タンジブル》経済《エコノミー》、実物資産の雄である金《きん》やダイヤモンドは、そのよう世界官僚同盟（ワールド・ビューロクラット・ユニオン）に負けない。官僚（役人）や権力者たちが永遠に勝つ、ということはない。彼らはどうせ敗れ去るのだ。

3章

G《ジー》P《ピー》I《アイ》F《エフ》〝年金バクチ〟の大失敗

●バクチに向かない役人が株に手を出して失敗した

ついに世界は、株と国債（債券）の連鎖暴落の時代に突入した。繰り返すが、８月25日、日経平均株価は６営業日連続で暴落し、１万８０００円を割った。夜間の先物取引ではその前日の24日に１万７１６０円の最安値をつけた。これからさらに連鎖暴落が続いて、１万７０００円も割れた（９月29日）。第２章「これからの株の動き」で書いたとおりである。２０１６年には１万４０００円台まで下げるだろう。

ＮＹダウのほうは、８月24日に１万５３７０ドルの安値をつけた。これは１年６カ月ぶりの安値を記録したものだ。ただし終値は１万５８７１ドルと５００ドル戻した。１日で一気に１０８２ドルも下げたのである。Ｐ17のグラフをじっくりと見てほしい。株式の暴落が当たり前のように起きる時代になった。

これを「ボラティリティ相場」という。変動幅がたった１日で、５％も10％も上下する市場になった。このことはドイツ市場（ＤＡＸ）やイギリス市場（ＦＴＳＥ《エフティイエスイー》）やフランス市場（ＣＡＣ 40《シーエイシーフォーティ》）でも起きるようになった。世界的に連鎖、連動して起きる暴落である。インド市場（ＳＥＮＳＥＸ 30《センセクスサーティ》）やブラジル市場（ＢＯＶＥＳＰＡ《ボベスパ》）など新興国市場の株の下落の悪口ばかり言って、「新興国市場の崩壊」などと、そっちに目をそらさせよう

あといくら株に資金を突っ込めるか GPIF・投資余力

運用資産額は、141兆1209億円

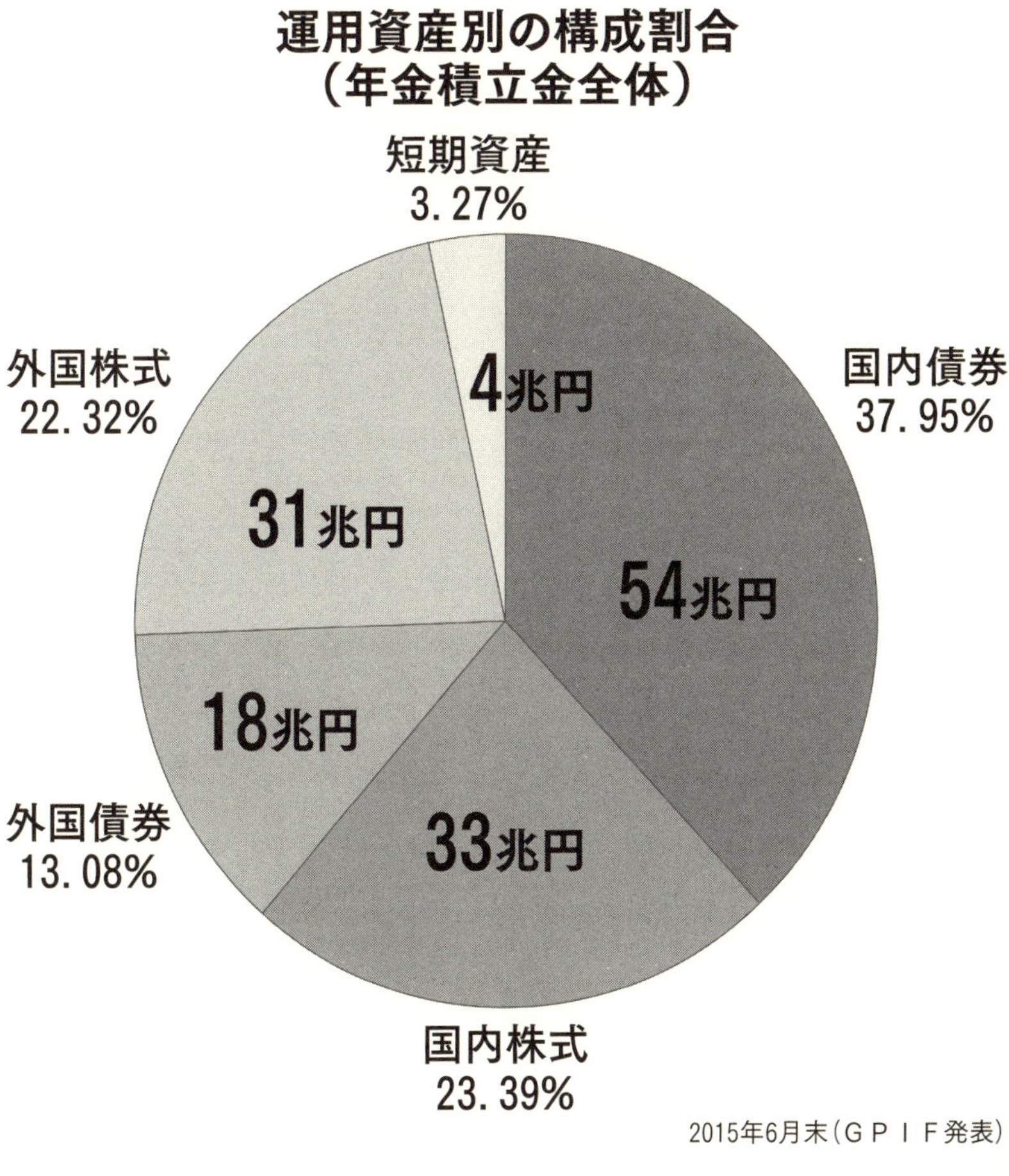

2015年6月末（ＧＰＩＦ発表）

としても無駄である。このことが次の大きな金融危機の再発を強く予測している。この動きはもう止まらなくなった。世界各国で次々と連鎖する株式暴落が起きる時代に突入したのである。

日経平均は、この8月24日から25日で、いったん底を打った。その後、8月28日には1万9000円台を回復した。日本政府がGPIF《ジーピーアイエフ》（年金積立金の管理運用独立行政法人）を使って、違法な〝相場操縦〟を行ない、必死になって買い支えたからだ。この時、1日で2000億円ぐらいを株の買い支えに投入した。

彼ら**「年金株バクチ屋」**たちにしてみれば、自分たちは市場の乱高下を抑え込んで、正常な取引市場を守っている立派なお役人様だ、くらいに思っているのだろう。GPIFというのは、かつての年金福祉事業団だ。「年福《ねんぷく》事業団」と言って、あの悪名高いグリーンピアや、かんぽの宿で大失敗した年金運用団体だ。あの時、5兆円ぐらい運用損失金を出して、大変な責任問題になったのだ。そして厚生労働省の官僚トップ、とりわけ年金運用の責任者たちの首が飛んだ。実は生《は》え抜きの元事務次官が、このために襲われ、死者2人、重傷者1人が出る（2008年11月17日と18日。身替わりの犯人名は小泉《こいずみ》毅《たけし》死刑囚）という〝口封じ〟の凄惨《せいさん》な事件まで起きているのだ。これで厚労省の幹部たちは、ひどく叱《しか》られて責任問題となった。

それで、このいわくつきの年福《ねんぷく》事業団が今のカッコイイ名前（だけ）のＧＰＩＦになったのだ。このあと「グリーンピア」や「かんぽの宿」の〝官有物払下げ〟（大放出）では、いわゆる〝疑獄《ぎごく》〟と呼ぶべき汚職問題が起きて、竹中平蔵《たけなかへいぞう》がらみで、オリックスの会長だった宮内義彦《みやうちよしひこ》たちの政府ぐるみの犯罪疑惑が露出した。建設時にひとつ２００億円した「かんぽの宿」を、５億円とか1億円の超安値で（競売《けいばい》なしで）取得して、そして投げ売り転売した疑惑だ。竹中平蔵も宮内義彦も捜査打ち切りで逃げ延びた。巨大なワルたちだ。

国民４０００万人が営々《えいえい》と積み立てた公的な年金資金（5種類ある）を、株式市場という金融バクチの賭場《とじょう》（鉄火場《てっかば》）で、やめておけばいいのに公務員という生来〝トッちゃん坊や〟でバクチに向かない人たちが、「国民のために私たちが金儲けしてあげる」と危険なことに手を出している。案の定、株価は8月から暴落した。さあ、どうする。その下落して損を出した株価を焦って無理やり吊り上げようとして、さらに「余力《よりょく》」という年金資金を投入する。

彼らは自縄自縛《じじょうじばく》に陥《おちい》っていることにまだ自覚がない。彼らは自分がお奉行様だから、八代将軍吉宗《よしむね》（1684～1751）のように、「米相場《こめそうば》に命令すれば米の値段が自分たちの思うように動く」と思っている。将軍徳川吉宗は、1721（享保6）年に、暴落した米の市場価格を吊り上げるために、買い占めをした米の仲買人たち数十人を捕まえて牢屋に入れることまでした。デフレ経済の突入だ。

ところがこのあと風水害のために米価が一転して高騰した（1731年）。全国あちこちで大火も起きた。吉宗は、民衆のためを思って全国で新田開発をやって米の大増産をした。そうしたら米価が何年にもわたって暴落するという椿事《ちんじ》（珍事）が起きてしまったのだ。ところが、このあと水害と大火事で今度は米不足になり米は暴騰した。民衆は貧窮した。これの繰り返しだ。吉宗は江戸城の自分の居室に、米価の罫線《けいせん》（相場のグラフの表）を引きまくって壁に貼って研究した、という。それでも相場は自分の思いどおりにはならなかった。吉宗はホトホト困り果てた。独裁者吉宗は苦しんで死んでいった。江戸時代中期、1758年になって「田沼意次《たぬまおきつぐ》時代」になって、ようやくインフレ経済＝好景気になったのである。

今のアメリカ政府も、中国政府も、そして日本政府も「株を売り崩す（暴落させる）者は摘発して、見つけ次第痛めつけてやる」と息巻いている。自分たちがやっていることに対して歴史の審判が下ることに自覚がない。市場（相場）というのは権力者、支配者の思うようには、動かないのだ。いくら、政府のカネ（本当は国民が積み立てた大切な年金）で株価を吊り上げて儲けを出す、と言っても、そんなことは無理なのだ。

だから9月4日に日経平均株価はふたたび1万8000円を割った。これが〝二番底〟である。権力者というバカたちは、市場の法則というものが分からない。GPIFによる日本株買い支えについてはP111でさらに詳しく書く。

●「中国発の恐慌」に青ざめる世界

ニューヨークの株式市場も同じように悲惨な経路をたどりつつある。次の新聞記事が伝えている。

中国懸念で世界同時株安、米NYは一時1000ドル超急落

週明け8月24日の世界の株式市場は、中国・上海市場の急落を受けて一段と売りが加速し、アジア、欧州、北南米で全面安《やす》の展開となった。

中国経済の先行き懸念から、上海市場の終値は、前週末比8・49％安と過去8年余りで最悪の急落。一方、日経平均株価は同4・61％安で引けた。香港、英ロンドン、仏パリ、独フランクフルトの各市場の終値もそれぞれ4～5％以上の株安となった。

米ニューヨーク市場でも、取引開始直後に株価が急落し、優良株で構成するダウ工業株30種平均は一時、前週末終値比1000ドル超（6％）の下げを記録した。その後、米アップルのティム・クック最高経営責任者（CEO）が、米CNBCテレビに公開書簡を送り、「アップルの中国市場での今後の業績に対する自信」を表明したことを受けて一時買い戻しが入るなどし、終値は3・58％安だった。

（AFP《エイエフピー》　2015年8月25日）


「中国を震源地とする」世界連鎖の株安、などと、よくもヒト（中国）のせいにして自分たちの実力のなさを無罪放免できるものだ。「中国発のデフレ不況の波が世界を襲っている」という論調で、ずっとこの2カ月、テレビ、新聞は書き続けている。「中国の景気減速が世界経済に悪い影響を与えている」などと、よくも今頃になって言えるものだ。長年、あれほど中国を見下《みくだ》して、「あんな貧乏な国には何の力もない」と嘲《あざけ》り、侮《あなど》ってきたくせに。今は、「中国発（震源地）の世界恐慌」に西側世界《ザ・ウエスト》（米、欧、日）は畏《おそ》れ戦《おのの》いている。

24日に一気に1000ドルも下げたので、NYは真っ青になった。特に代表企業であるアップルの株価の急落が激しかった。5月の132ドルから30ドルも下げた。これでアップルの経営幹部が肝を冷やして、「うちは大丈夫だ」と、わざわざ出てきて事態を鎮静化させようとしたのだ。しかもその理由が、「今後も中国市場でアップルのスマホが売れ続ける」という赤っ恥ものの自己弁護である。

このニューヨークの株価の動きを見たら分かるとおりだ。第1章で書いたとおり、もう1万8300ドルの最高値の頂点価格を超すことはない、ということが分かる。だから第1章のグラフで示した安達太良山《あだたらやま》のような、だらだらと低い山並みが連続する波形の金融市場がこの先も続く。NYダウが1万9000ドルとか2万ドルということは、もうあり得ないのだ。アメリカの繁栄の頂点はこれで見えてしまった。これは歴史の判定（審判）だ。もし再上昇があるとしても、1万8000ドル台の攻防戦まで戻るだけだ。実際には1万7000ドル台の攻防戦さえ守り切れるか怪しい。

直近で言うと、10月16日の1万7125ドルである。アメリカも日本と同じで、政府が一所懸命、株価の吊り上げをやっている。アメリカ財務省とFRBとSEC（証券取引委員会）がグルになって必死で、あちこちから資金をかき集めてきては、ＮＹ株価の価格維持をやっている。これに別働隊の、ワルの大証券会社（銀行業の顔も持つ）ゴールドマン・サックスが奇怪な手に出る。

ＮＹの株を吊り上げないと、アメリカの中産階級白人《ミドルクラス・ホワイト》たちが、住宅ローンの担保（プレッジ）として銀行に差し出している株式の評価額が下がって、銀行から追証《おいしょう》（追加の担保金の差し出し）を要求されるからである。ギリギリまで銀行やクレジット会社から借金をして、自分の財産をつくっているのがアメリカの中産階級である。彼らは堅実な預金など絶対にしない。アメリカ人は米ドルの力などまったく信じていない。ドルの信用力はない、と腹の底から分かっている。そして借りられるものならどんな資金でも借りて生きている。低金利だから今のところは、これでやってゆけるのだ。

●「針のむしろ」のイエレンＦＲＢ議長

これが、イエレン婆《ばあ》さんのＦＲＢ（アメリカの中央銀行）が握っている、金融政策（マネタリー・ポリシー）の、アメリカ国民への強い力の正体であり実態である。

だからイエレンは、９月17日のＦＯＭＣ《エフオウエムシー》（連邦公開市場委員会）で、ついに米金利（短期金利。ＦＦ《エフエフ》レート）の引き上げを見送った。政策金利の利上げをできなかった。「利上げを見送った」などと気取ったことを言っている。が、本当は針のむしろの上に乗せられて、イエレンは激しく苦悩している。ここで短期金利（政策金利）を上げられなかったら、アメリカ経済はこのあとに襲って来る、激しいインフレの襲撃（お札の刷り過ぎ）で恐ろしいことになる。

ジャブジャブに刷り過ぎたお札（ドル紙幣）と、それの〝見返り勘定〟になっている同じくジャブジャブに刷った米国債の両方が、一挙に信用をなくして、紙切れになっていく時代が近づいている。この「イエレンの利上げ見送り」の打撃の大きさについては、後ろのＰ214でさらに説明する。

日本の株価も、Ｐ15のグラフのごとく、8月24日につけた1万7160円の瞬間安値（夜間取引）に再度、挑戦する1万7000円割れの暴落が強く予想される。1万6000円台が出現したら、次は1万5000円の壁に向かう。それはＰ29のグラフにあるとおり、「2014年10月17日の1万4529円」が次の目標となる。

ということは、この5月から8月のアベノミクスの〝浮かれ騒ぎ〟相場でつけていた2万800円という吊り上げ相場の天井が、ドカンと抜け落ちて、ちょうど5000円下落

（2万8000円→1万5800円）の日経平均の大下落が出現しそうである。

アベノミクスの「熱狂なき株高で踊った」皆さんは、すでに大損をしている。さあ、このあとどういうかたちで「自分の厳しい現実」に立ち向かうのか。

自分は安倍首相に忠実に、アベノミクスを信じて「さらにこれからまだまだ株を買い上げてゆく政府を信頼するよ」と、今のまま損を握りしめて生きてゆくのか。それともすでに抱えている損だけで済ますために、手じまいをして、〝損切り〟して、自分の資産がこれ以上減ることを防御するか。どちらかの選択になる。それは人それぞれの決断、判断ですから私は何も申しません。ただし、もっと悪いのは、「損を取り戻そう」として焦って、さらに損を出して傷口を広げる愚行だ。生来のバクチ好きたちの悲惨な性向（性格）は、ここにある。

●9月2日、私は「GPIFの2000億円投入」を予測した

私、副島隆彦は、インターネット上の掲示板に、去る9月2日朝8時に、こう書いた。

■ ついに世界的な金融崩れが始まったようだ。日経平均は9月1日、724円下落して

終わった。そして、今朝の5時に、NY株式市場は469ドルの下落で終わった。1万6000ドル割れがあった。

1回目の8月24日の株の崩れ（1番底）を、各国の政府たちは買い支えきれなかった。だからこれは2番崩れである。

私が、近著『官製相場の暴落が始まる』（2014年11月、祥伝社）と『「熱狂なき株高」で踊らされる日本』（2015年4月、徳間書店）で予測してきたとおりの事態になった。サブプライム危機（2007年8月）と、その翌年のリーマン・ショック（2008年9月）から8年がたった。

嗚呼《ああ》、あれから8年がたったのだ。私は6年目ぐらいで大暴落、大恐慌突入を予測していた。それが、さらに2年、粘られた。ようやく、私が予測（予言）したとおりに大暴落が始まった。私は、急いで今の事態を分析し、これからの激しい動きを予見しなければいけない。

日本政府とアメリカ政府（米財務省とFRB《エフアールビー》）が、この2回目の株崩れを、もし買い支えて阻止できないようだと、本格的な世界的な株の連鎖暴落の再発となる。

この2回目の株暴落を日本の政府資金（年金＝GPIF、日銀ETF、郵貯）で買い支えて、売り崩しの攻撃を防御できないと、さらなる〝連鎖する大暴落〟となる。米ヘッジファンドたちは、日経平均先物での日本株の売り崩しを今も虎視眈々《こしたんたん》と狙っている。どうせ、このあとも断続的に株価の暴落は起きる。世界各国の市場で取引停止の連鎖的な嵐が起きるだろう。

GPIFの資金は、日本国民の大切な年金の積立金である。これを株というバクチに突っ込んで、「1年間で15兆円、儲かった」と宣伝したばかりだった（7月10日）。そしてこのザマだ。8月末からの株崩れで痛手を受けて、GPIFは、もう20兆円ぐらいの評価損を出しているはずだ。

ということは、「あと2・3兆円あるはずの日本国内株式への投資余力《よりょく》」が消えてしまっている。彼らは政府の機関のくせに、数字を速報で発表しないから、真実は分からない。のたうち回っているのだろう。すでに大損を出して、あの霞が関の、GPIFの建物（財務省の隣り）から飛び降りる投資責任者（公的資金の運用管理者）が、数人出ることを私は希望する。

公的資金の支出から利益を出すというのは元々、禁止である。そのように公務員は、頭のてっぺんから叩きこまれてきたはずだ。公的資金から利益を出してはいけないというのは「公務員の服務規程。教育勅語。戦陣訓」だったはずだ。それを、竹中平蔵たちが、「公務員も利益出せ、利益を出せ」と喚《わめ》いて、平気で法律違反をたくさんやって、今のザマだ。

15兆円も儲かった、と有頂天になってウハウハしていたら、とたんに津波《つなみ》が来て、もう逃げられなくなった。人世《じんせい》とは、こういうものなのだ。権力者たちといえども、調子に乗ったら、そのあとに地獄が来る。少しは分かったか。これが人の世を貫《つらぬ》く恐ろしい法則というものだ。市場《マーケット》という魔物は、お奉行様たちでも食い殺すのだ。

アメリカさまに、日本国民の大切な資金を貢《みつ》ぎ続けることしか頭にない。本当に悪魔のようなやつらだ。〝インタゲ〟の旗振り人、伊藤隆敏《いとうたかとし》、西室泰三《にしむろたいぞう》（日本郵政社長）も同罪である。日本国民の年金が吹き飛んだら、お前たちは本当に国民から石を投げられるでは済まない。縛り首だ。

日本政府とアメリカ政府とEU（ヨーロッパ）政府が、目下の株崩れを買い支えることができない。と、次に何が起きるか。このあとどうなるか。やっぱり中国と同じで、ゆくゆくは①取引停止、②市場閉鎖、③市場統制、ということになる。中国の悪口なんか言っているヒマはない。

9月2日の、朝8時30分現在の「日経平均先物」は1万7880円で、995円安だ。前日比▲5・07％だ。暴落が再発している。あと30分で今日の市場が開く。

だが、「24時間市場」である「日経平均CFD《シーエフディ》（Contract for Difference 差金《さきん》決済取引）」のほうは、1万7845円の安値から切り返しつつあって、318円の安だ。▲1・78％だ。それでもアメリカのヘッジファンド＝国際投機筋＝たちは、〝日本売り〟を続けるだろう。

このあと、今日の東京市場が開く。きっと安値から始まり、もみ合うだろう。日銀は日銀ETF《イーティエフ》を、「義理堅く今日も336億円投入」するだろう。だがそんなものでは買い支えて、買い上げることはできない。政府の主力艦であるGPIFは、今日2000億円ぐらいを突っ込んで、「それ行け、一個師団《しだん》投入」で、「何がなんでも株価を吊り上げてやる」と出るだろう。見ものである。

このように私は書いた。

結果は、どうなったか。その翌日（9月3日）の日本経済新聞に次のような記事が出た。大変興味深い記事である。書いたのは日本経済新聞の証券部次長の川崎《かわさき》健《たけし》記者である。大変優れた内容だ。

再浮上するクジラ　年金VS海外、1万8000円の攻防

9月2日はめまぐるしく相場が動いた一日だった。大幅安で寄り付いた日経平均株価は、すぐに切り返し、一時は約300円高まで上昇した。結局は小幅安《こはばやす》で終了したが、市場参加者たちは年金積立金管理運用独立行政法人（GPIF）を筆頭とする公的マネーの登場をしきりに噂し合っている。さて、本当に「クジラ」は深海から海面へと浮上してきたのだろうか。

「こんな上げ方をするなんてクジラでしょうかね。何か聞いていますか？」。前日の米ダウ工業株30種平均が大幅安（引用者注。469ドル安）となり、セオリー通りに全面安で始まった東京市場。しかし誰かが買い向かったのだろう。程なく日経平均は上昇に転じ、株式トレーダーたちはキツネにつままれた様子だった。

真相は取引が終わった夕方に判明した。「それほど大きくない規模ですが、2～3頭のクジラさんが買っていました」と公的マネーの売買動向を知り得る立場にいる情報源の一人が教えてくれた。株価指数の組み入れ銘柄をまとめて買う動きだったという。

（先月末の）８月26日も同じような噂が飛び交った。ＧＰＩＦと、公務員・教職員が加入する３つの共済組合という**「4頭（目）のクジラが計2000億円買った」**という噂まで流れたようだ。先の情報源によると、そこまでの規模ではないが、確かにクジラは動いていたという。（中略）

ＧＰＩＦが８月27日に発表した４～６月の運用状況によると、６月末時点で約１４４兆円ある年金積立金全体のうち、国内株式の比率は23・39％だった。目標比率の中心値である25％に近づき「ＧＰＩＦが大きく日本株を買う局面は終了しつつある」というのが市場のコンセンサスだった。

ただ、相場急落で日本株の組み入れ比率は下がる。６月末からのＴＯＰＩＸの下落率から単純計算すると比率を元に戻すだけで約３兆円もの買い余力が発生する。ＵＢＳ証券の大川智宏《おおかわともひろ》氏は、「下がれば下がるほど日本株を積極的に買い増す動機が生まれる」とみる。

それではクジラは何をきっかけに動き出すのか。ヒントになるのがＧＰＩＦの動きを反映する信託銀行の売買動向だ。昨年５月から日本株を買い上がってきた**信託銀の動きが止まったのは2月末。日経平均が1万8000円強の時**だった。そしてクジラが再浮上した

9月2日、信託銀行は日経平均1万8000円まで買い上げた

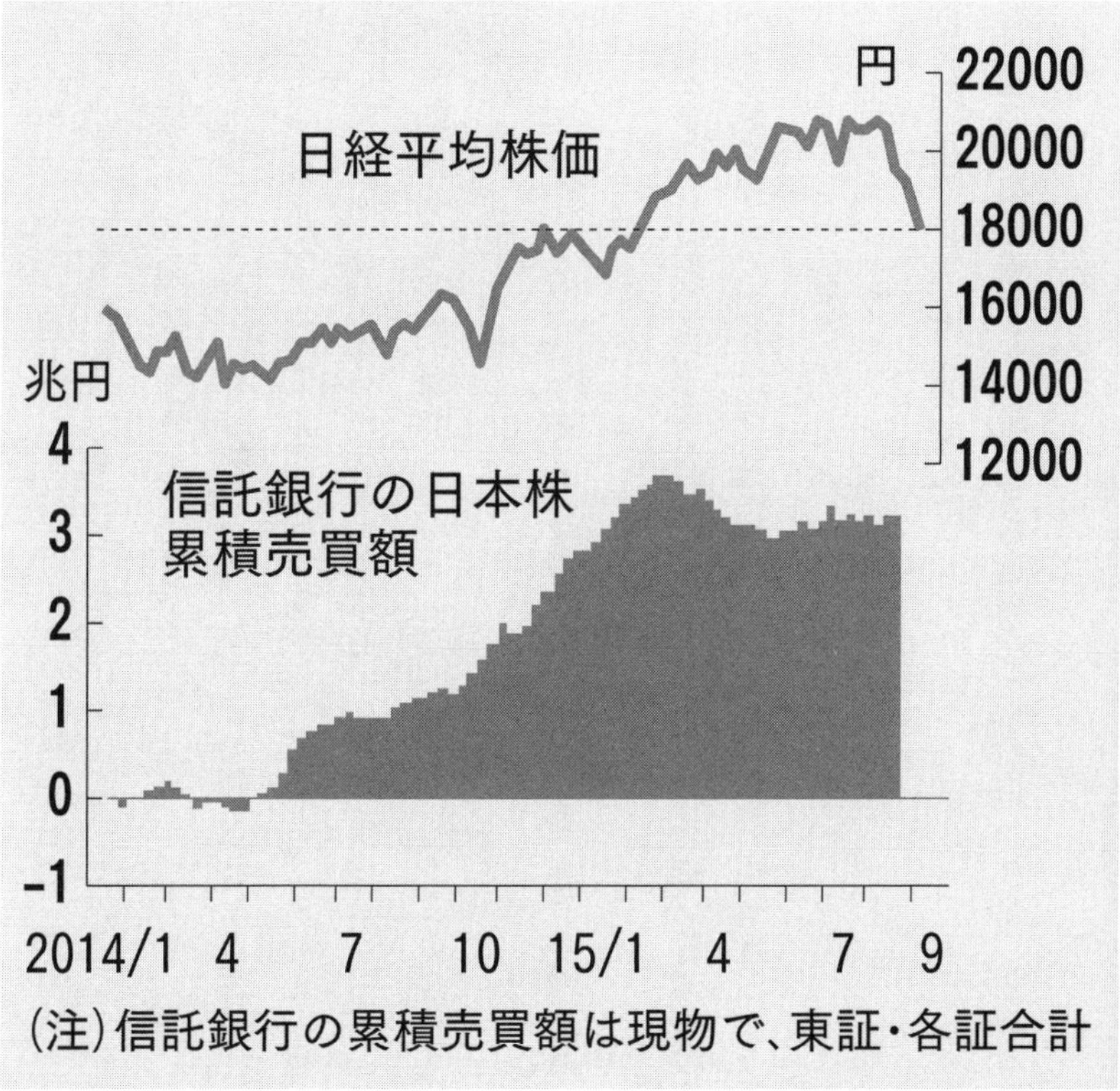

出典：日本経済新聞　2015年9月3日

なぜ、ＧＰＩＦではなくて「信託銀行が買い上げた」と見出しがなっているかというと、信託銀行たちが政府の意向を十分に汲んで株価を自主的に買い支え＝吊り上げした、ということに作文するからだ。あくまで主力はＧＰＩＦの買いだ。

8月26日と9月2日は、いずれも日経平均が1万8000円を割ったタイミングだ。つまり1万8000円がクジラの「防衛線」だと考えられる。

ただ、9月2日は日経平均が下げて終わった。クジラの腕力だけで維持できるほど今の相場は甘くない。「(欧米のグローバル)マクロ系のヘッジファンドなどが相場を崩していると言われている。長期投資の海外投資家が本格的にリスクを落とし(引用者注。長期投資家はリスクを回避するために日本株を売っている、の意味)にきているのが、今回の相場急落の主因だ」と大手証券の幹部はいう。

(日本経済新聞　2015年9月3日　太字と傍点注記は引用者)

この優れた分析記事で、2回目の暴落の日に何が起きていたかを、日本の投資家たち全員がかみしめることができる。これは歴史に残る証拠、証言というべき立派な新聞記事である。

●株を2000億円分買ったのは「4頭のクジラ」

さらに、この日経の記事を追認し、証明する週刊誌記事が現われた。金融市場の重大な局面では、事態の急変のために関係者たちが動転して、本当のことを、規制を受けずにペロリと話してしまうものである。以下の週刊誌記事の書き手である歳川隆雄《としかわたかお》氏は「インサイドライン」という情報誌を主宰している。私もかつてテレビ討論でお会いしたことがある。彼は、本当に外務省や財務省の高官（局長から上）たちに肉迫して、発言を取り集める能力がある名うてのジャーナリストである。

「1万9000円死守」のために、安倍官邸が打つ秘策の一手とは

東京株式市場の日経平均株価の乱高下はとどまるところを知らないようだ。中国の景気減速懸念に端を発した世界同時株安は、日本を筆頭に欧米諸国だけでなく東南アジア諸国に及んでいる。

日経平均株価は9月3日時点で、1万9000円を大きく割り込んだ1万8182円。中国の習近平政権のなりふり構わぬ株価下支えにもかかわらず、上海株式市場では約80兆円が水泡に帰した。

奇しくも「日本経済新聞」（9月3日付朝刊）の「スクランブル」欄に川崎健証券部次長が「再浮上する『クジラ』―年金vs.海外、1万8000円の攻防」と題した記事を寄せている。

　同記事に次のような箇所がある。

「8月26日も同じような噂が飛び交った。GPIFと公務員・教職員が加入する3つの共済組合という『4頭のクジラが計2000億円買った』という噂まで流れたようだ。先の情報源によると、そこまでの規模ではないが、確かにクジラは（9月2日の東京市場の前場で）動いていたという」

　少し説明が必要だ。公的年金積立金を運用する年金積立金管理《かんり》運用《うんよう》独立行政法人（GPIF。三谷隆博《みたにたかひろ》理事長＝元日本銀行理事）は、8月27日、今年4～6月の運用で2兆6489億円の収益を得たと発表した。株高・円安による黒字は5四半期連続となった。

約144兆円ある年金積立金全体のうち運用資産の比率は国内株式23・39％、国内債券22・32％であり、運用資産別の収益額も国内株式が最も多く1兆8657億円で外国株式は6987億円、外国債券1139億円であった。

　要は、2014年10月の運用改革、そして今年1月に官邸人事で運用責任者（CIO《シーアイオウ》）に凄腕《すごうで》ブローカーとして知られた英コラー・キャピタルの水野弘道《みずのひろみち》氏を据えてからの国内株式シフトが奏功したということだ。

> もちろん、ＧＰＩＦは今回の株安ショックで、多額の評価損が発生しているのは疑う余地がない。仮にＧＰＩＦが大きな損失を出し資産運用に躓《つまず》けば、極論すれば国民に「年金減額」という形で影響することもあり得る。
> だから、株価暴落の第一報を知らされた官邸内に動揺から顔面蒼白になった者が少なかったと言われるように、「株価が命綱」とされる安倍政権は「対岸の火事」と平静でいられるわけがないのだ。
> （歳川隆雄「止まらない株価乱高下」「週刊現代」２０１５年９月14日号。傍点は引用者）

この記事にすべてが書かれている。９月２日の〝２番崩れ〟をめぐる暴落株の買い支えの攻防戦は、このように行なわれたのである。ここで私が、９月２日の市場が開く直前にネット上に書いた「ＧＰＩＦは、２０００億円ぐらい突っ込んで、『それ行け、一個師団投入』で、『何がなんでも株価を吊り上げてやる』と出るだろう」の一文が、この日の市場に強い影響を与えたことを物語っている。

日経新聞の川崎記者は、「公的マネーの売買動向を知り得る立場にいる情報源」から証言を取っている。これは決定的証言である。だから本当に4頭のクジラで、合計で2000億円分を買っただろう。4頭のクジラというコトバは、私の前著『「熱狂なき株高」で踊らされる日本』P28で書いたとおり、テレビ朝日の報道番組と、NHKが1回だけ放送しただけで、官邸（おそらく菅義偉《すがよしひで》官房長官）が、「そのクジラというコトバはやめろ」と規制をかけた。ところが、その後も市場の関係者たちは、平気で「クジラ、クジラ、クジラ」と毎日使っていることがこれで分かる。

本当の本当は、この「クジラ」というコトバは、私の前々著『官製相場の暴落が始まる』P120に、「もはや日銀は、池の中の鯨《くじら》で、身動きが取れなくなっている」という1行が出てくるのである。ここが震源地《エピセンター》である。

しかも、「官製相場の暴落が始まる」は、まさしくそのまま、今現在の日本および世界の金融市場の実態そのものではないか。これも私の本が震源地である。今では多くの専門家が当たり前のように「官製相場の暴落だ」と書いている。彼らは私への敬意をまったく払わない。私は震源地なのに、無視されたままずっと生きています。

私、副島隆彦はこのように ＧＰＩＦの暴走日本株買いを予測し、当てた

GPIFの資産構成は、
これからこうなる

	運用資産	基本ポートフォリオ	2014年6月末現在の資産	運用委員会の見直しで（予想）
1	日本株	12%	17%（22兆円）	25%
2	国債	60%	53%（68兆円）	40%
3	外国株	12%	16%（20兆円）	20%
4	外債（大半が米国債）	11%	11%（14兆円）	15%
5	短期資産	5%	2%（3兆円）	0%
			128兆円	

2014年11月刊『官製相場の暴落が始まる』（祥伝社）Ｐ111から

私は2年前の2013年から、ＧＰＩＦ（年金積立金管理運用独立行政法人）を使った日本政府の人工的な株価吊り上げ＝相場操縦《そうじゅう》を書いてきた。1年前には、それまで12％だった年金資金による日本株買いが、25％に増えるだろうと予測して、ピタリと的中させた。

官製相場の旗振り役は、運用委員会委員長の米澤康博《よねざわやすひろ》である。さらにその上に、大悪党の伊藤隆敏《いとうたかとし》（政府有識者会議の座長）がいる。この2人が「年金資金を積極的に日本株買いにつぎ込め」と命令して、“官製株バブル”が膨らんだのだ。

●年金の半分が吹き飛ぶだろう

前掲の日経新聞の記事にあったとおり、「再浮上するクジラ4頭。年金対海外の投機資金との闘い。日経平均1万8000円の攻防戦」の事態が現に起きている。日本政府（GPIF等）は、何が何でも年金（厚生年金、共済年金、国民年金の3つ）と、ゆうちょ・かんぽの金と、日銀が、担保にもならないはずの日本国債（紙キレ）を担保に取って刷ったお札を投入して、それで株価の暴落を喰い止めるための必死の買い支えの資金投入（日銀ETF《イーティーエフ》）をしている。この動きは今後も1、2年続く。

政府が株価を人為《じんい》で吊り上げたばっかりに、その吊り上げ相場に自分自身が嵌《は》まってしまった。足が抜けられなくなって、泥沼状態で、もがき苦しんでいる。初めからこんなバカなことをするべきではなかったのだ。

市場（マーケット）を政府の国家権力で動かしてみせる、などという愚《おろ》か極まりない、かつ愚劣な発想から起きたことだ。実際には本当はアメリカの命令で全部やらされてきたことだ。そのことは今もFRB議長のジャネット・イエレンたちがやっている、インチキと八百長の金融市場の引きずり回しの金融政策（ファイナンシャル・ポリシー）である。それに骨がらみで〝抱きつかれ心中〟しているのが日本の政府がやっている金融政策である。
9月2日に２０００億円を投入して、何とか連続的な暴落を喰い止めた。そして10月現在もズルズルと１万８０００円の攻防戦という膠着《こうちゃく》状態、塹壕《ざんごう》戦をやっている。ところがどれだけ公的資金（年金、ゆうちょ・かんぽ、日銀ＥＴＦ）を投入してみても、もう2万円の大台に乗せて、株価を回復させることはない。このことは第1章で書いたとおりである。安達太良山《あだたらやま》や阿武隈山地《あぶくまさんち》のような、だらだらとした山の形（稜線）のまま、しばらく続いてゆく。次の暴落が起きる。そしてそれをまた必死で買い支えて、それでもだらだら山の線に戻すのがやっとのことだ。

もう歴史（人類史）としてアメリカとヨーロッパ、日本の先進国３つが世界経済を引っ張っていく時代は終わっているということだ。これからはＢＲＩＣＳ《ブリックス》の５大新興国を中心にした世界経済の時代に入ってゆく。

いくら年金のお金を突っ込んでみても、すでに23・39％の運用資産の比率があって、25％の上限にもう少しで引っかかりそうである。この25％の運用比率の「ガイドライン」は、すぐに撤廃されて、弾力的運用で「プラスマイナス９％」という自分たちがお手盛りで決めたルールブックのとおりにやるだろう（Ｐ114でも説明する）。

現在すでに33兆円をＧＰＩＦ資金から日本国内株式に投入している（これが株式の買い入れ残高）。これをさらに25＋9＝34％にまで高めると、48兆円になる。ということは現在の33兆円よりも15兆円の余裕の幅がまだあり、彼らはこれを「投資余力《よりょく》」と呼んでいる。どこまででも国民の資金を株バクチに突っ込むつもりである。そしてまた損をして傷口を広げるだろう。

ということは、現在の1万8000円という日経平均が、1万4000円にまで落ちたら、大損して年金の積立金は半分に消えてしまうだろう。日本のサラリーマンたち（公務員を含む）4000万人が営々《えいえい》と働いて天引きで積み立てられた血と汗の結晶である年金が、半分は吹き飛んでしまうということである。まったくバカなことをするものだ。

こういうことを公然と書き続けているのは、今や私の本だけであろう。私の本を熱心に読んでくれているが、遠くから見ている金持ち投資家が、「副島さんのような人が、一人は日本にいてくれないといけないのだ。どうしても必要な人である」と間接的に言っている。私もそろそろそういう自覚が生まれてきた。

今の株暴落でさえ損が出ていることに関して、元凶かつ責任者である伊藤隆敏の居直りの動きに対しては、Ｐ111以下でしつこく攻撃、筆誅《ひっちゅう》を加える。

先の日経新聞の記事に、はっきりと「目標比率の中心値である25％に近づき『ＧＰＩＦが大きく日本株を買う局面は終了しつつある』というのが市場のコンセンサスだ」と書かれている。株式のトレーダーやファンド・マネージャーたちにとっては、このことはコンセンサス（合意事項）どころか自明のこと、になっている。このあと余力資金の８兆円を突っ込んでみても、また同じような株下落の地獄が迫ってくる。もう、いくらなんでもそれ以上の資金はどこからも出てこない。あ、あと新たに郵貯・簡保の資金を６兆円ぐらい突っ込む気だ。こんなことをやっていられるのも、あと2年が限度である。

この日経新聞の記事を裏支えして証明する形で、歳川隆雄《としかわたかお》氏が、「先の情報源によると、そこまでの規模（２０００億円）ではないが、確かにクジラは（9月2日の東京市場の前場で）動いていた」と書いている。そして自分たちの公的資金での株バクチを自己弁護するかのように、「２０１４年10月の運用改革、そして今年１月に官邸人事で運用責任者（ＣＩＯ）に凄腕ブローカーとして知られた……水野弘道氏を据えてからの国内株式シフトが奏功した」と書いている。奏功したというのは、大成功したという意味だ。大儲けしたということだ。

ところが、そのあと、「今回の株安ショックで、多額の評価損が発生しているのは疑う余地がない」と、はっきり書いている。そして「仮にＧＰＩＦが大きな損失を出し資産運用に躓《つまず》けば、極論すれば国民に『年金減額』という形で影響する」と明言している。この事態が現に起きているのである。新聞記事を載せる。

GPIFマイナス運用か 7~9月、世界株安響く

約１４０兆円の公的年金を運用する年金積立金管理運用独立行政法人（ＧＰＩＦ）は、7~9月期の運用成績がマイナスになったもようだ。世界的な株安が響いた。運用損となるのは、２０１４年１~３月期以来、６四半期ぶり。

野村証券の西川昌宏チーフ財政アナリストの試算によると、ＧＰＩＦの7~9月期の運用損は９・４兆円だった。内訳は海外株の運用損が４・３兆円で、国内株は同５・１兆円。この間、日経平均株価は14%下落した。

ＧＰＩＦは14年10月に、国内外株式の割合を資産の半分まで高めることを決めた。株高が追い風となった14年度の運用益は、15兆２９２２億円と過去最高を記録した。７~９月期は一転、比率引き上げが裏目に出た格好だ。

（日本経済新聞　２０１５年10月１日　傍点は引用者）

ほら、もうこの3カ月で10兆円（9・4兆円）の損が出ている。しかも半分は、「海外株の運用損」だ。ゴールドマン・サックスの手兵《てへい》（投資運用者）たちが、ＮＹ《ニューヨーク》の暴落銘柄を買って4・3兆円の大損を出している。あわれな話だ。人《ひと》の金《かね》だと思って、こいつらは本当に悪魔だ。彼らは責任を取るだろうか。責任を取って、霞が関のＧＰＩＦの建物から飛び降りるだろうか。これらの公的資金の運用を任《まか》せた任命者たち（安倍政権）の政治的責任も出てくる。しかし悪人の集団だから責任なんか取らない。「相場は時の運ですから」などと言って、人（国民）の金だと思ってエヘラエヘラと、暴力団そのものの政権政治家たちは居直る気だ。

「国民の金《かね》で儲けを出そう」と、自分たちの能力と真意から出た決断と行動として、こんなＧＰＩＦ（クジラの頭目）による株買い上げなどということを企画し、実行した。屈辱感を感じるだけでは済まないはずだ。

歳川隆雄氏は「株価暴落の第一報を知らされた官邸内に動揺から顔面蒼白になった者が少なくなかった」とはっきり書いている。顔面蒼白になったのは、誰と誰と誰だろう。

●上海総合指数は、なぜ暴落したのか

この「5頭のクジラ理論」は、先の日経新聞記事にも出てきたＵＢＳ《ユービーエス》証券（スイス銀行の日本法人）の大川智宏氏（エクイティ・ストラテジストという肩書）によるものだ。大川氏が金融専門誌に書いた署名記事の文から引用する。

〝クジラ〟が官製相場を下支え

昨年（２０１４年）までは、「クジラ」と称される巨大な公的資金が、市場を下支えし、時には上昇を促《うなが》すように株式の購入を続けてきた。年金積立金管理運用独立行政法人（ＧＰＩＦ）や日銀などによる〝官製相場〟である。足元も（引用者注。現在の株式市場も、のイミだろう）この下支えは継続している。

ただ、特にＧＰＩＦは２０１４年度末の国内株式保有比率が22％に達し、昨年10月に基本ポートフォリオ（資産構成割合）の見直しに伴って国内株式の割合を引き上げた25％の〝上限〟に近づいている。その後の株価の上昇分を考えれば保有株式の評価額はさらに膨らんでいることが予想される。（だが）「クジラ」による買いが今後も自発的に株式市場を押し上げる余力は乏しいと見ていい。

中国株 上海総合指数（2007年〜）

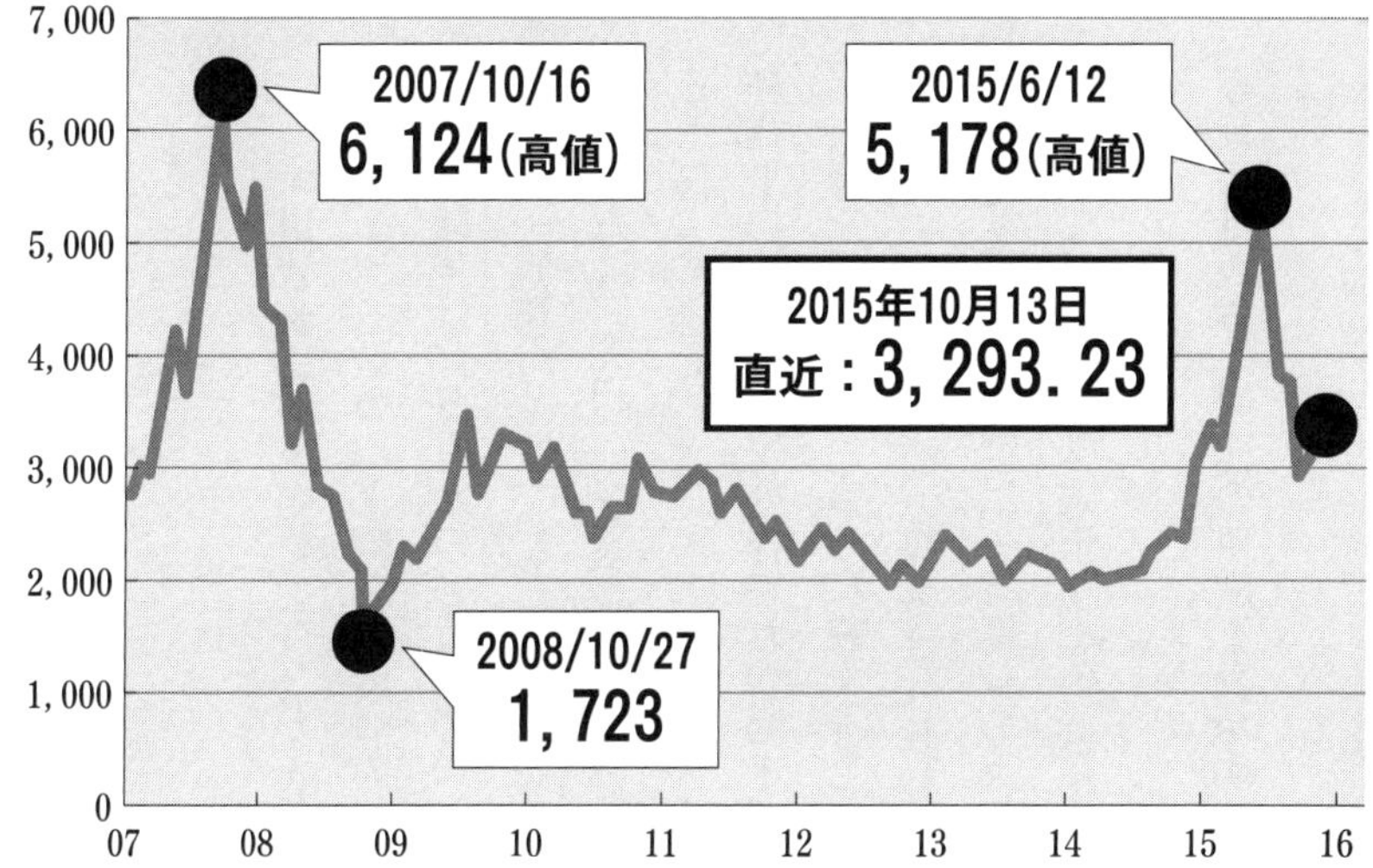

香港株 ハンセン指数（2007年〜）

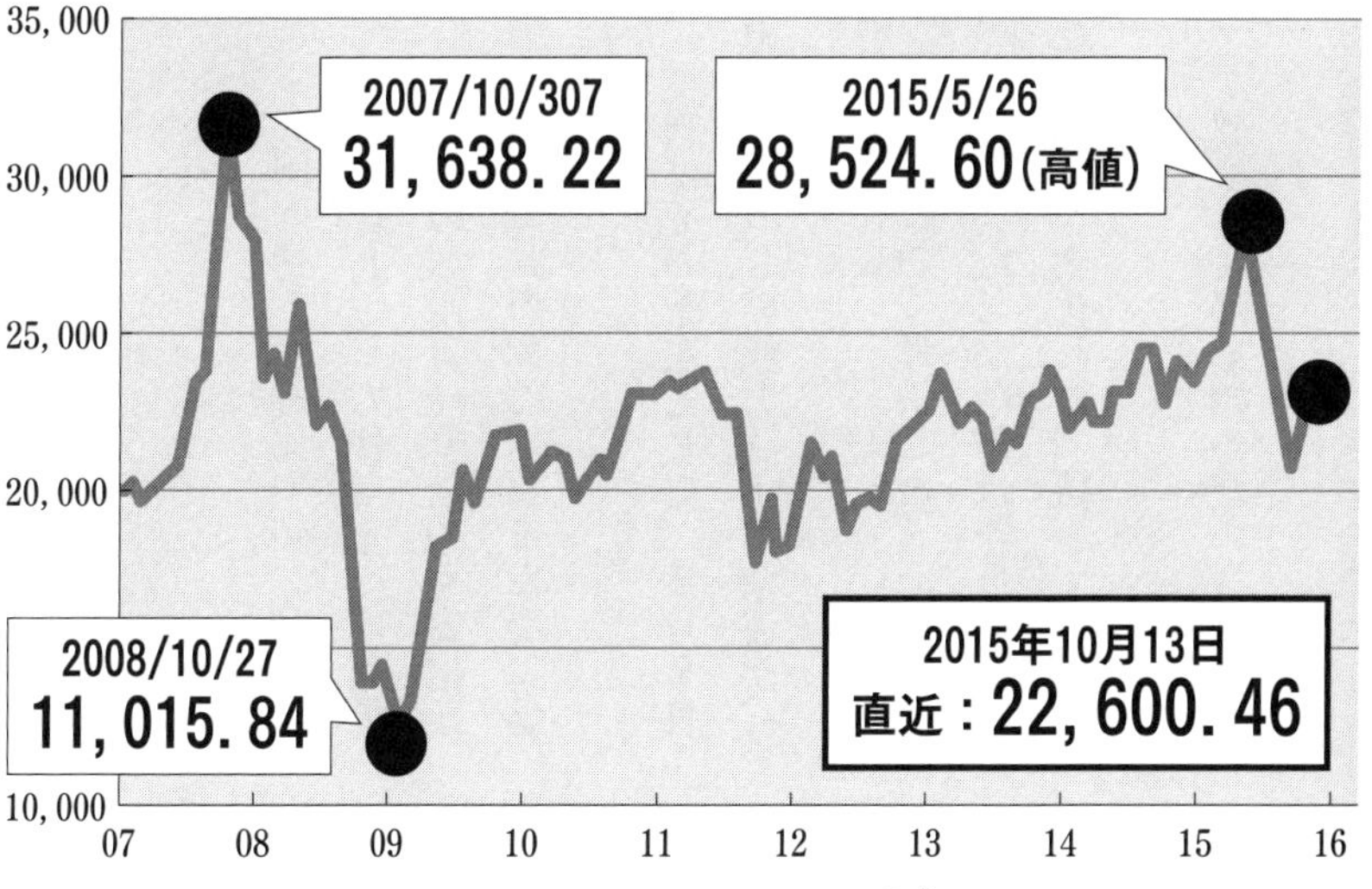

出典：サーチナ・ファイナンス

（毎日新聞出版「エコノミスト」誌　2015年8月4日号）

この大川智宏氏の説明で、「GPIFは2014年度末の国内株式保有比率が3月末で22％に達し、25％の〝上限〟に近づいている」と書いている。GPIFの株吊り上げ相場の浮かれ騒ぎは、5月から8月までの4カ月続いた。GPIFの運用責任者たちも安倍政権も強気一点張りで、「ほら、私たちの優れた投資手腕と政権運営の能力で、こんなに儲かりました（15兆円）」と自信満々だった。

そしてこのあと、運命の8月24日の大暴落が起きた。本当はその予兆として、7月8日に日経平均600円安の株崩れが起きていた。これは中国での激しい権力闘争の余波が、NY市場を揺さぶったことに端を発したものである。

中国のすさまじい権力闘争は、6月15日に習近平《しゅうきんぺい》の圧倒的勝利で終了した。その後、反習近平派である江沢民《こうたくみん》・曾慶紅《そうけいこう》の上海閥＝石油閥の、その残党たちが命がけで世界中に逃げ回って、NYの株式《ストック》市場や債券《ボンド》市場に預けてあった資金を現金化して、持って逃げる動きが続いたからだ。

6月12日から中国株の値段を表わす「上海総合指数」が激しく暴落を始めた。5100

ポイントのピークから、７月に３３００ポイントにまで下落した。４割の下げだ。この煽《あお》りで東京株も６００円安をつけた。この時からＮＹと東京、ヨーロッパ諸国の株式市場に危機が迫っていたのである。

●GPIFは、ますます日本株を買い上げる

何度も繰り返すが、P79の円グラフにあるように、２０１５年６月末時点で、ＧＰＩＦは運用資産総額１４１兆円のうち23・39％（33兆円）を日本株の買い支えにつぎ込んでいる。

私は前々著『官製相場の暴落が始まる』で、２０１４年６月に17％（22兆円）だったＧＰＩＦの日本株買いが、運用委員会のポートフォリオ見直し（割合の無理やりの変更）で25％に増えるだろうと予測した（P101にそのページを載せた）。まさしく、そのとおりになった。

P91でも述べたが、ＧＰＩＦの国内株式への投入限度額を25％にする決定は、急にコロンビア大学教授になって逃げ出し始めた経済学者の伊藤隆敏が推進したものである。伊藤隆敏は２０１３年に、安倍内閣の「公的・準公的資金の運用・リスク管理を見直す有識者

会議」という審議会で座長を務めた。この伊藤隆敏が、この6月のブルームバーグのインタビューで、次のように話していた。これは後々の責任追及の証拠となる証言である。

伊藤教授：GPIFの運用比率、来年半ばにも新目標値に到達へ

年金積立金管理運用独立行政法人（GPIF）改革を主導した米コロンビア大学大学院の伊藤隆敏教授は、GPIFが昨秋に決めた新たな運用比率について、「かなりの部分が実現できた」と評価し、来年半ばにも目標値に到達するとみている。

伊藤教授は、6月5日のインタビューで、GPIFは「国債の満期償還で得た現金を再投資せず、株式を買っている」との見方を示した上で、「株高による評価額の上昇もある。だいたい今のペースで行けば良い。**あと1〜2年でベンチマークの中心値に行く**だろう」と述べた。

GPIFは厚生年金と国民年金の運用資産137兆円を抱える世界最大規模の公的年金運用機関。昨年10月末の運用比率見直しでは、将来の物価や金利の上昇などを視野に国内債券の目標値を60％から35％に下げる一方、国内外の株式はそれぞれ12％から25％に、外国債券は11％から15％に引き上げた。

インタゲ論（インフレ目標政策）の、日本における旗振り人で、元凶の伊藤隆敏教授

「株で儲けよう」というバカなことを言い出した張本人だ。

写真／時事

日銀総裁人事で、副総裁候補として所信表明する伊藤隆敏（2008年3月11日）。このあと総裁になった白川《しらかわ》方明《まさあき》（右端）を“追放”して、「期待インフレ率2%」を言い出した。真ん中は、こいつもワルの武藤敏郎《むとうとしろう》（大和総研理事長）。

伊藤教授は、新たな運用では、目標値から広めに設定した「乖離《かいり》許容幅」の範囲内で、「**機動的に上げ下げできるはずだ**」と指摘。目標値に固定するのではなく、経済・金融情勢に応じて「ちゃんと考えて許容幅を使うのがマネジメントの責任ではないか」と述べ、本来は合議制の理事会による監督下で、執行部がこうした実務を担うのが望ましいと語った。

目標値に対して新たに設定された乖離《かいり》許容幅は、**国内債が従来の上下8%から同10%に、国内株が同6%から同9%に、外国株が同5%から同8%に**と、外国債券を除く全ての運用資産で拡大されている。15～19年度の中期計画では、投機的でなく確度が高い見通しに限るとしながらも、許容幅の中で「機動的な運用ができる」としている。

（ブルームバーグ　2015年6月9日　太字は引用者）

GPIFの投資運用の提唱者である伊藤隆敏がこのように発言している、このことが大事なのだ。この6月時点では余裕綽々《しやくしやく》である。自分が目論んできたとおりの運用実績（儲けの目標）を達成できる、とほくそえんでいる感じがよく出ている。それがこの中の「あと1～2年でベンチマークの中心値に行くだろう」という発言である。ベンチマークの中心とは何を意味しているのか不明だが、自分が想定してきたとおりの目標金額に近づいているという意味であろう。

そして記事の後ろのほうで、目標値から広く設定した「乖離《かいり》許容幅」があって、これを「機動的に上げ下げ」して「国内株はプラスマイナス9％の幅に拡大できる」と発言している。安全な運用先である日本国債（国内債券）を買っていた分を削《けず》り落として、危険な日本株への投入をさらに9％増やし、外国株（NYの株価支え用）をさらに8％増やすという動きに出ようとしている。

ということは、今の日本株買いのための資金投入割合（アセット・アロケーション）が、今の上限の25％であるものを、25＋9＝34％にまで引き上げる、ということだ（P104で前述した）。もっともっと株で儲けてみせる、という自信の表われである。141兆円×34％＝48兆円である。まだこんなことをやるつもりだ。だから、このあと投入できる余裕資金は8兆円である。このお金を使い切ったら、もう手持ち資金はなくなる。その先の地獄が見える。

たしかに、この5月から8月までは、日経平均2万5００円前後という高い水準の安達太良山状態を続けていた。そのあと、大暴落の地獄が伊藤隆敏たちを襲った。難しそうなコンピュータ数学を使って、たかが経済学の高級論文を書いてきただけの人間たちに、生身の人間そのものの汗と脂に満ちた大きな世界を簡単に操ることができるわけがない。

伊藤隆敏が属する学派《スクール》は、合理的予測派《ラッショナル・エクスペクテイショニスト》（合理的期待《きたい》形成仮説）である。この学派のインチキ経済学のアメリカの大神官《しんかん》、大僧正《だいそうじょう》たちの馬脚が満天下に暴かれようとしている。伊藤隆敏の親分であるロバート・ルーカス（シカゴ大学。１９９５年にノーベル経済学賞受賞）がつくった、この合理的予測派（ラッショナル・エクスペクテイショニスト rational expectationists）という理論は、とんでもないコンピュータ数学を悪用した嘘八百理論だ。そしてその大崩壊の話を、私は前著『「熱狂なき株高」で踊らされる日本』（徳間書店、２０１５年４月刊）の第５章「経済学はケインズに戻らなければならない」で詳しく解明した。私は、この第５章を書くために文字どおり骨身《ほねみ》を削《けず》った。私の知力、学力がどの程度のものか値踏み、評価したい人は、この第５章だけでいいから読んでください。

ロバート・ルーカスや伊藤隆敏は、「経済（政策）における合理的予測は可能だ。だから市場を管理することはできる」と主張した。ところが、市場は彼ら市場統制（できる）主義者の願望を打ち破って、暴れ出して、彼らを打ちのめしたのである。

日本郵政、ゆうちょ、かんぽの株の売り出し

業種	会社	総資産	純利益	時価総額
サービス	日本郵政	295兆円	4826億円	？
小売	セブン＆アイＨＤ	5.2兆円	1730億円	4.8兆円
銀行	ゆうちょ銀行	208兆円	3694億円	？
銀行	三菱ＵＦＪ	286兆円	1.03兆円	10.7兆円
銀行	三井住友	183兆円	7536億円	6.7兆円
銀行	みずほ	189兆円	6119億円	5.8兆円
生保	かんぽ生命	84兆円	817億円	？
生保	第一生命	49兆円	1424億円	2.4兆円
物流	ヤマトＨＤ	1.1兆円	375億円	1兆円
物流	日通	1.5兆円	263億円	0.6兆円

出典：日本経済新聞（2015年8月20日）をもとに作成。時価総額は10月13日現在

こんな地合《じあい》の悪い時に、計画どおりに売り出しするＮＴＴやＪＲ（旧国鉄《こくてつ》）の株放出の時と同じで、一般国民に少し儲けさせる、と煽《あお》っておいて、どうせ損をさせる。

●日本郵政グループ3社の株式上場をどう見るか

今年の11月4日（この本が出たすぐあと）に、①日本郵政、②ゆうちょ銀行、③かんぽ生命の株式上場が行なわれることが決まった。投資家たちにずっと大きく噂されてきた。この郵便3社の株式上場前の売り出し（ご祝儀《しゅうぎ》での値決め）は、ずっと騒がれてきた。買いたい人は買えばいい。ただし買ったあと、上場が決まって初値《はつね》（市場価格）が決まる。市場値段よりも上場前の売り出し価格のほうが安くて必ずしも得をするとは限らない。

それでも、日本政府がやる国家財産一大放出であり、「官有物《かんゆうぶつ》の払い下げ」である。国民向けのご祝儀相場であるから、だいたいは、売り出し株を買った人が少しは儲かることになっている。私の予測では、日本政府としては、この郵便3社の株放出（上場）で5兆円ぐらいの資金を手に入れたいようである。

同業種との比較、類推で①日本郵政は20万円ぐらい（ヤマト運輸やセブン－イレブンの2000円と似たような値段）、②ゆうちょ銀行が30万円ぐらい（三菱UFJと三井住友銀行の間ぐらいの株価）、③かんぽ生命は20万円ぐらい（第一生命と同じぐらい）の値段にするだろう。そうしたいのだ。売り出し値段は、上場初値価格（寄り付きの値段）よりは5％ぐらい安く販売するだろう。

10月7日に郵便3社が発表した仮条件（売り出し価格の幅＝価格帯）は、1株あたりで日本郵政が1100円から1400円、ゆうちょ銀行が1250円から1450円、かんぽ生命保険が1900円から2200円だった。このあと、投資家（お客）が何円で何株買いたいかという需要を調べて（＝ブックビルディング）、売り出し値段が決まる。株式専門のネット情報では、日本郵政13万円、ゆうちょ銀行14万円、かんぽ生命20万円との情報が飛び交った。

これ以上の細かいことは予測できない。ものごとは、これぐらいのいい加減な感じで役人たちによって決められているのだということを分かるべきだ。①の日本郵政は、売り出し株数が4億株である（3億9600万株）。20万円（100株）で、8000億円が政府の儲けとして手に入る。

この日本郵政株式会社なる会社は、ホールディングス（持ち株会社）であって、総資産が295兆円もあって、純利益が4800億円などと公表している。業種をサービス業だと自分で分類している。ところが、この日本郵政の総資産は、ゆうちょ銀行208兆円と、かんぽ生命84兆円がそのほとんどである。

この他に4つ目として日本郵便という会社がある。これは日本全国にある郵便局と簡易郵便局のことである。合計で2万4000局ある。郵便局は日本国民にとって貴重な財産だ。今でも日本人は郵便局を信じている。月に1回はバスに乗って、郵便局まで年金を受け取りに行く老人たちがたくさんいる。だから、4番目の日本郵便こそは、実体のある本当に素晴らしい組織なのだ。

ところがこの2万4000局は、ほとんど資産にならない。そこで働いている郵便局員たちが職業としてなんとかご飯を食べている組織だ。かつ、特定郵便局という名前の郵便局長たちが、自分の個人財産として「○○町△丁目郵便局」と名乗って、自分の個人事業として郵便局屋さんをやっているのである。この特定郵便局（大樹会《たいじゅかい》）は、今も「殺されてたまるか」と日本政府とアメリカに抵抗している。愛国者たちだ。

アメリカが命令して、こんなおかしな制度にしてしまった。それが2005年10月に成立した郵政民営化法だ。あの軽薄人間、小泉純一郎《こいずみじゅんいちろう》の政権の時だ（特定郵便局の名称も廃止）。今回の3つの郵便金融事業の株売り出しは、「民営化」という掛け声で行なわれた国家資産の売り出しであり、かつてのNTT（旧電電公社）やJR各社（かつての日本国有鉄道）が、株式会社になって上場（listed《リステッド》）した時の値段の出現と同じである。

本当はNTTもJR各社も郵便4社も、今でもなお30％ぐらいは国有のままだ。それぞれ「○○大臣が所有」している形になっている。だから、何と言うべきか、官僚所有型国家財産である。「官から民へ」などと嘘寒《うそさむ》い掛け声で実現したが、「民営化」というコトバ自体がウソっぱちだ。本当ならprivatization プライヴェタイゼイションなのだから「私《し》有化《ゆうか》」と訳すべきだ。私有財産化、私有経営（化）するべきなのだ。実際は今も「官有《かんゆう》」のままである。それは中国の国有大企業群《ぐん》が形だけ株式会社になって、株が市場で売り出されているのと同じことだ。本当は虚妄《きよもう》だと私は思う。それが株式という名のフワフワした財産権を証券化したものになっただけだ。「券面《けんめん》（紙キレ）上に権利が化体《かたい》化したものを有価証券という」と、法律学では教える。

●あのNTT株の暴落を思い出せ

だから本当は、これらの株価はフワフワしたものだ。それを日本国の信用と日本国民の合意に基づいて、20万円とか30万円とかの値段がつくのである。ここで私たちが鋭く思い出さなければいけないのは、今から28年前（1987年）に行なわれた、あのNTTの株式の大放出である。

あのNTTの株式上場で、売り出し株（ご祝儀株）を証券会社に、割り当ててもらってホクホクしていた一般国民が、2年後には、値下がりして評価損を出してガッカリということがあった。私の母親もガッカリしていたのを覚えている。

あの時のＮＴＴの上場価格は、１２０万円の売り出し価格だった。あれだって「△△様、おめでとうございます。あなたに割り当て株の抽選が当たりました」と恩着せがましく証券会社がはめ込んで売りつけたのだ。そして上場の初値が１６０万円をつけた。１９８７年というのは、日本の最後のバブル経済が始まった年だ。このあとすぐに狂乱地価、土地バブルになった。日本国民はバブル経済に酔いしれた。

そして3年後の１９９０年から、日本株式の大暴落が始まって、みんな真っ青になった。だから、ＮＴＴ株も3年後には１００万円を割り、さらにその2年後の１９９２年の年末になると、50万円ぐらいにまで暴落した。売り出し価格の１２０万円が半分以下にまで落ちている。今でもこの暴落ＮＴＴ株を28年間も持ち続けている人はたくさんいる。

株価はずっとひどいものだが、ＮＴＴもこれではあんまりだと思ったのか、２０００年11月に最後の売り出しとして94万円で売った。これで約2倍の値段がついた。それ以外にも奇妙な「株式分割」という小賢《こざか》しいやり方をして、株主を大事にしているふりだけをした。現在のＮＴＴの株価は４３００円である。28年前に１２０万円で買った株式の値段に

ＮＴＴの株価の推移
（上場した1987年から2004年末までの16年間）

出典：ＮＴＴの投資家情報（過去の株価）から作成

ＮＴＴの株は、1987年2月9日に上場した。日本政府が185万株を放出した。売り出し価格は119万7000円であった。上場した次の日の2月10日に、初値（160万円）がついた。

これが2カ月で318万円にまで上昇した。初値の2倍である。しかし、そのあとに暴落が始まり、5年後には50万円、15年後の2002年には40万円を割ってしまった。

引き直すと、100万円ぐらいらしい。ちっともよくなかったということだ。28年も持っていて、元の投資金の85％にしかなっていない。これが株式投資というものなのである。

国家（政府）は国民を絶対に大事にしない。それどころか、食い物にしようとする。それは彼らの、勘定奉行（官僚）としての本性《ほんせい》に基づくものだ。国家財政がきつくてきつくて仕方がないものだから、その分だけちょっとでも余裕資金のありそうな国民から巻き上げて、それで赤字財政の穴埋めをしようとする。企業（会社）で言えば、従業員の給料を減らすことばかり考えている、財務部長とか経理の担当役員のような連中だ。

28年前のNTTの場合も、120万円で縁故《えんこ》の売り出し、160万円で上場初値段。そしてこのあとすぐに仕組まれて、スルスルと250万円。さらに2カ月後には318万円という頂点《ピーク》の値段をつけた。そこから暴落が始まった。いったん暴落を始めたら、もう誰も「急いで売って逃げよう」とする人はいない。こういう一般国民相手の株式の、ご祝儀相場の場合に、国がここまで露骨に騙《だま》すだろうとは誰も思わないからだ。真実を知っている官僚や政治家や財界人のトップの連中だけが、さっさと300万円のところで売り払って、ホクホク顔になった。だから本当は、彼らは相場操縦《そうじゅう》罪とインサイダー取引の犯罪者なのだ。

国としては、あとあとになって、「200万円、300万円になった時があったでしょう。どうしてあの時に売らなかったのですか」と言い訳がましく言うことができる。言い訳というよりも、半分は国民を馬鹿にした感じで「あなたには投資の能力がないのです」と言って、損をさせられて不満を持つ国民を押さえつける。このような現象をとらえて情報の非対称性と経済学では言う。良質の情報や知識や知能への接近方法が足りなくて、そばで教えてくれる立派な人間たちとの付き合いもないものだから、他の人よりも得をする生き方ができないことを指す。「市場における敗北者《マーケット・ルーザー》」というのは、いつもこういうものだ。

だから情報の非対称性（アンシンメトリー・オブ・インフォメイション）をなくして、すべての人が平等に同じゲームができる完全な市場をつくることが経済学の目的である、というようなきれいごとを言って、書いてノーベル賞をもらった学者たちが現にいる。それがイエレンFRB議長の旦那のジョージ・アカロフと、ジョーゼフ・スティグリッツ、マイケル・スペンスで、共に2001年にノーベル経済学賞を受賞した。

だが、もっと本当のことを言おう。情報の非対称性とは、情報優位者と情報劣後者との間にどうしても起きる不平等ということではない。本当の本当は、答えを初めから知っている特殊な人間たちがいる、ということだ。それと何も教えられていない多くの人間たちとの違いだ。やつらは初めから、「次はこうする。その次はこうなる」と決めているのである。もっと簡単に言えば、野球やサッカーの試合で「どっちが勝つ」とか、競馬やオートレースで「どの馬（バイク）が勝つ」か、を初めから知っている人間たちが存在するということだ。つまり世の中は八百長だ、ということだ。

だから私が、安倍晋三首相たち、裏で策略を立てて悪いことばかりしている連中を相場操縦罪（金融商品取引法159条）で逮捕すべきだと主張し続けてきた。前述したが、日本の株価が2万円になったところで、自民党の政治家たちはみんな何億円か（当然、上がる株）を、ごくごく秘密で買って儲けを出している。政治家の私設秘書たちが売り買いしているのである。こういうことも世の中では言ってはいけないことになっている。が、知っている人はみんな知っている。私はもう腹に据えかねているので、真実を暴露する。

だから今度の郵便3社の株の売り出しも、同じような道をたどる。11月4日の上場後の上場値段（初値）のあとの動きをじっと見ていなさい。これからの数カ月で何が起きるか、すべてが分かる。一度は必ず値段を吊り上げる。もし15万円が初値だったら、20万円ぐらいまで上げる。20万円だったら30万円ぐらいまで上がる。

そして、それで終わりだろう。その直前で売って逃げるというのが、賢い人のやり方だ。「もっと上がる、もっと上がるだろう」などとバカなことを考えていると、きっと10万円まで下がるだろう。

そもそも今度の郵便3社の株放出も、日経平均を吊り上げるための3頭目、4頭目のクジラである〝ゆうちょ・かんぽクジラ〟が、株式での自主運用の形で突っ込む資金となるのである。自分自身の値段を買い支えることなど考える余裕もなくなっている。国民なんか損をさせてもかまわないというところまで、彼ら公的資金の運用責任者たちは追い詰められている。なぜなら、すでに20兆円ぐらいの損を、ＧＰＩＦはじめ5頭のクジラで出しているからである。

副島隆彦の特別インタビュー

現役ファンド・マネージャー2人が語る

「リーマン・ショック直前と似てきた」

この章では、金融市場の第一線にいる現場のプロたちとの討論を掲載する。私の本書「エコノ・グローバリスト・シリーズ」で好評だ。今回は2人と話した。一人は前著『官製相場の暴落が始まる』と、前々著『帝国の逆襲』で話した石原勉《いしはらつとむ》氏（仮名）である。石原氏はヨーロッパの投資会社の日本法人で日本株のトレーディングを専門とするファンド・マネージャーである。日本株の動きの裏側にも精通する人だ。これまでの話で、貴重な現場の声を聞かせてくれた。

もう一人は勝俣弘子《かつまたひろこ》（仮名）さん。女性である。石原氏と同じく、外国の客の資金を運用するファンド・マネージャーだ。石原氏とは別の外資系投資会社に勤めて、特に債券《ボンド》市場に詳しい。2人とも大学院で金融工学《ファイナンシャル・エンジニアリング》を学び、今は最前線で、コンマ以下の秒単位で売り買いをする〝金融バクチのプロ〟である。私はまず、GPIF《ジーピーアイエフ》の内部の様子を聞いた。

（副島隆彦）

■株式市場に逆襲されたGPIF

副島　この8月24日、25日の株式の暴落で、GPIFは莫大《ばくだい》な損を出しました。評価損で

10兆円ぐらい出したようです。新聞記事では外国株で4兆円、日本株が5兆円、合計9兆円と伝えています。タブロイド紙の記事ですが。

GPIFの運用実績チャラ…世界株安で「年金5兆円消失」の恐れ

国民の年金が危機にさらされている。公的年金の積立金を運用する年金積立金管理運用独立行政法人(GPIF)が8月27日、2015年4〜6月期の運用実績を発表した。6月末時点での運用資産額は過去最高の141兆円。運用実績は2兆6489億円の黒字と堅調だった。

この実績には最近の世界同時株安の影響は織り込まれていない。実は「5兆円」も国民の年金が〝溶《と》けた〟可能性があるのだ。この日の発表では、国内株の構成割合は23・39%で、金額は約33兆円分に上る。GPIFが〝基準点〟にしていた6月は、24日に日経平均が年初来高値の2万952円を付けたが、8月25日には1万7806円と大暴落。下落率は約15%だから、単純計算でGPIFは約5兆円の損を被《こうむ》ったことになる。

(日刊ゲンダイ　2015年8月29日)

副島　ここに「5兆円の年金が溶けた」と書いてあります。このあと別の新聞で、外国株も下がったために4兆円ぐらいの損失を出した、という観測を読みました。だから合計で9兆円と言われたわけです。しかし、私はとてもそんなものでは済まないと思っています。7月〜9月の四半期（3カ月）で10兆円、累計では**すでに20兆円を超えている**のではないか。石原さん、日本株のトレーダーとして、この9兆円という数字をどう見ますか。

石原　9兆円というのは野村《のむら》證券の見立てですよね。野村によると、GPIFは今年の第2四半期である7〜9月の3カ月間で、海外株式4・3兆円、国内株式5・1兆円、計9・4兆円と試算しました。野村はGPIFの運用受託機関《うんようじゅたくきかん》の一つですから、自分に不都合な数字を正直に発表するはずがありません。野村にとってGPIFは、仕事をくれるお得意様です。また、彼ら運用受託機関は当然のことながら、投資している株の銘柄を公表しません。したがって夕刊紙の記事のように「日経平均の下落率」だけで単純に損失額を割り出すのは正確ではない。私も副島さんがおっしゃるように、8月の暴落でGPIFが抱えた四半期の評価損は10兆円以上と踏んでいます。

副島　「運用受託機関」とは、文字どおり、GPIFが公的資金の運用を委託している金融機関のことですね。日本株と外国株、それから国債と外国債、それぞれで証券会社や信託銀行、投資信託（ファンド）会社などが、140兆円の年金資金の運用を請《う》け負《お》っている。何十社もひしめいている。彼らはそれで手数料を稼ぐ。GPIFが運用を委託しないで、直接、内部で運用をしているのは日本国債と、短期資金である日本政府の財投債ですね。

石原　そうです。例えば野村アセットマネジメントは、GPIFからの委託で日本株の「アクティブ運用」をしています。アクティブ運用というのは、指数化《インデックス》したマーケットの平均値を上回る実績を目指す、というリスキーな運用です。平均値を下回ったら本当にプロなのか、資質を問われる。それで案《あん》の定《じょう》、大損を出してしまった。

GPIFが異常なポーション（portion　投資の分散比率）にしたツケが、GPIF自身に回ってきた。前回（1年前）、副島さんは「GPIFは日本株への投資比率を25％に引き上げるだろう」と予測しました。それがドンピシャリと的中した。私たちの業界でも「副島スゲー」と話題になりました（笑）。

私もあの時、「もし日本株への投資比率を25％にまで上げると、GPIFのポートフォリオ（分散投資割合）は激変することになります。日本株買いにこれから拍車がかかり、無理やりでも日経平均株価を押し上げる。すなわちGPIFは、リスキーなアクティブ運用に舵《かじ》を切った。しかし優良銘柄に投資するだけで運用益が出るほど、株式市場は甘くはありません」と言いました。「株式市場は甘くない」と言ったのは、ファンド・マネージャーとしての私の実感です。GPIFは、市場（マーケット）に逆襲された。

■深刻な内部対立が始まった

副島　まさしく「市場からの逆襲」ですね。さて勝俣さん。貴女《あなた》は債券投資のプロですが、GPIFは株式のほうに投資の比率を高めた、とはいえ、債券にも国債と外債（主に米国債）を合わせて合計で72兆円をつぎ込んでいます。GPIFの債券運用について、あなたはどうお考えですか。

勝俣　はい、GPIFの現在の基本ポートフォリオを見ますと、国内債券に35％、外国債券が15％となっています。以前は、それぞれ60％（国債）、11％（外国債）でしたから、債券投資を減らして株式に振り向けたことは明らかです。

先ほど副島さんがおっしゃいましたが、GPIFは日本国債を自家運用しています。主に新発債《しんぱつさい》の引き受けです。業務を外《そと》の金融法人に委託しないので、コストが割安になります。もちろん国内債券投資のすべてを自前で行なっているわけではなくて、ＧＰＩＦがするのは「パッシブ運用」だけです。これは、ベンチマーク（運用成果の基準となる指標）を設定して市場平均を目指す投資手法で、「インデックス運用」と言ってもいい。国内債券のベンチマーク（ドイツ語ならメルクマール）は、野村證券金融調査部が作成した「ＮＯ《ノ》ＭＵ《ム》ＲＡ《ラ》―ＢＰＩ《ビーピーアイ》国債」が有名です。「ＢＰＩ」とは「ボンド・パフォーマンス・インデックス」Bond Performance Index の略称です。石原さん。債券に限らず、ＧＰＩＦは株式でもベンチマークを使いますよね。

石原　ええ、株式ではパッシブ運用、アクティブ運用ともに代表的なベンチマーク（インデックス）は、ＴＯＰＩＸ《トピックス》（東証株価指数）です。ＧＰＩＦは昨年、これに「ＪＰＸ《ジェイピーエックス》４００」（ＪＰＸ日経インデックス４００）を加えました。〝優良〟とされる４００の銘柄で構成する指数《インデックス》です。だから私は、「優良銘柄に投資するだけで運用益が出るほど、株式市場は甘くない」と言ったのです。事実、ＧＰＩＦの２０１４年度の運用実績では、アクティブ運用の収益率は、ベンチマークに対してマイナス１・13％という悲惨な結果をもたらしました。

勝俣　インデックスに連動する投資をするだけでしたら、失礼ながら素人の方でも安全ですよね。GPIFが標榜《ひょうぼう》する「安全かつ効率的な運用」としては、マスト・アイテムかもしれません（笑）。一方、国内債券のアクティブ運用のほうは、東京海上アセットマネジメントやDIAM《ダイアム》アセットマネジメントなどに委託しています。外国債券に至っては、パッシブもアクティブもすべて〝丸投げ〟状態です。ゴールドマン・サックスや三菱UFJモルガン・スタンレー、ブラックロック・ジャパン、ピムコ・ジャパン、アライアンス・バーンスタインなど、錚々《そうそう》たる顔ぶれが並んでいます。

副島　その中に勝俣さんの会社も入っているのですか？

勝俣　はい。ただし「ノーコメント」ということにしてください。私が申し上げたいのは、リスクの高い株式のアクティブ運用にのめり込むよりは、安全性を考慮して、債券のパッシブ運用を重視すべきだということです。GPIFの運用資金は、私たち国民の大切な年金積立金が原資《げんし》なのですから。たしかに、ベンチマークを基準とする収益率を見ると、GPIFの株式アクティブ運用では、ファンドによっては収益率が10％を超えるパフォーマンスを示しているものもあります。それに対して、債券は2％台です。でも収益率が高くなくても、債券市場は、株式市場とは規模が違います。

副島　株式市場の100倍はありますよね。

ＧＰＩＦの運用委員会の顔ぶれ

委員長	米澤康博	早稲田大学大学院　ファイナンス研究科教授
委員長代理	堀江貞之	野村総合研究所　上席研究員
委員	大野弘道	味の素　取締役常務執行役員
	佐藤節也	東洋大学文学部　英語コミュニケーション学科　教授
	清水順子	学習院大学　経済部　教授
	菅家 功	連合総合生活開発研究所（連合総研）専務理事
	武田洋子	三菱総合研究所　政策・経済研究センター主席研究員・チーフエコノミスト

ＧＰＩＦの役員

理事長	三谷隆博	元日本銀行理事
理事	大江雅弘	元厚生相官僚。年金福祉事業団資金運用事業部運用管理課長
理事 兼 ＣＩＯ（最高投資責任者）	水野弘道	コラーキャピタル（英国の未公開株投資会社）パートナー。元運用委員会の委員
監事	吉江純彦	日鉄住金保険サービス取締役相談役
監事	小宮山 榮	大阪府人事監察委員会委員

(2015年10月現在。ＧＰＩＦの公表資料から作成)

この７人の運用委員会がＧＰＩＦの資金の使い方を決める。ＧＰＩＦのトップである三谷隆博理事長よりも強い権限を持っている。さらに、この運用委員会とは別に、今年の１月からＣＩＯ（最高投資責任者）という役職がつくられた。ＣＩＯになったのは昨年まで運用委員の一人だった水野弘道氏だ。この水野弘道の投資能力が今、問題視されている。

勝俣　そのとおりです。ＧＰＩＦが自家運用する国内債券は、２０１４年度末の時価総額で31兆３８２８億円もありました。複雑な話は省略して、これに収益率の２％を掛けると、６２７６億円です。ところがＧＰＩＦは債券投資、特に国内債券への投資を圧縮しました（減らしました）。しかも日本国債の満期償還金《しょうかんきん》を国債に再投資しないで、手に入れた現金を国内株式に投入して株を買い支えている。このことは、副島さんがご著書で糾弾《きゅうだん》（笑）されている**伊藤隆敏**さんが「ブルームバーグ」のインタビューで明言しました。

副島　その記事は本書のＰ112に載せています。日経平均株価が２万円台だった６月の記事ですから、この時点では伊藤隆敏は自信満々で「債券よりも株だ。株で儲けるなんて簡単だ」と言わんばかりでした。しかしそのあと、株は暴落した。この事態を伊藤隆敏はどう弁明するのか。それから、運用委員会の委員長である**米澤康博**《よねざわやすひろ》です。早稲田大学大学院ファイナンス研究科の教授で、ＧＰＩＦができた２００６年からの運用委員です。そして、昨年の４月から委員長になった。昨年、石原さんが、この米澤康博が日本株のアクティブ運用を強く推進した、と教えてくださった。

石原　米澤さんは、日本政府の完全なイエスマンになっていますね。安倍政権が「株価連動政権」と呼ばれて久しいです。政府がＧＰＩＦに命令して日本株を買わせていることは明白です。副島さんが指摘されてきたとおりです。まあ、米澤さん自身がアクティブ運用論者ですから、政府の思惑と合致した。政府は、自分たちが操《あやつ》りやすい人物を運用委員会のトップに据《す》えたのでしょう。

副島　けれども8月の株価暴落で、米澤康博は大きなミスを犯してしまった。こういうことが起きると、組織としての人間集団の常《つね》で、必ず責任追及と内部対立が始まります。企業で言えば、ある部署の予算を削《けず》って、その分を特定の部署に回した。しかし、その予算を増やしてもらった部署が赤字を出してしまった。すると予算を削られた側の部署の社員たちからは、「ほらみろ」という冷笑と同時に、「会社の業績を悪化させた責任を取れ」、「俺たちのほうに予算を戻せ」という怒りの声が上がります。そこで、GPIFではどうなのか。何か知っていますか。

勝俣　さすがは副島さんです。鋭《するど》い洞察《どうさつ》です。これは表に出ていない話なのですが、勇気を揮《ふる》ってお話しします（笑）。たしかに**GPIFで、内部対立が起きている。**

GPIFには8つの部署があります。管理部、企画部、情報システム部、投資戦略部、運用部、それに運用リスク管理室、インハウス運用室、監査室ですね。**内部対立は、この中の「運用部」で起きている、**と私は聞きました。どうも部署間の対立ではなくて、それこそ「内部」での対立です。それも、かなり深刻のようです。

石原 私が補足しましょう。GPIFの組織図では、「運用部」と一括《ひとくく》りになっていますが、運用部内も大きく株式と債券、それぞれに担当が分かれている。私もこの運用部内の対立のことは、業界の噂として耳にしました。債券畑《ばたけ》の人たちから、「やっぱり債券の投資比率を増やすべきだ。元に戻せ」という動きが出ている。先ほどの勝俣さんの「債券での運用を重視すべきだ」が、GPIFの現場に届いたかのようです。

GPIF運用委員会のトップと敵対する人物とは

勝俣 その背景をご説明しましょう。債券畑と株式畑の対立は、米澤さんと、もう一人の人物が犬猿の仲にあることに繋《つな》がります。

副島 「もう一人の人物」とは誰ですか。どうかお話しください。

勝俣 分かりました。その人の名は……**四塚利樹**《よつづかとしき》さんです。米澤さんと同じく、早稲田大学大学院ファイナンス研究科(夜間大学院)の教授で、ソロモン・ブラザーズの出身です。たしか京大経済学部を卒業して、MIT《エムアイティー》(マサチューセッツ工科大学)の大学院で

Ph.D.（経済学博士）を取得した、とプロフィールで読みました。シカゴ大学で助教授をしたあと、ソロモンのニューヨーク本社に入り、それから日本法人（東京支店）でマネージング・ディレクターまで上《のぼ》りつめた人です。でも私たちの間では、あの明神茂《みょうじんしげる》さんの「クオンツ」をしていた人、として通っています。

副島　ああ、明神茂。〝伝説の日本人トレーダー〟と呼ばれる。ソロモンの副会長かつアジア地区CEO《シーイーオウ》（最高経営責任者）でしたね。ソロモン時代の部下に、マネックス証券社長の松本《まつもと》大《おおき》がいます。「クオンツ」というのは、クオンツ・アナリスト quantitative analystと言って、高級な数学モデルを使って投資戦略を組み立てて実行する専門家のことですよね。ということは、債券市場でオプション取引とかのアービトラージ（arbitrage　裁定取引。価格の差で利ざやを稼ぐ取引の手法）の専門家だ。明神茂は、この債券アービトラージで、ソロモン全体の利益の半分を稼いだことがあると言われますからね。

　なるほど、四塚利樹《よつづかとしき》は明神茂の下で、コンピュータを使ってデータ分析や予測モデルの作成をしていた。まさに金融工学《ファイナンシャル・エンジニアリング》の金融バクチの現場にいた、たたき上げの人ですね。その点、米澤康博は横浜国立大学から東大、阪大、筑波大、そして早稲田と流れて、ずっと研究畑というか学者の経歴しかない。だから二人は、今は早稲田の同僚とはいえ、もともと水と油です。この二人が今、激しく言い争っている。

勝俣　四塚さんと米澤さんは、ほとんど同時期に早稲田のファイナンス研究科の教授になりました。たしか四塚さんのほうが1年早かったかしら。もう10年ほど前です。当時は二人で、「ヘッジファンドの運用に関する委員会」に出席されるなど、お仲がよかった。二人とも『現代ファイナンス』という金融論文誌の編集委員に名を連ねていらっしゃいます。大和《だいわ》証券のシンクタンクが主宰する「リスク管理フォーラム」で、オルタナティブ投資について提言されたりしていました。

副島　オルタナティブ投資 alternative investment とは、旧来の上場株式や債券だけでなく、ヘッジファンドや未公開株、不動産ファンド、ベンチャー・キャピタル、MBS《エムビーエス》（不動産担保証券）など、ありとあらゆるファンドを投資対象とするものですね。これを分散《ぶんさん》投資《とうし》と言えば聞こえはいいです。が、リスクはきわめて高い。すなわち米澤康博と四塚利樹は、大学教授の肩書を使って、証券会社のお先棒を担《かつ》いでいた。まあ、それはいいでしょう。ではなぜ、そんな〝同じ穴の狢《むじな》〟の二人が犬猿の仲になってしまったのですか。

勝俣　やはり、それぞれのご専門といいますか、〝畑〟の違いが大きいのではないでしょうか。債券畑の四塚さんが、株式投資に血道《ちみち》を上げる米澤さんを見下《みくだ》すようになりました。GPIFには、実際に四塚さんの意向を受けて動く職員たちが少なからずいます。当然、運用部で債券の運用を担当している人たちです。彼らからすれば、米澤さんが株式のポーションを増やしたために、債券のポーションが減りました。それが許せない。堅実な債券運用をしてきた自負が傷つけられ、自分たちのプレゼンス（存在感）と業績が落ちたからです。

石原　だから8月の暴落の時に、債券畑の職員は「ざまあみろ」という感じだったようです。副島さんが「予算を削られた部署の社員」を譬《たと》えにおっしゃったとおりです。

勝俣　私もそのように聞いています。どうも**米澤さんは、運用部の職員をうまくコントロールできていない**ようです。この混乱は尾を引くと思います。

■マーケットでの運用経験がない「最高投資責任者」

副島　つまりGPIFの内部はガタガタになっている。全部で100人に満たない（2015年8月現在で87人。役員5名を含む）〝独法《どっぽう》〟（独立行政法人）で、このような内紛が起きているとは。

石原　２年前は70人程度の職員数でした。それが86人になったのは、こまめに募集をかけてきたからです。それこそオルタナティブ運用担当者や、運用リスク管理担当者、システム管理担当者など、専門知識を持つ人材を募集していました。ＧＰＩＦには、厚生労働省からの出向組がたくさん在籍していましたから、スタート当初は素人集団も同然でした。ところが、いくら外部の金融のプロたちに実務を委託するようになったとはいえ、それを統括する立場にいる幹部職員が素人さんでは、話になりません。運用担当者の職員数から言えば、一人が２兆円を運用する計算です。ましてや、株式のアクティブ運用は、自《みずか》ら購入する銘柄を選定するわけですから、それを素人にやらせるなど、小さな子どもに自動車のハンドルを握らせるようなものです。

勝俣　「素人」ということで思い当たるのは、今年の１月にＧＰＩＦの執行役員でＣＩＯ《シーアイオウ》（Chief《チーフ》 Investment《インベストメント》 Officer《オフィサー》　最高投資責任者）に就任した**水野弘道**《みずのひろみち》さんのことです。昨年までは運用委員会の一委員でした。理事長で日銀出身の三谷隆博《みたにたかひろ》さんが、ＣＩＯというポストを新たに設けて水野さんを抜擢《ばってき》しました。水野さんはＣＩＯと同時にＧＰＩＦの理事職も務めることに。そのために、前の理事で厚生労働省出身の大久保要《おおくぼかなめ》さんが、退任しました。理事の人数が法律で定められているからということで。

副島 厚生官僚は追い出されたわけですね。ところで水野弘道という人物は、官房副長官の世耕弘成《せこうひろしげ》が連れてきた人でしょう。それを菅義偉《すがよしひで》官房長官が、「それでいいよ」と、厚労省と塩崎恭久《しおざきやすひさ》大臣を抑えつけて厚遇《こうぐう》した。世耕は3年ぐらい前から、「水野さんは私の経済政策のブレーンだ」と言って憚《はばか》らない。今、勝俣さんは水野弘道のことを素人と表現されましたが、その理由を教えてください。彼は金融のプロたちの間で、どれぐらい評価されているのですか。

勝俣 私は水野さんという方を、これまで存じ上げませんでした。ただ、CIO就任が決まった昨年の暮れごろから水野さんのお名前がメディアに出るようになりましたので、興味が湧《わ》いて周囲に尋ねてみました。ところがその時、誰も「聞いたことがない」と言うのです。それでも、この業界の恐ろしいところで（笑）、次第に人物評や投資手腕などのプロウファイーリング profiling が情報としてたくさん入ってくるようになりました。その結果を見て私は、失礼ながら水野さんを素人と呼ばせていただく結論に達したのです。その後、もちろん「GPIFのCIOとしては」という但《ただ》し書きをつけますが。要するに彼は、マーケットを相手に株式や債券の運用を手がけた経験がないのです。

副島　えっ、それでは本当に素人ではないですか。ＧＰＩＦの公表資料では、水野弘道はイギリスの「コラー・キャピタル」とかいう投資顧問会社で要職にあった、ということになっていますが。

石原　そこは私に説明させてください。その前に、副島さんがおっしゃった世耕さんと水野さんの関係ですが、お二人が〝お友だち〟なのは、今では業界の常識です。何かの会合で、グロービスの堀義人《ほりよしと》さんが紹介したそうです。

副島　グロービスとは、ベンチャー・キャピタルで有名な投資ファンドでしょう。簡単に言うと、株式上場していない企業に投資して、新規上場（ＩＰＯ《アイピーオウ》　Initial《イニシアル》 public《パブリック》 offering《オフアーリング》）やコンサルティングで稼ぐ金融法人ですよね。

石原　はい、そうです。グロービスの正式な社名は「グロービス・キャピタル・パートナーズ」で、この他に「グロービス経営大学院大学」という学校法人も経営しています。たしか千代田区の二番町《にばんちょう》にあります。堀さんはそこの学長でもある。もうお分かりだと思いますが、水野さんがいたコラー・キャピタルは、未公開株の投資が専門です。業界ではＰＥ《ピーイー》、プライベート・エクイティ private equity と呼びます。分かりやすく言えば未上場の企業から資産を買い、企業価値を高めてから株式上場させる。あるいはどこかに売却す

GPIFの「最高投資責任者」をめぐって政府内で内紛が起きた

水野弘道（GPIF・最高投資責任者）

世耕弘成（官房副長官）

ここでも対立

塩崎恭久（厚生労働大臣）

写真／時事

る。昔の〝ハゲタカ〟に似ていますね。つまりコラーはグロービスと同業というわけです。

■政府の内部でも「対立」が発生した

勝俣　コラーの本社はロンドンですが、水野さんはアジア統括責任者でした。たしかに水野さんは英語もご達者で、ＰＥ（プライヴェット・エクイティ）の世界ではエリートのようですけれども、マーケットという〝生きもの〟を相手にしたことがありません。この点が問題だと思います。なぜならＰＥは、特定の投資家や企業を相手に、営業交渉をするのがお仕事です。公開市場が相手ではない。株式投資、債券投資の経験がない水野さんが、はたしてＧＰＩＦの「最高投資責任者」として適任なのか。ここまでお話しすれば、「最適の人選だ」と言う人は、少なくとも私たちの業界ではゼロだということがお分かりいただけるでしょう。

石原　また補足させてください。ＣＩＯの水野さんの権限は絶大ですよ。ＧＰＩＦは、これから運用委員会とは別に「投資委員会」なるものを設置して、その委員長をＣＩＯが兼務することになっています。その投資委員会が何をするかと言いますと、「運用受託機関、資産管理機関、自家運用に係《かかわ》る取引先及び短期借入先並びに自家運用に係る投資信託の選定及び解約等を審議する」と、GPIFは説明しています。米澤さんと水野さんの立ち位置が今後どうなってゆくのか、ちょっと不透明です。どちらが運用の実権を握るにしても、**とても140兆円を任《まか》せられるような人材ではありません。**

副島　そう言えば、水野弘道の抜擢人事をめぐって、厚生労働大臣の塩崎恭久と世耕弘成が大ゲンカしたとか。そんな話を聞きました。日本政府でも内部対立が起きているということですね。

石原　はい、おっしゃるとおりです。もともと塩崎さんは、GPIFのガバナンスを見直すべきだ、という考えの持ち主で、組織のあり方をはじめ、ことあるごとに厳しい意見を言っていました。そこに世耕さんが、〝官邸のトップダウン人事〟で水野さんを押し込んだものですから、所管の大臣である塩崎さんは激怒したと聞いています。

水野さんが正式にCIOに着任したのは、今年の1月5日です。ところが、どういうわけか、水野さんは2月になってから、ようやく塩崎さんに挨拶《あいさつ》に行った。当然、塩崎さんは不愉快な顔つきになったそうで、「水野君。いったい誰に断わって『GPIF　CIO』

の名刺を配って歩いているのだね！」と、きつい一発を放ったとのことです。それを聞いて世耕さんは、塩崎さんと口もきかなくなった……。

■ロボット・トレーディングが市場を破壊する

副島　ＧＰＩＦの内部事情が、これでよく分かりました。石原さんが言われたように、とても１４０兆円の年金資金を運用できる力量などない人たちですね。先が思いやられる。

政府は、このあとも株価の吊り上げを続けるでしょう。もう逃げられなくなっている。「ちょいと遊びのつもりで船出。日和《ひより》が変われば命懸け」というやつです。安倍晋三《しんぞう》は、9月19日に安保《あんぽ》関連法案を成立させたあと、すぐさま「ＧＤＰを６００兆円にする」と、ぶち上げました。そのためには日本株を買い支えるしかない。これは何が起きようが実行するという組織決定です。

「GDP600兆円」が目標＝介護離職ゼロなど「新三本の矢」─安倍首相

自民党は9月24日の党両院議員総会で、安倍晋三首相の総裁再選を正式に決定した。これを受け、首相は党本部で記者会見し、全ての人が職場や家庭で活力を発揮できる「1億総活躍社会」を目指すと表明。政権の経済政策アベノミクスの「新三本の矢」と銘打ち、（1）国内総生産（GDP）600兆円の達成（2）子育て支援拡充（3）社会保障改革――に重点的に取り組むと訴えた。

（ウォールストリート・ジャーナル　2015年9月24日）

石原　まともな感覚なら、日本株の指数がマイナスになった時点で、やり直しだと思いますよ。「申し訳ありません。株式のアクティブ運用でリスクを取り過ぎました」と頭を下げたうえで、ポートフォリオの白紙、見直しをすべきだ。どうも日本政府とGPIFは、これから〝ナンピン買い〟をしようとしている。

副島　ほう。「毒を喰《く》らわば皿まで」ですか。相場を平たくするのは難しい。それが「難《ナン》平《ピン》買い」の由来ですね。暴落した株を、さらに買い増すことだ。これで評価損（含み損）を減らすことができる。これはこれで一つの投資手法です。が、買い増しした株がさらに暴落したら、損がもっと膨らむという大きな危険性を伴う。安倍政権は、いわば国家規模のナンピン買いをやろうとしている。

石原　すでに10兆円の損失を出しているというのに、市場の動静をまったく分かっていませんね。実は私たちの業界では、大きな崩れは10月ごろだろうと踏んでいたのです。7月にギリシャの債務問題で、ドイツが元本《がんぽん》の減免《げんめん》を拒否しましたよね。一応、ギリギリのところで話はまとまりました。しかし、この時に埋め込んだ（回避した）リスクのために（ドイツの大銀行たちがギリシャの銀行に大きく貸し込んでいる）、ヨーロッパの金融崩れがもう一度やってくる。そのタイミングを私たちは10月と想定していました。しかし、8月24日に連鎖的な株式の暴落が起きてしまった。まさか8月とは……と思いましたが、今から考えれば、おかしな動きの前兆はありました。その内部要因が、ＨＦＴ《エイチエフティ》（High《ハイ》 Frequency《フリークエンシー》 Trading《トレーディング》）です。

副島　出ましたね、ＨＦＴ、「ハイフリ」。コンピュータを使った超《ちょう》高速取引、ロボット・トレーディングですね。石原さんは株式のＨＦＴの実務に詳しいので、私もいろいろ勉強させてもらいました。それで「内部要因」とは、どういうことですか。

勝俣　私に説明させてください。このＨＦＴが、ついに国債市場にまで入ってきたのです。ご承知のように、新発債券の売買は相対《あいたい》取引が基本です。取引市場という意味での「債券市場」は既発債《きはつさい》（中古の債券）の売買が中心となります。こうした特性から、債券ではシステム・トレーディングが、株式に比べて未発達でした。ところが時代の趨勢《すうせい》なのでしょう、債券取引でもシステム化が進み、今はかなりHFTが入ってきています。それで何が起きたのかと申しますと、なんと**米国債が1日で40ベーシスポイントも動いた**のです。わずか数分の間のことです。数分間で40ベーシスポイントの変動を記録しました。

副島　40ベーシスポイントということは、0・4％ですね。このゼロ金利状態の中で0・4％とは、乱高下どころではありません。まさにハイ・ボラティリティではないですか。

勝俣　そのとおりです。日中に40ベーシスポイントの値動きとは、正規分布《せいきぶんぷ》を想定しますと、**「30億年に1回の頻度《ひんど》でしか起こりえない確率」**です。しかし、その「30億年に1回」が現実に起きてしまいました。これはマーケットが煮詰《につ》まってきたことを表わしていると思います。

副島　HFT《ハイフリ》は、今や「100万分の1秒で取引を繰り返す」とされますね。石原さん、株式のほうはいかがですか。

石原　株式市場も個別銘柄の日中変動が異常です。1日の間で、大幅な急騰と急落が確認できます。コンピュータのディスプレイに表示されるチャートが、鋭い鋸《のこぎり》の歯のような形を描くのです。よく使われるローソク線で言いますと、「上ヒゲ」と「下ヒゲ」が異常に伸びている状態ですね。見方を変えれば、100万分の1秒単位で、HFTというロボット自身が「売り」なのか「買い」なのかを迷っているわけです。しかし「売り」と「買い」がそこでマッチングできなければ、わずか数分の間に突然の価格急上昇と急下落が出現します。

HFTを動かす側にしてみれば、上昇でも下落でも、方向性はどちらでもいい。とにかく価格が変動することが儲けに繋《つな》がるからです。つまりHFTの連中が、自分で相場を動かしにかかっているのだと思います。この傾向が顕著《けんちょ》に見えるようになりました。**ゆくゆくは市場が破壊される**でしょう。それがいつ起きるか。業界の人間たちは戦々恐々としています。

■HFTの「フラッシュ・クラッシュ」は、こうして起きる

勝俣　例えば為替《かわせ》市場は、全世界で1日に5兆ドル（600兆円）が取引される世界です。そのうちの60％がHFTです。ゆうに300兆円はありますよね。それほどシステム・トレーディングがマーケットを侵食している。

副島 HFT《ハイフリ》のパッケージと言いますか、このロボット・マシンを使える立場のトレーダーは、どのような人たちなのですか。

石原 ごくごく一部です。ヘッジファンドのインド人などが多いです。彼らは「コロケーション（配置）」といって、取引所の中の特別の場所にコンピュータを置いています。外部の目に触れることはありません。

副島 へー。隔離されているのですね。

石原 コロケーションでも、人間が人間相手にバクチを突《う》つのなら可愛いものです。しかし、彼らの相手はスーパー・コンピュータですからね。前回の話で、私は副島さんに、「HFTは取引回数という『数』によって、相場に付きものの『時間のリスク』を〝殺す〟のだ」とお話ししました。

副島 はい、よく覚えています。「時間というリスクを消す」ために、超高速での、100万分の1秒の取引を大量につくり出す。そのためのロボットだ。

石原 「1株が1銭でも上がれば売り、下がればまた買う。その繰り返しがスーパー・コンピュータで自動的に行なわれ続ける」と申し上げました。このことに付け加えます。HFTの基本は「買い」から入ることです。「売り」から入ると、プライム・ブローカー

（取引の決済や資金貸付などのサービスを提供する金融法人）に、貸株《かしかぶ》の手数料を取られるからです。したがって、株価のバイアスは上昇方向にかかります。安値で買って高値で売り抜けるからです。ファンダメンタルを無視して上昇する、ということです。しかし、その分、下落時の落差が大きくなります。落ちるときは急速に大きく落ちるのです。それが「フラッシュ・クラッシュ」です。

副島　フラッシュ・クラッシュ（瞬間の大暴落）は、2010年5月6日にニューヨークで起きましたね（本書のP19を参照）。あの時、SEC《エスイーシー》（米証券取引委員会）は、「原因を必ず特定する」と断言したくせに、いつまでたっても明確な発表をしませんでした。結局、5年もたって、今年の4月に1人のトレーダーの仕業《しわざ》ということで決着させてしまった。

相場操縦で英トレーダー逮捕＝米株暴落など誘発

米司法省は4月21日に、2010年5月に株価が一時的に急降下した「フラッシュ・クラッシュ（瞬間暴落）」につながる相場操縦に関与したなどの疑いで、英国在住の男性トレーダー（36）が同国内で逮捕されたと発表した。逮捕は米当局の要請に基づくものだ。一部メディアによると、この問題で逮捕者が出るのは初めて。

司法省などによれば、このトレーダーは、米主要株価指数《しすう》に連動する先物《さきもの》取引で自動プログラムを使い、大量に見せ掛けの売り注文を出すことで価格の下落を誘うなど、5年以上にわたり相場を操縦していた疑いがある。フラッシュ・クラッシュが起きた10年5月6日には、約2億ドル相当の売り圧力を与え、ダウ工業株30種平均が5分間で約600ドル（5・8％）も急降下する一因になったとしている。

（時事通信　2015年4月22日）

こんな小者《こもの》のイギリス人を1人、捕えただけで、すべてを幕引きした。米SEC自身が、相当に汚れた組織（規制当局《オーソリティ》のくせに）だと言われています。ゴールドマン・サックス（ガヴァメント・サックスの蔑称《べつしょう》あり）などとの癒着《ゆちゃく》がヒドいと非難されている。

勝俣　副島さんがおっしゃるように、実体のない仮需《かりじゅ》を大量に売買していた報《むく》いなのでしょう。実需《じつじゅ》（貿易決済などの本当に必要な資金の決済のための取引）がなくなった時に、膨大な仮需など、一瞬のうちに「蒸発」してしまい、流動性が枯渇してしまいます。いつ、次のフラッシュ・クラッシュがあるのか。HFTが日常化した今では、私たち業界人間は慄然《りつぜん》たる思いで日々、生きております。

石原　業界人として市場を内部から見ていますと、どうも**リーマン・ショック（2008年9月15日）の直前と似た動きが出ている**ことに気づきます。繰り返しますが、個別銘柄の日中変動が激しい。「変だなあ、変だなあ」と思うことがしょっちゅうです。この「変だなあ」の感覚が、私にとってリーマン・ショックの時と同じなのです。

しかも今は、当時より高いレバレッジ（投資倍率）がかかっていますから、仮にリーマン並みの暴落が来た場合、もう損害額の見当もつきません。ＨＦＴには「ポートフォリオ・インシュアランス」という機能があって、一定の下落を察知したら〝損切りマシン〟が自動的に発動します。

副島　ロボットが自動的に損切り（契約解消）をするわけですね。人間の手には触れさせない。

石原　そうです。ポートフォリオ・インシュアランスが、すでにこの9月に稼働したことを私は確認しました。人間の手に触れない、ということに関連して申し上げると、もし〝第二のリーマン・ショック〟が起きた場合、投資家の損失が膨らむことによって証券会社の決済が滞《とどこお》る可能性があることです。

勝俣　石原さんがおっしゃりたいのは、ネット証券会社のことですよね。

石原　そのとおり。大和証券のような証券会社と違って、ネット証券は店舗を持ちません。もしＨＦＴの影響で、日中価格がこれまでにないような振れ幅で乱高下したら、特に信用取引や先物取引をやっている投資家の損失が想定外に膨らんでしまうかもしれない。大和証券のように、地場《じば》戻りして長年の顧客を大切にしようという会社は偉いです。古くからの取引慣習を頑固に守ろうとしている。

副島　あの会社は、社長がユニークで面白い。三井住友《みついすみとも》＝ロスチャイルド系なのに、「うちを大事にしない」と三井住友銀行に怒っています。

■第二のリーマン・ショック、そして大きな戦争《ラージ・ウォー》へ

勝俣　実需《じつじゅ》を喰《く》いものにして、仮需《かりじゅ》の世界が崩壊、爆発したら、どうしたらいいか分からなくなって、副島さんがおっしゃるように「すべての帳簿を燃やす」。そのために戦争を始める、ということになるのでしょうか。私は、それがとても不安で仕方がありません。

副島　東日本大震災（２０１１年3月11日）のような大災害の次に金融恐慌が起きる。関

東大震災（1923年9月1日。大正12年）のあとに復興債《ふっこうさい》を償還《リデイーム》できなくなって、金融恐慌（1927年。昭和2年）が起きた。そのあと昭和恐慌（1930年から1933年）が襲いかかった。そのあとは、もう統制経済と「軍靴《ぐんか》の時代」です。そして戦争が80年周期で襲いかかる。これは人類史の法則です。また同じことを繰り返すでしょう。私たちは、いよいよ、まず自分が賢く生き延びることを必死に考えなければならない時代に入った。

石原　そう言えば、ゴールドマン・サックスのキャシー・松井《まつい》さんが「〝戦争銘柄〟に投資せよ」と発言して話題になりましたね。これは「ブルームバーグ」の記事です。

ゴールドマン証の松井氏：防衛関連株に長期強気、同盟強化の流れ

戦後70年の節目に、集団的自衛権の限定的行使を可能にする安全保障関連法案が成立した。安保政策に国民的な注目が高まったのは、国際平和協力法（ＰＫＯ法）の制定以来20年超ぶりだ。防衛予算の拡充が今後見込まれる中、株式市場でも日本の防衛関連株に注目する動きが出ている。

ゴールドマン・サックス証券の副会長で、チーフ日本株ストラテジストのキャシー・松井氏は9月4日のブルームバーグのインタビューで、アジア地域における「地政学的《ちせいがく》な緊張はすぐに消えていきそうにはない」と指摘。朝鮮半島情勢や中国の海洋進出、中露関係の強化などに直面する日本が、憲法の範囲内でこれまで以上の軍事的役割を担うことは避けられず、防衛関連株に長期的に投資するのは良い賭けだ、との見方を示した。(中略)

松井氏は、「米国は、明らかに日本にこの地域での安定と平和にもっと貢献してほしいと思っている」とし、安倍首相が仮に政権を離れたとしても、日米同盟強化の方向性の中で日本が軍事に力を入れる状況は変わらないとみている。

ゴールドマンは、昨年8月に日本の防衛関連売上高の大きい20銘柄で構成する「日本防衛関連銘柄バスケット指数」を作成、投資家に向け保有を推奨してきた。同指数には三菱重工業や川崎重工業、IHI、新明和工業、三菱電機、NEC、日本航空電子工業など既に市場で知られる代表的(軍需)企業のほかに、航空機器メーカーの島津製作所、宇宙・衛星事業を手掛けるスカパーJSATホールディングスなどが含まれる。

(ブルームバーグ　2015年9月28日)

副島　ああ、キャシー・松井 Kathy Matsui ですか。日系人で、日本のゴールドマン・

サックスに20年以上いて、さんざんワルいことをしてきた女性だ。ニコニコ、テレビに出てきて、さも善《よ》い人のように「私は日本人の味方です」と、笑顔を振りまいている。

彼女はヒラリー・クリントンの子分で、〝迫り来る恐ろしい時代の恐ろしい女〟の一人です。本当に恐ろしい女だ、としか私にも言いようがない。彼女は、カリフォルニア州の上院議員になることを狙っている。お姉さんがサンフランシスコで大きな販売農園をやって、地盤をつくっている。LA（ロスアンジェルス）では、ビル・クリントンが支援しています。安倍首相や稲田朋美《いなだともみ》政調会長に直接、「日本は、次はこれをやりなさい」と、親身の指導（笑）をしている人物です。

もう、これぐらいにしましょう。お二人からこうして率直なお話を聞けて、たいへん楽しかったです。どうもありがとう。

4章

新たなる恐慌前夜

●5頭目のクジラ、日銀が株を買い支える

ＧＰＩＦが日本株への投資余力を増やして、25％から34％にポートフォリオを変えようとしても、今はまだ25％が上限であり、それ以上は出せない。プロのファンドマネージャーたちの話では、年金資金はもう使い切ったと言われている。

すると、このあと誰が日本株を買い支えるか。やっぱり「5頭目のクジラ」である日銀が買い支えるのである。「日銀ＥＴＦ《イーティーエフ》」という名前のジャブジャブ・マネーがまた出てきて、さらに目先で21兆円ぐらいつくるらしい。日銀は、「打ち出の小槌《こづち》」のマネー製造業者である。最近は、ニセ札製造業ではないか、とまで言われ出した。日銀のＥＴＦ（指数連動型《がた》上場投資信託）の購入残高は、Ｐ167の表にあるとおり6兆円である。これに日本財務省が発行する国債を直接引き受ける国債買い、と不動産投資信託（Ｊ《ジェイ》-ＲＥＩＴ《リート》）買いが、黒田東彦《くろだはるひこ》総裁がぶっ放す〝黒田バズーカ〟という〝緩和《かんわ》マネー〟だ。

おそらく今回は、国債を買うだけではなく、株に投入する資金として使う分が10兆円である。ジャブジャブ・マネーの放出で、日銀の資金供給量《マネタリーベース》は、３３０兆円を超えて今や３３８兆円になった。２０１５年6月には２６０兆円だった。その後の3カ月で80兆円も増えている。ロイターの記事を載せる。

「世の中に出回るお金の量を２倍に。２年程度で２％の物価上昇率を達成する」と黒田総裁は言った(2013年3月21日)

写真／時事

もうこの人たちはパッとしない

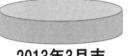

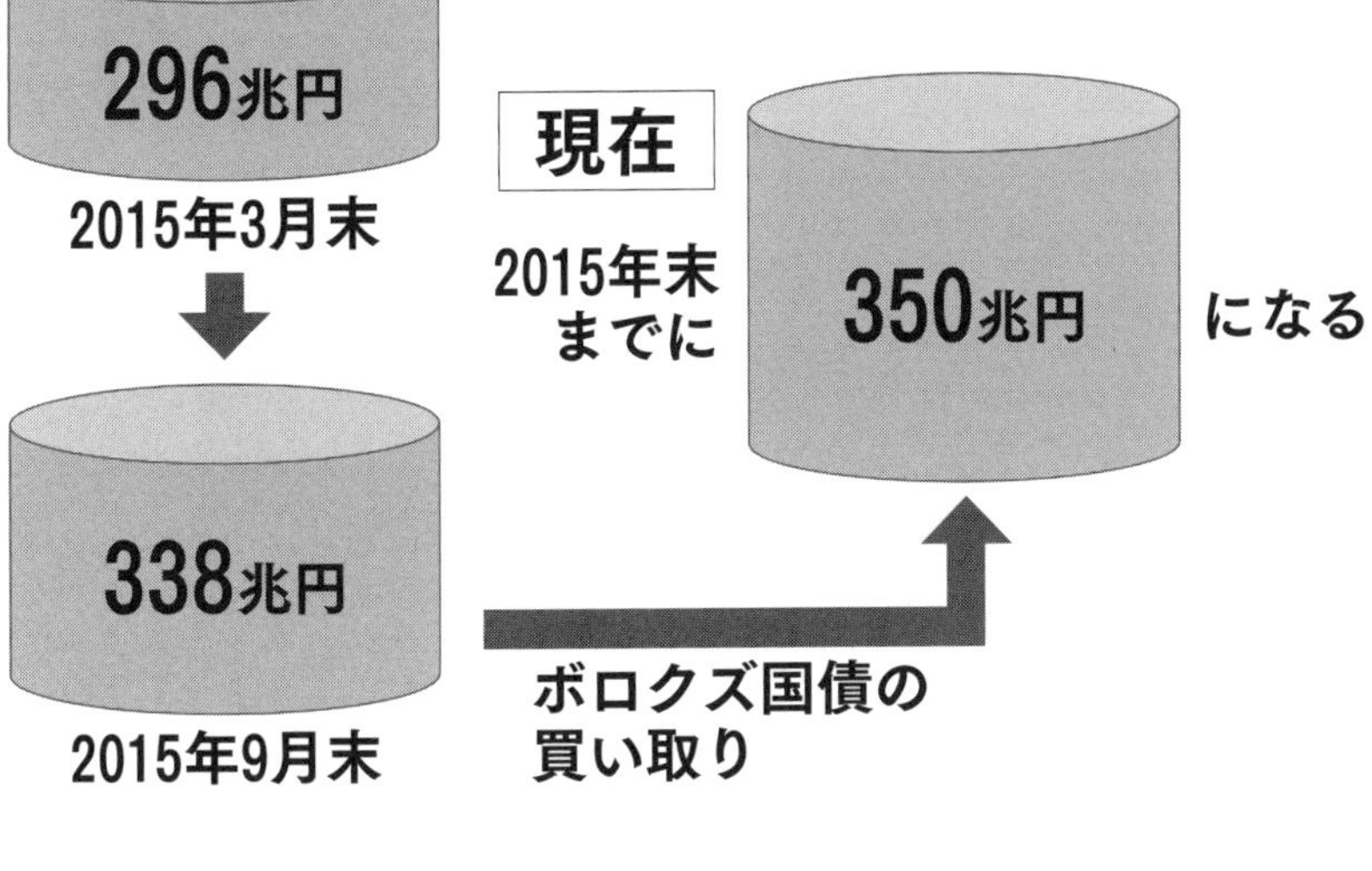

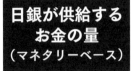

9月末マネタリーベースは338兆円、紙幣が12年半ぶりの伸び

日銀が10月2日に発表した市中の現金と金融機関の手元資金を示す日銀当座預金残高の合計であるマネタリーベース（資金供給量）の、9月末の残高は338兆4353億円となり、14カ月連続で過去最高を更新した。

日銀は、マネタリーベースを年間約80兆円増やすペースで国債を中心とした金融資産の買い入れを続けている。今年末見通しの350兆円程度に向けて積み上げは順調に進んでいるとみている。

9月中のマネタリーベースの平均残高は、前年比35・1％増の332兆1941億円で過去最高を更新。マネタリーベースの構成要因ごとの月中平均残高は、金融機関の手元資金を示す当座預金が前年比52・4％増の236兆1564億円、紙幣は同5・9％増の91兆3980億円、貨幣は同0・7％増の4兆6397億円だった。

紙幣（発行銀行券。90・9兆円）は今年度に入って伸び率を高めており、2003年3月の同6・3％増以来の伸びとなった。

（ロイター　2015年10月2日）

直近の日銀のバランスシートから国債と株の買い支えが分かる

資産		負債および純資産	
金地金《きんじがね》	4412億円	発行銀行券	90兆9075億円
現金	2222億円	当座預金	233兆9062億円
国債	309兆5031億円	その他預金	42兆203億円
コマーシャル・ペーパー等	2兆5404億円	政府預金	19兆4979億円
社債	3兆2343億円	売現先勘定	10兆1163億円
金銭の信託（信託財産株式）	1兆3510億円	雑勘定	△2489億円
金銭の信託（信託財産指数連動型上場投資信託）	6兆1237億円	引当金勘定	4兆2279億円
金銭の信託（信託財産不動産投資信託）	2525億円	資本金	1億円
貸付金	35兆0578億円	準備金	3兆1385億円
外国為替	6兆3420億円		
代理店勘定	821億円		
雑勘定	6150億円		
合計	365兆7660億円	合計	365兆7660億円

これが日銀ETF →（金銭の信託（信託財産指数連動型上場投資信託））

J-REIT →（金銭の信託（信託財産不動産投資信託））

（発行銀行券・当座預金）→ この二つ＋硬化（コイン）4・6兆円がマネタリー・ベース（ベースマネー）

出所：日本銀行営業毎旬報告（平成27年9月10日現在）

ここからさらに〝緩和マネー〟を来年に向けて100兆円なんて。いくらなんでも積み増せるわけがない。そんなことをしたらマネタリーベースが450兆円になってしまう。それでもやる、と黒田が言い出すようだ。きっと何かが起きる。やっていいことの限度が現われる。だから日本政府の株を買い支える余力は、あと10兆円が限度だ。ということは、それを使い果したら株は暴落する。

株式の次の連鎖暴落は、この年末だろう。やがて1万4000円台になる。安倍政権は、日本株を買い支える度《たび》に土砂崩れのように下落が起き、その金《かね》をアメリカのヘッジファンドたちに持ってゆかれる。そうすることで安倍晋三とアベノミクスは形だけ生きながらえる。何という売国奴たちだろう。国民の大切な年金資金や郵便貯金を守ろう、という気概《きがい》さえない。自分たちがアメリカさまに気に入られて、権力者の地位についていられさえすれば、それでいいのだ。

私は、『官製相場の暴落が始まる』を、1年前の11月1日に出したので、ちょうど丸1年が経った。「官製相場の暴落」が8月にようやく起きた。だから私は、「ほら見たことか、大暴落」とこの本の表紙に書いた。分かってくれる人は、分かってくれる。

●空売りをする個人投資家たち

個人投資家たちは、今はみんな「売り」から入っている。空売《から》り（フューチャー・セリング）をかけている人たちが多い。政府による吊り上げなんか当てにしていない。みんなベア・マインド（弱気相場観）だ。

株空売り比率　過去最高

株式市場では、投資家による空売《から》りが高水準で推移している。東京証券取引所上場銘柄の売買代金に占める空売りの比率は、8月27日に過去最高を記録した。世界的な株価下落がひとまず収まり、相場は戻りを試す局面に入りつつある。が、投資家は強気になりきれていない。空売り比率の高さには、「相場が戻ったところでは再び下落に備えたい」という投資家心理が表れている。

27日の東証空売り比率は、39・8％。日次公表が始まった2008年秋以降で最高となった。27日までの8月の月間平均でも、36・2％と、7月（34・4％）に続き、最高更新が確実な情勢だ。

足元の空売り比率上昇が示すのは、投資家の根強い先安観《さきやす》だ。中国・上海総合指数は27

日に6日ぶりに上昇に転じた。が、中国経済への不安は拭《ぬぐ》えない。業種別でみても、中国経済と関連性の高い「鉄鋼」や「石油・石炭製品」「鉱業」などで特に空売り比率が高くなっている。

（日本経済新聞　2015年8月28日）

このように市場の雰囲気は、いつ次の暴落が来るか、を心配している。

だから皆さんも賢く動くべきだ。やはり金《きん》を買うべきだ。金が安くなっている。金のことはP52以下で詳しく書いた。その他には、しぶとく、根強く、中身のしっかりした「財産株」と言われている、何があっても大丈夫な株だけを底値で拾ってください。ドン底値で拾うべき株式銘柄は、本書の巻末一覧に載せた。

私は学生時代から40年間、株の動きを見てきた。この副島隆彦の眼力《がんりき》で、自信を持って推奨できる優良株たちである。あるいは一代で這《は》い上がったワルの経営者が築いた元気な企業だ。それぞれの「本当のドン底値」はいくらか、も巻末一覧に書いた。**この底値を目標にして、それよりさらに値下がりしたら買う。**そういう方針を立ててください。できれば〝どん底値〟で買い、さらに「買い下がっていく」ということもある。

世界の大企業の時価総額ランキング

		時価総額	売上高	株価
1	アップル	80兆円	22兆円	13,200円
2	グーグル　クラスC	47兆円	8.5兆円	80,000円
3	グーグル　クラスA	47兆円		
4	マイクロソフト	43兆円	11兆円	5,562円
5	バークシャー・ハサウェイ	40兆円	23兆円	15,840円
6	エクソン・モービル	38兆円	36兆円	9,105円
7	ＨＤＦＣバンク	37兆円	1.2兆円	7,680円
8	ウェルズ・ファーゴ	32兆円	10兆円	6,151円
9	ジョンソン・アンド・ジョンソン	31兆円	8.5兆円	11,270円
10	ゼネラル・エレクトリック	31兆円	13兆円	3,065円
11	フェイスブック	30兆円	2兆円	11,040円
12	チャイナ・モバイル	29兆円	12兆円	7,382円
13	アマゾン	29兆円	11兆円	63,868円
14	ノバルティス	28兆円	5.7兆円	11,192円
15	ネスレ	28兆円	12兆円	9,120円
16	ＪＰモルガン・チェース	27兆円	12兆円	7,296円
17	ロシュＨＤ	26兆円	6兆円	3,998円
18	ウォルマート	25兆円	57兆円	7,680円
19	トヨタ自動車	25兆円	27兆円	7,257円
20	中国工商銀行	25兆円	20兆円	1,426円
21	ＡＴ＆Ｔ	24兆円	16兆円	3,916円
22	プロクター・アンド・ギャンブル	23兆円	8.5兆円	8,690円
23	ファイザー	23兆円	5.7兆円	3,970円
24	ベライゾン	21兆円	15兆円	5,136円
25	コカコーラ	21兆円	5.8兆円	4,800円
26	ウォルト・ディズニー	21兆円	6.3兆円	12,360円
27	アンバイザー・ブッシュ(ベルギー)	21兆円	5.6兆円	13,200円
28	中国建設銀行	20兆円	16兆円	1,650円
29	バンク・オブ・アメリカ	20兆円	10兆円	1,845円
30	テンセントＨＤ	19兆円	1.9兆円	2,133円
31	ビザ	19兆円	1.6兆円	8,040円
32	オラクル	19兆円	4兆円	4,426円
33	シティグループ	18兆円	11兆円	5,985円
34	ロイヤル・ダッチ・シェル	18兆円	50兆円	5,979円
35	シェブロン	18兆円	23兆円	9,930円

出典：ブルームバーグなどのデータをもとに副島隆彦が作成。1ドル＝120円で換算。
株価は2015年10月2日現在のもの。バークシャー・ハサウェイは「クラスＢ」の株価である

●トヨタの株価で日本経済の全体像が分かる

例えば、日本の株式市場でトヨタ自動車は大きな存在だ。私はこの40年間、ずっとトヨタの株価の動きを見てきた。なぜなら日本の株式市場全体の動きは、トヨタ1社の動きと連動しているからである。トヨタの株価が東証全体（500兆円）の5％を占めている。

今、トヨタの株式時価総額は25兆円（24兆7257億円。2015年9月18日現在）である。総売上げがこれまた25兆円くらいある。今年3月に発表した2015年3月期（2014年4月から2015年3月まで）の連結決算で、売上高は27兆2345億円で過去最高だった。このようにトヨタは、株式の値段（高値で8000円）を発行株式数で掛けたもの（＝25兆円）と1年間の売上げ（総収入）が約25兆円で等しい。そして利益が2兆円である。

2014年のトヨタの営業利益は2兆7505億円で、純利益は2兆1733億円だった。このように時価総額25兆円、売上げも25兆円（27兆円）、そして純利益は2兆円である。これに海外の子会社からの配当《ディビデンド》や、保有する米国債の利回り《イールド》などの受取金を合計して経常《けいじよう》利益が決まる。そこから税金を払う。税金が半分の1兆円だ。

トヨタは2009年から2013年までの5年間、日本国内では法人税を払っていな

日本の大企業の時価総額
（2015年10月）

		時価総額	売上高	株価
1	トヨタ	24.8兆円	27兆円	7,257円
2	三菱ＵＦＪ	10.5兆円	5.6兆円	748円
3	ＮＴＴ	9.5兆円	11兆円	4,213円
4	ＮＴＴドコモ	8.4兆円	4.3兆円	2,065円
5	ＫＤＤＩ	7.2兆円	4.5兆円	2,678円
6	ＪＴ	7.2兆円	2.2兆円	3,593円
7	ソフトバンクグループ	6.7兆円	8.7兆円	5,625円
8	三井住友ＦＧ	6.7兆円	4.8兆円	4,719円
9	ホンダ	6.6兆円	12.6兆円	3,641円
10	みずほＦＧ	5.7兆円	3.2兆円	229円
11	日産自動車	5.3兆円	11.3兆円	1,168円
12	ファーストリテイリング	5.2兆円	1.4兆円	48,730円
13	セブン＆アイＨＤ	4.9兆円	6兆円	5,525円
14	キヤノン	4.7兆円	3.7兆円	3,549円
15	デンソー	4.6兆円	4.3兆円	5,172円
16	武田薬品工業	4.2兆円	1.8兆円	5,256円
17	ＪＲ東日本	4.1兆円	2.7兆円	10,340円
18	ＪＲ東海	4兆円	1.7兆円	19,620円
19	ソニー	3.9兆円	8.2兆円	3,094円
20	ファナック	3.8兆円	7,300億円	18,795円
21	村田製作所	3.7兆円	1兆円	16,365円
22	富士重工業	3.5兆円	2.9兆円	4,516円
23	ブリヂストン	3.5兆円	3.7兆円	4,310円
24	三菱地所	3.5兆円	1兆円	2,510円
25	アステラス製薬	3.4兆円	1.2兆円	1,544円
26	東京海上ＨＤ	3.4兆円	4.3兆円	4,482円
27	三井不動産	3.4兆円	1.5兆円	3,402円
28	キーエンス	3.3兆円	900億円	53,890円
29	三菱商事	3.2兆円	7.7兆円	1,953円
30	パナソニック	3兆円	7.7兆円	1,233円

出典：Yahoo! ファイナンスと日本経済新聞のデータから副島隆彦が作成。
売上高は2015年3月期の連結決算である

い。これは豊田章男《とよだあきお》社長自身が認めている。「配当受取金の非課税制度を利用した」と言われている。豊田社長は、2014年3月の決算発表で、「社長になってから国内では税金を払っていなかった。企業は税金を払って社会貢献するのが存続の一番の使命だ。納税できる会社として、スタートラインに立てたことが素直にうれしい」と笑顔で話した。

そういうわけで、トヨタは日本でも法人税を払うようになった。おそらく1兆円くらいを払っているだろう。日本の法人税収入は年間で11兆円だ。だから日本の法人所得税の10%をトヨタが納めている。デンソーやアイシンなど関連企業の分を合わせると、トヨタ系列で法人税の20%を占めているはずだ。

このトヨタの時価総額も総売上げも25兆円という金額が重要である。ものごとを大きく捉《とら》える場合の物差し、基準《クライテリア》になる数字（金額）である。このトヨタの25兆円を20倍すると、日本の上場株式の総額と、ほぼ等しくなる。関連企業まで合わせると、トヨタが日本国民の10%（50兆円）の収入と利益をつくっている計算になる。日本のGDPは今570兆円であるから、これも日本の株の時価総額とほとんど等しい。この観点からも、トヨタは日本のGDPの5%を占めている。このように考えると、日本国のサイズ、大きさが分かってくる。

●ネット・バブル企業の錬金術vs実需でモノをつくって日本を支える会社

この〝トヨタという物差し〟を今度は世界に当てはめてみる。

トヨタはP171の表にもあるように、世界の大企業ランキングで常に20位以内にいる。上位50社のうち、日本企業ではいつもトヨタだけは入っている。日本の大銀行の凋落も大きい。P171の表のとおり、世界の大企業の1、2番はアップルとグーグルだ。これらは株式の時価総額で、どちらも80兆円（7000億ドル）もある。トヨタの約4倍である。

ほんの3～4年前まで、世界一の大企業は、エクソン・モービル（石油元売り会社・ロックフェラー財閥の旗艦）であった。第2位はGE《ジーイー》（ゼネラル・エレクトリック。電機会社）で、時価総額は2500億ドル（30兆円）であった。だいたいトヨタは、いつもGEの後ろにつけていた。これらは実物、実体、中身のある企業である。

世界は今、実物、実需、実体のあるものに信用《クレディビリティ》がつく世界に戻りつつある。アップルやグーグルのような、スマホのごとき馬鹿みたいな通信機器をつくって、それでインターネットでいろいろな情報を集めたり、ゲームをしたりすることで、それで人々が世界一の企業が成り立っている、ということ自体がおかしい。人類（人間）の歴史は人気商売の歴史だ、と言えばそれまでだが。

ところがアップルもグーグルも、よく見ると総売上げは、1年間で15兆円（2000億ドル）ぐらいしかない。つまり売上金額《レヴェニュー》から見たら、トヨタの25兆円よりもずっと下なのである。それなのに、IT やネット（通信機器の先端技術）の会社が、株式の時価総額では100兆円近くもする。私はこの現状は、おかしいと思う。だから実物、実需、実体のない企業は、ゆくゆくは売上総額のところまで株価が下落すべきであると思う。アップル、グーグル、フェイスブック、アマゾン、アリババなどのネット・バブル企業は、自分自身の1年間の売上金額のところまで、株価が落ちるべきである。だから、そのうち落ちるだろう。

P173に載せた日本の大企業の一覧表（ランキング）を見ると分かるが、トヨタのあとに必ずソフトバンクが入るようになった。孫正義《そんまさよし》が経営するソフトバンク（昔はヤフー、ジエイフォン、ボーダフォンだった）は、合併、合併の錬金術《アルケミストリー》で、時価総額が7兆円にもなっている。最近まで11兆円という時もあった。2年前にスプリント社というアメリカ第4位の携帯電話会社を買収した。それで、年間売上げが8兆円にまで膨らんだように見せかけている。しかし日本国内だけの年間売上げは、1兆円にも満たない。

ネットからの収入などというものは、広告料がほとんどである。世界最大企業になったグーグルの売上げ（15兆円）の9割はネット上の広告代金であるから、ソフトバンクだって同じだ。この他に競争相手であるドコモと同じく通信会社もやっているので、たしかに通信料の収入もある。通信料は激しい競争で、どんどん安くなった。だから儲かるわけがない。だが、それにしても、国内の年間売上げの10倍もの価値が株式についている。このことは異常である。私は、アメリカ資本主義の全般的危機が露出して、全面的に露《あら》わになる時には、まずこれらのネット・バブル企業のアブクがはじけ飛んでしまうと予測する。

もっと本当のことを書くと、アリババという中国の携帯・スマホ会社が、NYで株式を上場した。あの時に総額で20兆円もの値段がついた。今も（2015年10月）、時価総額は18兆円（1470億ドル）である。その3割を孫正義が持っていた、と騒がれた。だからアリババ上場で7兆円の巨大な利益を得た、とされる。ところが彼の表情は、ちっとも嬉しそうでなかった。実はこの7兆円はそのままそっくり、アメリカのスプリント社の累積する大借金を消し込むために使われたのだ。そのためにソフトバンクと合併させたのだ。だから孫正義が超大富豪になったわけではない。

孫正義は〝世界皇帝〟デイヴィッド・ロックフェラー（尊称は、ダビデ大王。100歳、存命）の孫臣《そんしん》（家来の家来）である。華々《はなばな》しく日本に登場した時からこの運命を背負っていた。いいように使われて、日本国内で大嫌《だい》われながら（いや、大好《だい》かれながら）動き回ってきただけのことだ。もうすぐインド人の副社長と交代させられそうである。孫正義はこのインド人、ニケシュ・アローラ（47歳）に、165億円の年俸を払うことでヘッドハンティングした。そして「安い買いものだ」と新聞でうそぶいた。初めからこのインド人は、孫正義の家来、子分なのではなくて、ダビデ大王の家来なのである。

こういう株式を使った巨額の魔術が、これまで各所でたくさん行なわれてきた。あまりにも巨額のお金が動くと、私たちは何が何だか分からない。アリババのNY上場で7兆円儲かった、と言われても、何のことなのか。アリババというネット通販会社（預金《クレジット》もできる）を中国で巨大にしたジャック・マー（馬雲）という男が、そもそもデイヴィッド・ロックフェラーが育てた男なのだ。そしてアメリカのスプリント社という、今や潰《つぶ》れかかっている長距離電話会社の社員2万人をなんとか食べさせてくれ、ということで孫正義に押しつけたのだ。

だいたい中国（上海取引所）で上場しているアリババを、そのままＮＹ《ニューヨーク》でも上場するだけで、それが20兆円（1600億ドル）にもなったという錬金術は、一体どういう手品なのか。二重評価のダブル・ブッキングだろう。誰もこのことをまじめに考えようとしな

世界の主要取引所の時価総額

	取引所名	時価総額	世界比
1	ニューヨーク証券取引所 NYSE	19.5兆ドル (2,300兆円)	29.6%
2	ナスダック OMX NASDAQ OMX	7.3兆ドル	11.1%
3	東京証券取引所 Tokyo Stock Exchange	4.8兆ドル (580兆円)	7.2%
4	上海証券取引所 Shanghai Stock Exchange	4.1兆ドル	6.3%
5	ユーロネクスト Euronext	3.5兆ドル	5.4%
6	香港証券取引所 Hong Kong Stock Exchange	3.4兆ドル	5.1%
7	深圳証券取引所 Shenzhen Stock Exchange	2.5兆ドル	3.8%
8	トロント証券取引所 TMX Group	2.0兆ドル	3.1%
9	ドイツ証券取引所 Deutsche Börse	1.9兆ドル	2.8%
10	ボンベイ証券取引所 BSE India	1.7兆ドル	2.6%
	上位10取引所合計	50.1兆ドル (8,000兆円)	76.8%
	世界合計	66.0兆ドル	100.0%

出典：楽天証券（2015年2月末）

い。だから孫正義のソフトバンクの時価総額11兆円などというものも、元がアブクで幻想なのだ。だから、そのうち暴落してはじけ飛ぶだろう。そこが、トヨタの実需、実体のある売上げ25兆円との違いである。

日本の東京証券取引所に上場している会社は、2449社（東証一部が1905社、二部が544社）ある。バブルのピークだった1989年に、東証一部と二部を合わせて時価総額が610兆円を超えた。その610兆円を、今年の8月10日に東証一部だけで突破した。だが、8月末の暴落が起きて、今は600兆円を割っている（8月末の公表資料では一部が554兆円、二部が6・5兆円）。

そのうちの25兆円を堅実にトヨタが持っている。この考え方が大事である。実需でモノをつくっている企業だ。「1台車を売っても30万円しか儲からない」そうである。だが、世界中に実体のあるモノをつくり売って稼いでいる会社である。このような輸出大企業が本当に私たちの日本国を支えているのだ。偉いものだ。

私がここで言いたいことは、売上総額《レヴェニュー》にまで株式の時価総額は落ちるべきだ、ということだ。そこから上に膨《ふく》らんでいる分は株式のバブルだ。

アメリカの株式市場はどうなっているかを見てみよう。P179の「世界の主要取引所の時価総額」の表から分かる。ニューヨーク証券取引所が約20兆ドル（2500兆円）、ナスダック市場が7兆ドル（850兆円）である。合計27兆ドルだ。日本は約600兆円だから5兆ドルである。

この今のアメリカの株式市場の時価総額27兆ドル（3350兆円）を大きく支えているのは、前述したグーグルとアップルだ。P171の「世界の大企業の時価総額ランキング」を見てほしい。上位2社がネット企業で、この事実が重要だ。4位にマイクロソフト、11位にフェイスブック、13位にアマゾン・ドットコムが顔を出している。すなわち、いくら新式のウェアラブル端末を出してみようが、アップル・ウォッチだろうが、ネット企業、ドットコム企業は中身のない〝空っぽ企業〟だ。それほどの実需を生み出していない。そしてスマホをはじめとして、これらの製品を実際につくっているのは、ほとんど中国だ。何ということだろう。

それなのにグーグルの株式時価総額は、クラスA（議決権あり）とクラスC（議決権なし）の二つを合わせると、90兆円近くもある。アップルも80兆円である。これらがナスダック市場（7兆ドル、850兆円）を支えている。パソコン市場の不況で売上げは下がった。それなのに、株価だけが吊り上がって、それでアメリカの金持ち老人たちへの株式配当利益を出している。だから、アメリカ株が崩れた時に、ネット企業が一番大きな打撃を受ける。

実需ではないものは「仮需」である。仮需とは虚妄《きょもう》である。いくら株価を吊り上げても、どうせ崩れる時は崩れる。

P171の表で分かるとおり、アップル、グーグル、マイクロソフトに次ぐのが、あのウォーレン・バフェットが率いるバークシャー・ハサウェイである。それからエクソン・モービル、インドのHDFCバンク（農業銀行だろう）が上位にいる。時価総額8位のアメリカのウェルズ・ファーゴは銀行なのに、堅実なしっかりとした企業である。全米をつなぐ乗り合いの馬車会社から始まった。ジョンソン・アンド・ジョンソンは洗剤などの実需であり、GE（ゼネラル・エレクトリック）は世界一の電機会社で、100年前から冷蔵庫をつくっていた。ノバルティスは製薬会社だ。中国工商《こうしょう》銀行は今や世界最大銀行で、預金量が230兆円もある。アメリカ1位のJPモルガン・チェース銀行を抜き去った。

さらに見てみると、ネスレは食品と飲料の実需。ウォルマートは世界最大のスーパーマーケットである。それからプロクター・アンド・ギャンブル（P&G《ピーアンドジー》、トイレ用品や化粧品）、ウォルト・ディズニー、中国建設《けんせつ》銀行と並ぶ。中国企業では、香港市場に上場しているペトロチャイナ（CNPC、中国石油天然気）が時価総額で15兆円（1275億ドル。世界47位）ある。中国一の天然ガスと石油という、まさに実需の会社である。

●なぜアップルの時価総額と売上げは喰い違うのか

ここで、しつこく書く。私がずっと注視しているのは、グーグル（2つ株式を上場していて、合計すると時価総額はアップルを上回る）とアップルとフェイスブック、マイクロソフト（半分は通信機製造会社でもある）と、アリババなどの「時価総額」と「売上げ」の喰い違い（乖離《かいり》）と「（純）利益」のことである。利益の半分は税金で、残った半分ずつが、配当と次期繰り越し利益に回される。

初めに戻るが、だから私、副島隆彦にとって、自分が株式市場の全体像を捕まえるときの基準（クライテリア criteria）は、日本のトヨタである。トヨタが「時価総額」25兆円、「（総）売上げ」25兆円、「利益」2兆円、税金1兆円、そして関連会社を入れるとトヨタ・グループ全体で、その倍の2兆円が税金額ということである。だから日本の法人（所得）税の全額11兆円の2割（20％）をトヨタが稼ぎ出している。

トヨタが、日本国民の収入（売上げ。年収＝GDP）と、利益の配分（2015年で、ちょうど100兆円の国家予算と、そのほかに200兆円ぐらいの財投《ざいとう》とか。これに40兆円の福祉予算と民間自払いの同額の福祉出費＝医療費）を構成している、と私はずっと考えてきた。トヨタが、世界中の企業の生産金額、この地球上の資本・金融の合計金額を見る場合の基準であり、物差しである。トヨタが東証（一部と二部の合計）の5％（25兆円）を常に占めてきた、と私は発見した。

以下のウォールストリート・ジャーナル（WSJ）紙の記事は、だから私がその一方でずっと注目してきたネット（IT）企業の世界最大会社・アップル社の動きである。私が狙ってきたことをピタリと書いている。だから、これから何かが起きる。

アップルの時価総額、エクソンとウォルマートとシェブロン合計超える

アップルは、2月下旬、時価総額が、米企業2位の石油大手エクソン・モービルの2倍になった。これはまさに、ビジネスの世界がいかに変化しているかを示す証拠だった。

エクソンの株主にとっては、その瞬間が痛みの始まりだった。それ以降に起こったことは、投資家がいかに従来型企業を敬遠しているかを表している。こうした従来型企業の多くは成長が遅いか全く成長していない。原油価格の下落が長引く中で、エクソン株価は年

初来20％超も下げている。

そして、石油相場の低迷を背景にして、アップルの時価総額は、9月14日に、ついにエクソンと同業シェブロン、小売り大手ウォルマート・ストアーズの時価総額の合計を上回った。ウォルマートも店舗や従業員に一層多くの資金を振り向けており、業績問題を抱えている。調査会社のファクトセット社によると、14日の取引終了時点では、アップルの時価総額は6576億ドル（約79兆1900億円）だった。一方、エクソン（時価総額3022億ドル）とウォルマート（同2061億ドル）、シェブロン（同1425億ドル）の3社の時価総額が合計で、やっと6508億ドルだった。

エクソンとウォルマート、シェブロンの株価は今年、ダウ工業株平均構成銘柄中で最もアンダーパフォームしている銘柄となっている。これら3社を合わせると、5月上旬以降、2000億ドル（24兆円）近い時価総額が失われた。

株価の下落を見れば、同3社の低迷は明らかだ。だが、アップルも順風満帆《まんぱん》というわけではない。実際、アップルの時価総額は、2月にエクソンの2倍となったときがピークだった。今夏にはグーグルの株価の方が急伸した。そのため、アップルの時価総額は今では時価総額2位の企業の2倍以上となっているわけではない。現在、エクソンは米上場企業中で時価総額が5位、ウォルマートは12位、シェブロンは約25位だ。

アップルの株価は、スマートフォン「iPhone（アイフォーン）」の最新機種をはじめとする新製品の発表を受けて、先週は幾分《いくぶん》反発した。エクソン、ウォルマート、シェブロンの3社と違って、アップルには価格決定力があり利幅も厚い。

エクソンとウォルマート、シェブロンの3社は、売上高では世界最大かもしれないが、それが投資家の評価対象にならないことは明白だ。

（ウォールストリート・ジャーナル　2015年9月16日　注記は引用者）


このように、ネット会社のアップルが石油業や小売業の大手よりどれほど投資家から高く評価されているか、が書かれている。だから株式の時価総額が80兆円なのだ。

この記事で、「（9月）14日の取引終了時点では、アップルの時価総額は6576億ドル（約79兆1900億円）だった。一方、エクソン（時価総額3022億ドル）とウォルマート（同2061億ドル）、シェブロン（同1425億ドル）の3社の時価総額は合計で、やっと6508億ドルだった」と書かれている。

アップルは、今年2月に時価総額で7000億ドルを超した。2月12日の終値ベースでは7283億5400万ドル（87兆円）を記録した。ところが売上げは、2014年で1827億ドル（18兆円）だ。

トヨタの7割の売上げしかないのに、時価総額の方は3・5倍もある。ということは、トヨタを物差しで考えると、アップルの見かけは実質の5倍に水増しされている。だが、アブク企業なのだ。いくらiPhone《アイフォーン》を作って世界中で売っているといっても、ほとんどはネットの広告宣伝業の収入だけだ。グーグルだって同じだ。しかも繰り返すが、アイフォーンはすべて中国で製造している。何をか言わんや、である。

これら巨大ネット企業のアブクの資産、幻想にしがみついて、今のアメリカの高度資本主義は出来上がっている。

このネット・バブル企業たちが、人類の幻想《イルージョン》を当て込んでつくり出し、この幻想の資産総額と時価総額にタカって、アメリカの老人たちの年金の原資ができている。これらのアブク、幻想が、金融資本主義をつくっている。実需（トヨタは、実需だ）ではない仮需で生きている。

だからアメリカ高度資本主義は、これらの幻想のアップル80兆円（7000億ドル）、グーグル（2つで）96兆円（8000億ドル）が、そのうちハジけて下落することで大きく縮小する。そのスケジュールに入っている。

今、私は先の記事から、エクソン・モービルというデイヴィッド・ロックフェラーの旗艦（フラッグキャリアー・シップ）で、5年前までは世界最大企業だった巨大石油資本が、今やアップル社の半分の時価総額3000億ドル（40兆円）しかなくなり、そこまで株価が下落した（72ドル。9月18日現在）という事実を確認した。

もうひとつに旗艦であるシティバンク（シティグループ）の株価は、今は50ドルくらいである。時価総額で1513億ドル（18兆円）あることになっている。しかし実情は、すでに借金だらけの空っぽ企業だ。

前掲した記事の、「実際、アップルの時価総額は2月にエクソンの2倍となったときがピークだった。今夏にはグーグルの株価の方が急伸したため、アップルの時価総額はもはや時価総額2位の企業の2倍以上（ではなくなった）」という書き方が、時代を象徴している。

この書き手は、エクソンもグーグル、アップルも、本当は大きくはダビデ大王の持ち物だということを　無自覚に書いている。だが、大きい見方から、アメリカ資本主義の凋《ちょう》

日本と米国の10年もの国債の利回り＝長期金利のこと
（1990〜2015年の25年間）

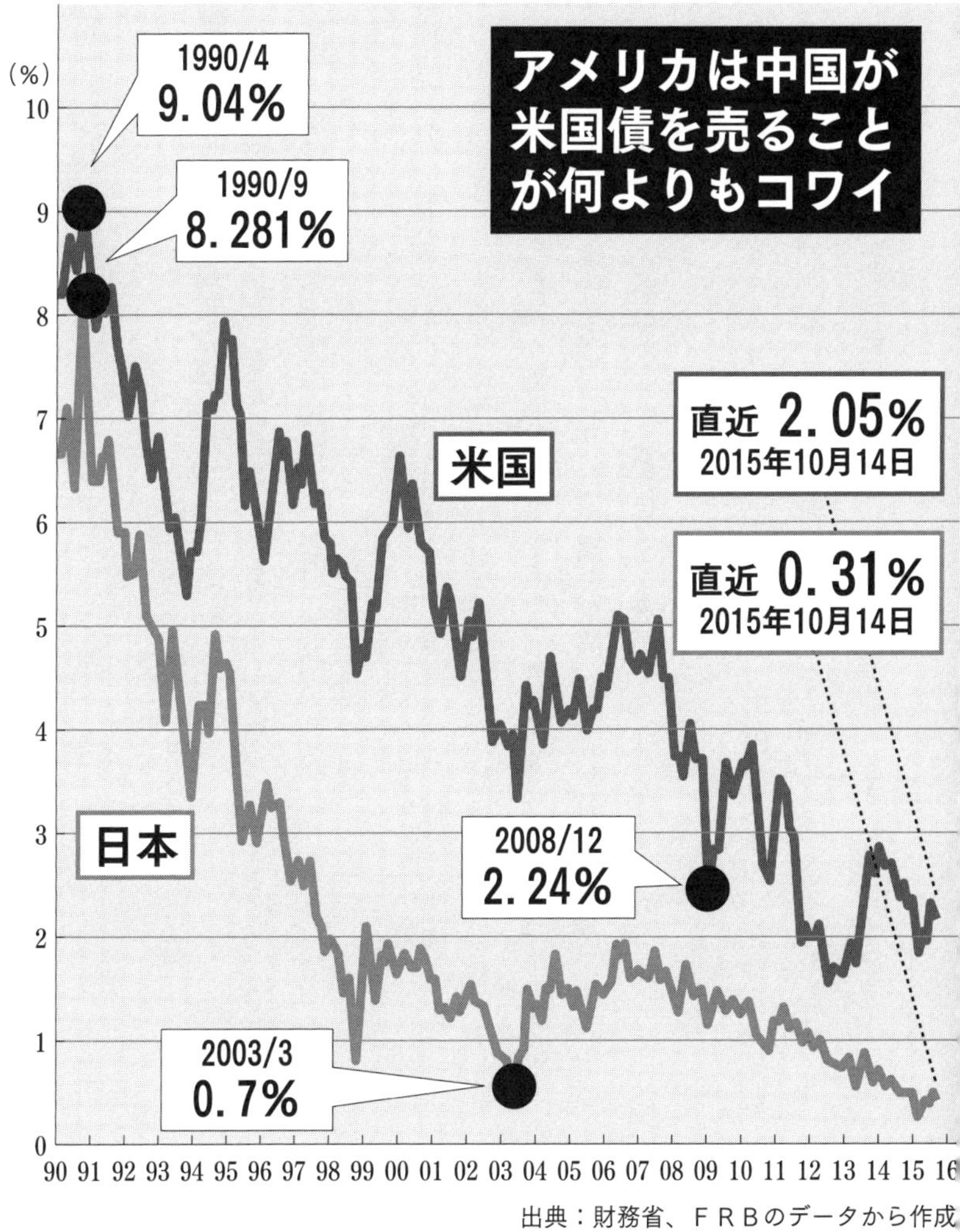

出典：財務省、ＦＲＢのデータから作成

落《らく》、衰退を予兆している。

●民間から米政府に回った「毒」がはじける

ここから、もっと近くに迫っている大事なことを書く。「債券バブルの崩壊」である。債券（国債）市場の規模は、株式市場の10倍などというものではない。100倍の金額が動いている。

アメリカの中央銀行（FRB）が、ペーパーマネーであるお札をいっぱい刷って、米財務省が発行する国債（総称してナショナル・ボンド National Bond　財務省証券TB《ティービー》、トレジャリー・ビル Treasury Bills ）という紙切れ借金証書を引き受けた。それでリーマン・ショックの時に、アメリカの大銀行が隠していた大損を全部、政府が引き受けた。その化《ば》けの皮がはがれて、あの時、民間から政府に乗り移った毒が今、はじけつつあるということである。地獄が迫っている。

日本も同じことを無理やりさせられて、2013年から〝黒田金融緩和〟を行なっている。アメリカでも政策金利を上げるどころか、緩和マネーが崩壊しつつあるのだから、さらにQE《キユーイー》4（量的金融緩和 Quantitative《クオンテイテイテイヴ》 Easing《イージング》 ）をやるべきだ、という声がどんどん出ている。デフレのまま、かつ大不況のまま世界が超インフレ状態へ向かっている。病気が進行しているのだ。

アメリカとしては金融引き締めに転じたい。今のままの〝マネー糖尿病〟の状態を打ち切りたい。こんな超低金利（ゼロ金利）をいつまでも続けていると体がおかしくなる。だからせめて政策金利（FFレート）だけは、少し上げて、「上げ」に転じることで今のジャブジャブ・マネー状態、デブデブ状態から脱出したいと思っている。そうしないと金融《マネタリー》政策《・ポリシー》ではもう何もできないという状態が続いている。船の舵《かじ》（操舵輪《そうだりん》）が壊れて、スクリュー・プロペラ（推進動力）が動かなくなっている。車のエンジンがかからない状態だ。かつ、ブレイキが壊れている。ゼロ金利（アメリカの今のFFレート0・25％、日本の0・1％、ヨーロッパの0・05％は十分にこれだ）というのはブレイキが壊れたまま緩やかに暴走している車だ。かつ、ステアリング・ホイール（日本語では×ハンドル。間違い英語。操縦輪）が利《き》かない状態だ。

もうここまで来たら、まだ伝統的で健全である財政政策による財政拡大《フィスカル・ポリシー》（積極財政。超巨大公共事業。ケインズ経済学）に戻ったほうが、ずっと安心だ、という考えがまともな（少数派として抑《おさ》えつけられている）経済学者から主張されている。今の異常な、非伝統的《ノン・レジティメット》＝非正統的《イレジティメット》を自画自賛するシカゴ学派＝マネタリストの「貨幣量（ベースマネー）さえ増やし続ければ不況から脱出できるのだ」理論がブッ壊れかかっているのだ。だから、せめて金利をわずか0・25％でも上げて（インシュリン注射をして）、このお金《かね》糖尿病状態からアメリカは抜け出したい。

ところが前述したように、9月16日から開かれたＦＯＭＣ《エフオウエムシー》（米連邦公開《こうかい》市場委員会）では、ジャネット・イエレン議長は苦しそうな顔で利上げを見送った。できなかった。

ＦＯＭＣ、世界経済懸念で利上げ見送り　年内実施の可能性は残す

米連邦準備理事会（ＦＲＢ）は、9月17日まで開催した米連邦公開市場委員会（ＦＯＭＣ）で、世界経済をめぐる懸念や金融市場の動揺、米国で低迷するインフレ（引用者註。意味不明。本当はデフレ状態）を理由に、金利据え置きを決めた。だが年内利上げの可能性は残した。

イエレン議長は会見で、「米経済はおそらく利上げを正当化するほど良いとし、今後もこうした状況が続くと見込む」と指摘。だが「海外情勢をめぐる不透明性の増大を踏まえ、ＦＯＭＣは待つことが適切と判断した」と説明した。その上で「米国と諸外国の経済・金

各国の政策金利(＝短期金利)の推移

(1年以内のもの。直近3年)

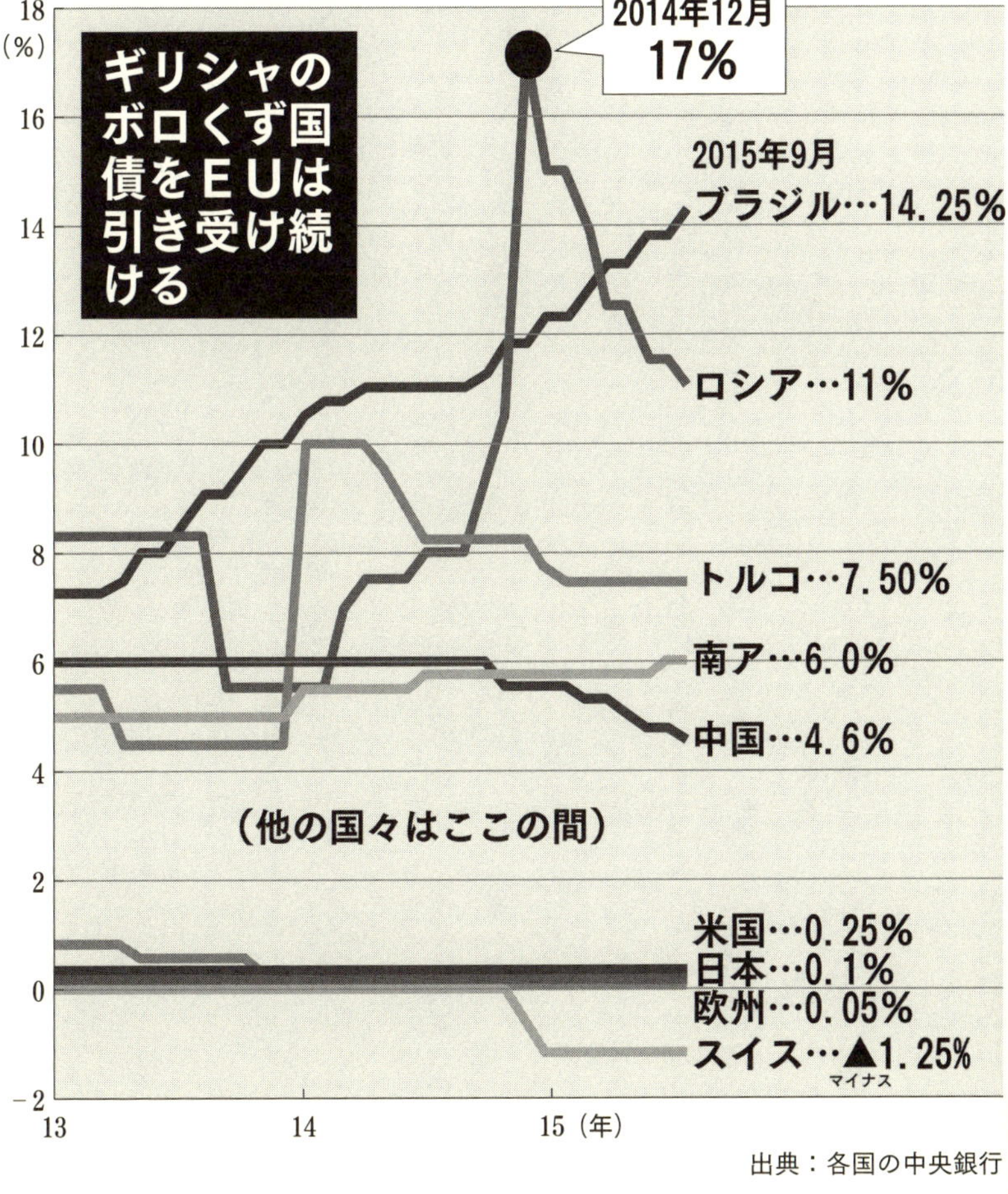

出典：各国の中央銀行

世界中、デフレ経済だから、ゼロ金利から上げるに上げられない。

融上の関わりの深さを踏まえると、海外情勢を注視する必要がある」とし、海外の動向（引用者注。中国が保有する米国債を売ることが死ぬほど恐い）が事実上、ＦＲＢの手足を縛ったとの考えを示した。

声明も「最近の世界経済、金融動向は経済活動をやや抑制し、インフレに目先、一段の下向きの圧力を加える可能性がある」と指摘。「指標次第」としていたＦＲＢだが、利上げの決定要因に海外情勢が含まれることを認めた。

また、「米国株の最近の下落やドル高が、金融市場の環境を既に引き締めており、ＦＲＢの行動に関係なく米国の経済成長率を減速させる可能性がある」と付け加えた。

ただ同時に発表されたＦＲＢ当局者の金利見通しでは、17人中13人が年内に1度以上の利上げを見込んでおり、年内利上げのバイアスは維持した。前回6月は15人だった。一方、少なくとも２０１６年まで利上げを見送るべきと考える当局者は4人と、前回の2人から増えた。今回の決定に反対票を投じたのは、米リッチモンド地区連銀のラッカー総裁1人だった。

（ロイター　２０１５年9月17日。傍点は引用者）

このように、アメリカはスクリュー・プロペラが壊れている船状況に陥っている。あふれ返ったお札と国家借金証書（米債）が、やがて巨大なインフレを招く。巨大地震というのはそういう時に襲ってくる。それが迫っている。

●世界大恐慌の震源地はコンピュータによる超高速度取引だ

私は5年前に出版した『新たなる金融危機に向かう世界』（2010年7月、徳間書店）で、次のように書いている。

●一時998ドルの暴落はシカゴ・マーカンタイル取引所が仕掛けた

2010年5月6日に、NYダウがその日の取引の終わり間近（午後2時30分ごろ）で、一瞬、前日比で998ドルも暴落した。一日の株価の動きとしては極めて異常である。この奇怪な株安は、シカゴ・マーカンタイル取引所（CME《シーエムイー》）が〝市場操作（相場操縦《そうじゅう》）まがい〟のことをニューヨーク株式市場（NYSE《ナイス》）に仕掛けたからである。表面上は、〝コンピュータの誤作動〟や〝シティバンクのトレーダーの誤発注によるもの〟だとされた。そんな言い訳など、本当の大人なら誰も信じない。今でも原因不明の〝誤作動〟だとされている。

「6日の株急落に複合要因、取引所の連携不足指摘――米SEC《エスイーシー》など初期調査結果」

米証券取引委員会（SEC）と、米商品先物取引委員会（CFTC《シーエフティーシー》）は、5月18日、米国市場で起きた株価急落について初期の共同調査の結果を公表した。複合要因が急落を引き起こしたとの見方を強め、「6つの仮説」を提示した。株価指数先物《ストック・インデックス・フューチャー・トレイディング》への売りが引き金となった。そして取引所間の足並みの乱れが株安を加速させたとしている。SECは再発防止策を発表したが、投資家の不安心理の解消には時間がかかりそうだ。

5月6日の米株式市場では、ダウ工業株30種平均が、午後2時40分から下げ幅を拡大し、わずか7分で、前週末比998ドル安まで急落した。午後3時には463ドル安まで急速に下げ幅を縮小するなど乱高下した。

今回の報告書が問題視したのは、シカゴ・マーカンタイル取引所（CME《シーエムイー》）に上場する「S&P《エスアンドピー》500ミニ先物」だ。これは「スタンダード・アンド・プアーズ（S&P）500種株価指数」の先物価格を、小口で売買できる金融商品だ。何らかのきっかけで午後2時30分過ぎから売り注文が殺到した。これに伴う先物指数《フューチャー・インデックス》の急落が、現物株にも波及した可能性があると指摘した。

同じ時間帯に、ニューヨーク証券取引所《ストック・エクスチェインジ》（NYSE）は、株安が顕著だった一部の銘柄で電子取引を中断した。この結果、個別銘柄の取引制限がないナスダック市場などに売り注文が殺到し、株安を加速させたとみている。

さらに、急落の局面で、ナスダック市場などで流動性を供給している値付け業者（マーケット・メーカー）が異変を察知して、市場での売買注文を差し止め、事態を静観した。このために、流動性が一気に枯渇した。投資家の売り注文だけが残ることとなり、下げを助長したとも報告した。

このほか、損失を回避するための投資家の大量の売り注文や、異常な安値での指し値の買い注文の存在（副島隆彦註記。この瞬時の大暴落のさ中《なか》に、今度は瞬時での異常な大量の買い戻しが起きている。これで巨額の利益を出した者たちが、真犯人である。それはシティグループとCME自身である）も急落の要因に挙げた。

今回の初期報告で、誤発注のような単純ミスではなく、個別銘柄から株価指数先物にわたる複合要因が株価の乱高下を招いた可能性が高まったといえる（副島隆彦註記。日頃、まったく株価が動かない洗剤大手のプロクター・アンド・ギャンブル株への一挙の巨額の〝誤発注〟から事件は始まった）。ただ、いずれもまだ「仮説」の域を出ていない。SECなどは調査を継続する方針だ。

調査報告が指摘した株価急落の「6つの仮説」

○「S&P500ミニ先物」が市場全体の下げを主導
○値付け業者《マーケット・メイカー》が売買注文を止めたことで流動性《リクイディティ》が枯渇
○NYSEの個別銘柄の取引中断で、他市場に売り注文が集中
○損失回避の投資家の売り注文が下げを加速
○買い手不在の中、極端な安値の買い注文が約定
○上場投資信託（ETF《イーティーエフ》）の下げも顕著に

（日本経済新聞夕刊、2010年5月19日、傍点と註記は引用者）

こんなおかしな調査報告で、事件の真相はもみ消された。この〝コンピュータの誤作動〟と〝誤発注〟で、瞬時に（ほんの7分間で）株式の大暴落が起きる時代になってし

まったのである。世界の金融バクチ奕《う》ちたちは自ら恐ろしいほどの危険に手を染め始めている。これがやがて彼ら自身の身の破滅へとつながるであろう。

（『新たなる金融危機に向かう世界』P90～96）

私は5年前に、このように書いた。そして8月24日に、NYで5年前とまったく同じような1000ドル暴落が起きたのだ。このことの奇妙な符合、一致を私たちは軽く見ないほうがいい（第1章にウリ二つのグラフを載せた）。この奇妙な現象に注目しているのは、おそらく私だけだろう。さらに、私は次のように書いた。

この「超高速取引」は、「ハイ・フリークエンシー・トレード（HFT《エイチエフティ》）」という。このHFT超高速取引には「フラッシュ・オーダー」というメカニズムが付いている。このフラッシュ・オーダーという仕掛けは、前述したが、「他社の取引の、その中身を0・03秒差で先にのぞいてしまえる仕組み」のことである。これはおそらく違法行為であり、自由市場を害する犯罪である。ただしこれが金融取引法のどの条文に違法するのかは私にも分からない。情報窃盗罪という考えは刑事法にはまだ成立していない。特許法や実用新案権などの無体財産権《むたい》（知財《ちざい》と今は言う）の侵害とは異なる。これがゴールドマンが握っている機械、コンピュータソフトの秘密である。

（前掲書、P142）

さらに、私は前掲書で、ゴールドマン・サックスがロボット・トレーディングで莫大な儲けを出したことについて、そのことを証明する本から、次のように引用した。

（東証《とうしょう》の）斉藤惇《あつし》社長は、「自動売買が増えるだろう。その中には証券会社の自己売買《じこばいばい》もある」と、この証券会社のロボットによる自己売買（アプロプリエタリー・トレイディング）で、ゴールドマン・サックスは爆発的な収益を上げたことに言及しています。その中身はブラック・ボックスでしたが、今年（2009年）春、そのソフトが盗まれたと大騒ぎになったのです。ゴールドマンは四～六月期に、年間換算にすれば五兆二〇〇〇億円に上る異常な収益を叩《たた》きだしました。これは日本（国）の法人税（収入）の半分です。この立役者はロボットによるトレーディング・システムです。ニューヨークはすでに七割までが高頻度《ひんど》取引なのです。

(『すでに世界は恐慌に突入した』P175　2009年、ビジネス社)

私は、このように5年前にNYの株式市場で起きた瞬間の大暴落1000ドルと、その背後にあるHFT《エイチエフティ》を使った謀略《ぼうりやく》(経済犯罪)を今も追いかけ、厳しく見つめ(凝視《ぎようし》)ている。これらのHFTを使ったゴールドマン・サックス社とCME《シーエムイー》とSEC《エスイーシー》(米証券取引委員会)がグルになって行なっている「他人の取引を事前に開けて覗く違法ソフト」の存在が、今も重要である。

これらのHFT取引のおぞましいカラクリを日本人で一番知っていて、早くから警告を発していたのは草野豊己《くさのとよみ》氏(2013年5月2日に逝去)である。私は彼から直接いろいろ聞いた。彼の遺志を私が継いで、ここにある巨大な権力犯罪が、次の世界大恐慌《グレイト・デプレッション》突入の真の原因になることを、ここではっきりと表明しておく。

●「中国が米国債を売ったらしい」

そして、これからは株式の瞬間大暴落よりも、債券バブルの崩壊が一番大きい。債券(国債)市場で瞬間の大暴落が起きる可能性が強まっている。前の章で、現場の第一線のトレーダーである石原勉氏と勝俣弘子氏が話していたとおりだ。今度起きる米国債の激変は、「数分間で40ベーシスポイント（0・4％）」では済まない。きっと「1分間の間に、200ベーシスポイント（2％）の米国債の急落（金利は急騰）」が起きるだろう。米国債市場（長期金利）が一挙に崩壊、取引停止状態に陥るのである。

その原因は、やはり2008年リーマン・ショックの時に、アメリカ政府が2兆ドル（200兆円）を突っ込んで9月15日の1日で、次々に破綻《はたん》（契約停止）したニューヨークの大銀行、大証券たち、そしてAIG《エイアイジー》という世界最大保険会社を救済したからだ。あの時、民間企業の毒が政府に移ったのだ。そして、あれから7年経って、その毒がアメリカ政府の全身に回って蝕《むしば》んでいるのだ。株の次は債券（国債）が崩れる。このことを、私は今のうちにここではっきりと書いておく。それは端的に言うと、実は中国が米国債を売っているのである。これが一番恐ろしい話だ。

8月26日に、私の大好きなビル・グロース（Bill Grossピムコ社にいて〝債券王〟Bond《ボンド》King《キング》と呼ばれた男。今はジャナス・グループ）がツイッターで、「中国が米国債を1000億ドル（12兆円）売ったらしい。ホントか」と呟《つぶや》いた（書いた）。これがワーッと連鎖的に世界中に広がった。

このツイートに、世界がどよめいた

Janus Capital @JanusCapital · 8月26日
While valuations for some biotech companies seem high, we still see considerable growth opportunities. bit.ly/1JtDOrr
2 4

Janus Capital @JanusCapital · 8月26日
Gross: China selling long Treasuries ????
99 41

Janus Capital @JanusCapital · 8月26日
Gross: (2 of 2) Sort of like the "successful" tools other central banks have used for 6 years???

写真／Bloomberg

ビル・グロースとイエレンの一騎打ちである。執念の闘いだ。

日本のファンド・マネージャーたちで、今一人1兆円ぐらいずつ預かって運用している者たちが、ビクビクしている。それから日本の生保や信託銀行など、大銀行の運用責任者たちも、自分たちは1000万円くらいの給料しかもらっていないくせに、客から1兆円預かっている。彼らも中国の米国債売りに非常に神経質になっている。

だから国債市場、債券市場が壊れたら、株式市場どころの騒ぎでは済まないのだ。国債の金利（10年もの、20年もの、30年ものがある。もっと短いのもある）は長期金利だから、政府が管理できない。政策金利（FF《エフエフ》レート。短期金利）とは違うのだ。しかしアメリカ政府も日本政府も、これを一所懸命に管理しようとしている。この金利が急騰（国債は暴落）したら、大変なことだ。

左のグラフは、10年ものの各国の国債の金利である。ギリシャ国債なんかは、もう吹き飛んでしまって、60％（ただし国債CDSスプレッド金利）くらいになって、紙クズのボロクズ債だ。このグラフで書き表わせない。スペインとかイタリアも、無理やり2％まで戻しているように見える。けれども、これが3％、4％に跳ね上がる時がヨーロッパのふたたびの危機である。

主要各国の10年もの国債の利回り
(＝長期金利。直近3年間)

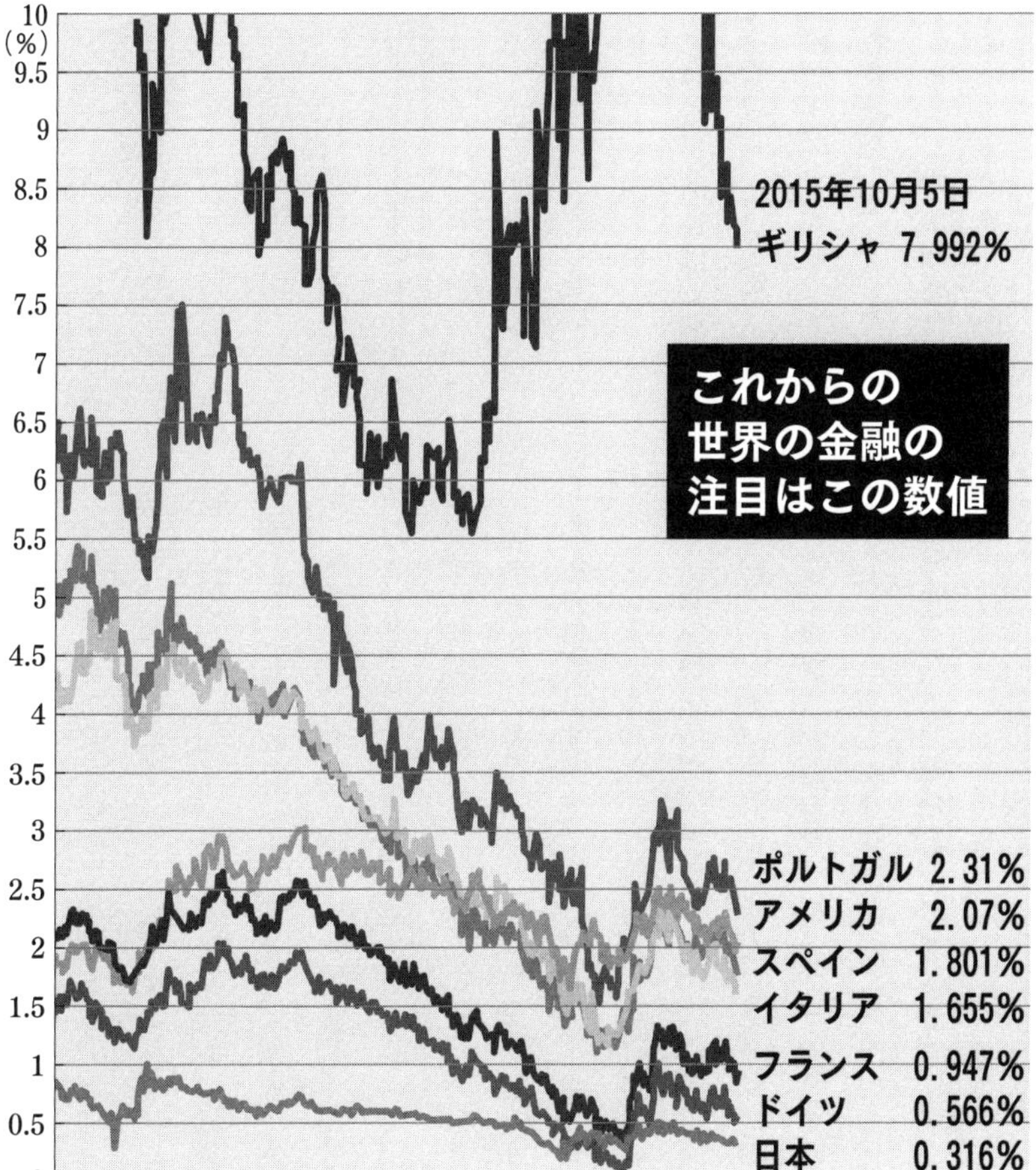

出典：ブルームバーグのデータをもとに副島が作成（2015年10月5日時点）

国債暴落（金利急騰）の危機が迫っている。

ヨーロッパ各国政府は、８９０億ユーロ（12兆円）の救援資金をギリシャに出した。7月16日にヨーロッパ委員会《コミッション》（ＥＵの政府）と、ギリシャのツィプラス政権がこれで合意した。「ツィプラスよ。あとこれだけ（12兆円）くれてやるから、これで我慢せよ。お前と交渉して、これ以上引きずり回されるのは御免だ」とＥＵ政府はウンザリして態度を決めた。だが、ギリシャ危機は、そのうち再々度、起きる。それは、ドイツの大銀行がギリシャ政府と、ギリシャの大手銀行に大金《たいきん》（おそらく2兆ドル＝２４０兆円）を貸し込んでいるからだ。その担保《プレッジ》が、だから今や紙クズのギリシャ国債である。

若くて元気で左翼のツィプラスは、初めの初めから、「私たちギリシャは借金を返す気はない。ギリシャは破産《バンクラプト》したのだ。破産したから借金はすべて消えた。私は、ギリシャの破産管財人《リクイデイター》として、あなたたち（ＥＵ）と交渉している」という態度だ。ツィプラスの主張は一貫している。あとは、ドイツ（ショイブレ財務相）が、いつまで、どこまでズルズルと支援金（救援金。だが融資の利息払いにも回る）を続けられるか、だ。ギリシャが差し出す担保はボロクズのギリシャ国債である。もう紙クズだと分かっていて、それで帳簿上は健全な財政帳簿が双方で、できていることにしている。ギリシャに新たに出した12兆円だって、ヨーロッパ中央銀行（ＥＣＢ《イーシービー》）が発行するユーロ紙幣をジャブジャブに刷って

1552（国際ＥＴＦ ＶＩＸ短期先物指数）の値動き

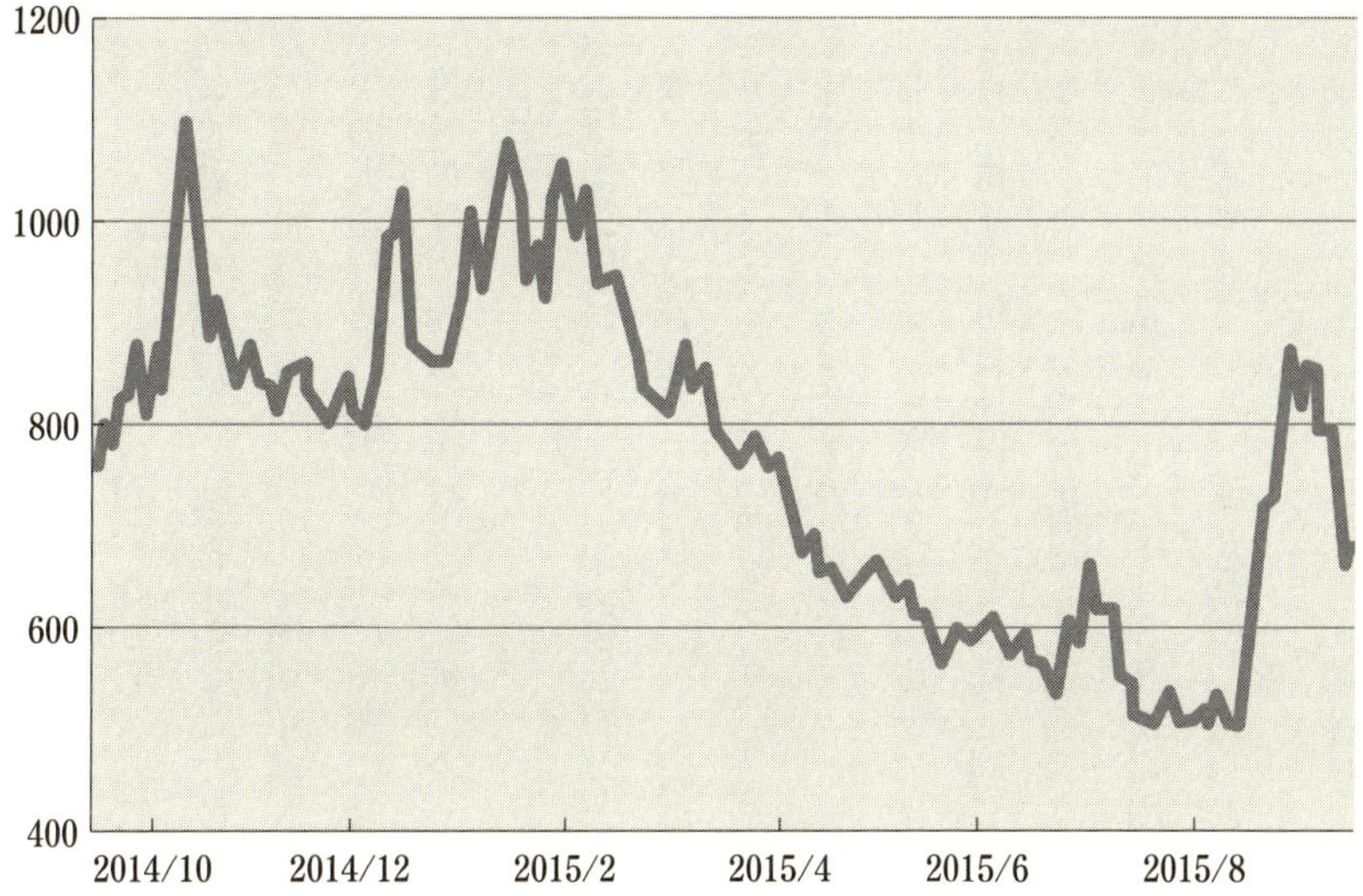

2030（ＶＩＸ短期先物指数 連動受益証券）の値動き

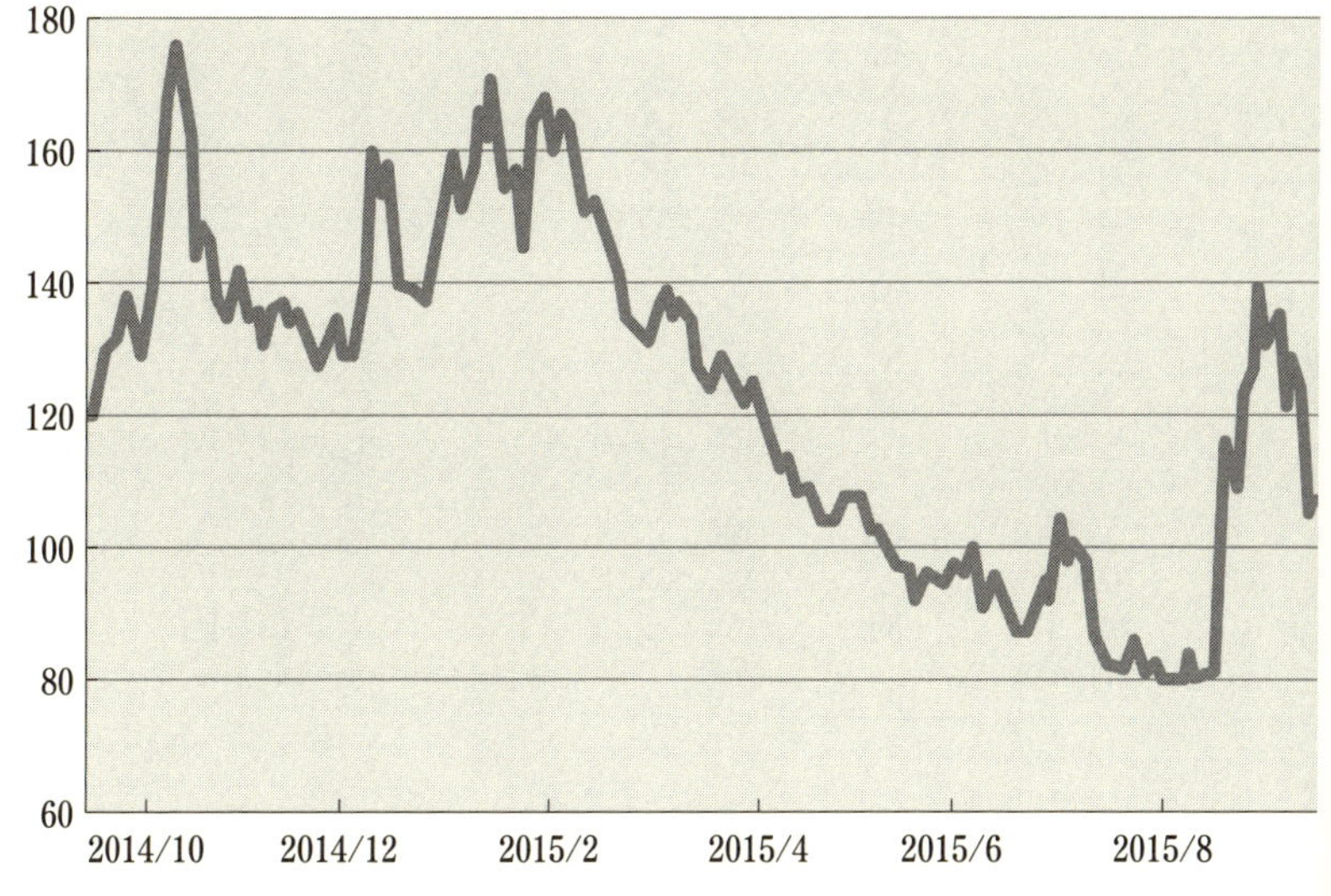

ギリシャに回しただけだ。だから、ここでも非常に危険が迫っている。

ヨーロッパ諸国も一蓮托生《いちれんたくしょう》でここから大爆発が起きる。ヨーロッパは各国ごとの国債だ。統一債券がない。ドイツ国債が崩れない限り大丈夫だと言われている。前述したがドイツの大銀行たちがギリシャに多額に貸し込んでいる。それでも、いずれにしても、ドイツ以外の国の国債はボロクズ状態になっていく。

投資家たちが先行きに不安を感じている証拠

今、個人投資家たちが買っているのは、「ETFのベア関連銘柄」だと言われている。ベア bear というのは「弱気」という意味でクマのことだ。逆に、ブル bull が「強気」の意味で、こちらは牡牛《おうし》のことだ。

ETF《イーティーエフ》（Exchange Traded Fund）は金融取引所に上場している投資信託だ。株と同じように市場で毎日値段がつく。株と同じで証券会社で買う。

その中に、今の下落基調《トレンド》で下落していく株式をまとめて空売りする商品がETFにある。ETFの銘柄コード1552番「国際ETF　VIX《ヴィアイエックス》短期先物指数」というのが日本で上場されている。株が暴落したらハネ上がって儲かる。

それから、銘柄コード2030番が、「VIX短期先物指数連動受益証券」である。こちらはETN《イーティエヌ》（指標《しひょう》連動証券）と言って、ファンドFundではなくてノートNote（証券）である。まったく似たようなもので、ETF市場で取引されていることに変わりはない。この2030は、VIXに連動した商品である（P207のグラフを参照）。

ここに出てくるVIXは「恐怖《きょうふ》指数」とか「投資家心理《しんり》指数」と呼ばれている。「ボラティリティ・インデックス」Volatility Indexを略してVIXである。アメリカのシカゴ・オプション取引所（CBOE《シービーオウイー》）が、先行きの株価の変動率（ボラティリティ）を推定して算出する。投資家たちが株価の先行きに不安を感じると、VIX指数（の数値）は急激にハネ上がる。株で大暴落が起きて、取引停止（市場一時閉鎖）が続くと、アメリカのVIXは、20から80ぐらいにハネ上がる。

この恐怖指数に連動したETFが、日本の個人投資家たちに買われている。1552番は、今700円くらいだ。2030番のほうは、8月に80円だったのが、110円くらいになった。P207のグラフのとおりである。すなわち、投資家たちは株価の先行きに不安を感じていて、ここでも空売《ショート》りをかけているということである。緩和マネーの終わり、金融バブルがはじけてゆく時代の象徴である。しかし、裏の裏をかかれないように注意して投資してください。

5章

貧困に沈む日本

●アメリカの累積債務問題で、ベイナー下院議長は泣いた

アメリカの連邦政府（ワシントンＤＣ《ディーシー》）が抱えている深刻な債務上限《デット・シーリング》（累積《るいせき》の財政赤字を償還できない）問題について書いておく。米財務省のジェイコブ・ルー長官は、いよいよ切羽《せっぱ》詰まって、10月に入って議会に債務上限の引き上げを要請した。アメリカの累積の財政赤字（単年度ではない）は、連邦政府《フェデラル・ガヴァメント》（中央政府）だけで、1年前の2014年末で19・4兆ドル（1ドル＝100円で2000兆円）であった。だから、自然に考えたら今年は20兆ドル（2400兆円）を超えている。〝ジャック〟・ルー財務長官は、国家借金の限度《シーリング》（天井《てんじょう》）を引き上げるように、ふたたび議会に迫った。

11月5日ごろデフォルトの恐れ＝議会は債務上限引き上げを—米財務長官

ルー米財務長官は、10月1日、議会指導部に書簡を送り、「議会が連邦債務の法定上限を引き上げない場合、11月5日ごろには米国債の元利《がんり》払いが滞《とどこお》るデフォルト（債務不履行）に陥る恐れがある」と伝えた。その上で、（上限引き上げに反対している）野党共和党を念頭に、「期限ぎりぎりまで党利党略の瀬戸際戦術を展開すれば、米国の信用を傷つける」と述べ、法定上限を迅速に引き上げるよう要請した。

米国債(国家の借金証書)の発行上限(debt《デット》 ceiling《シーリング》)の推移

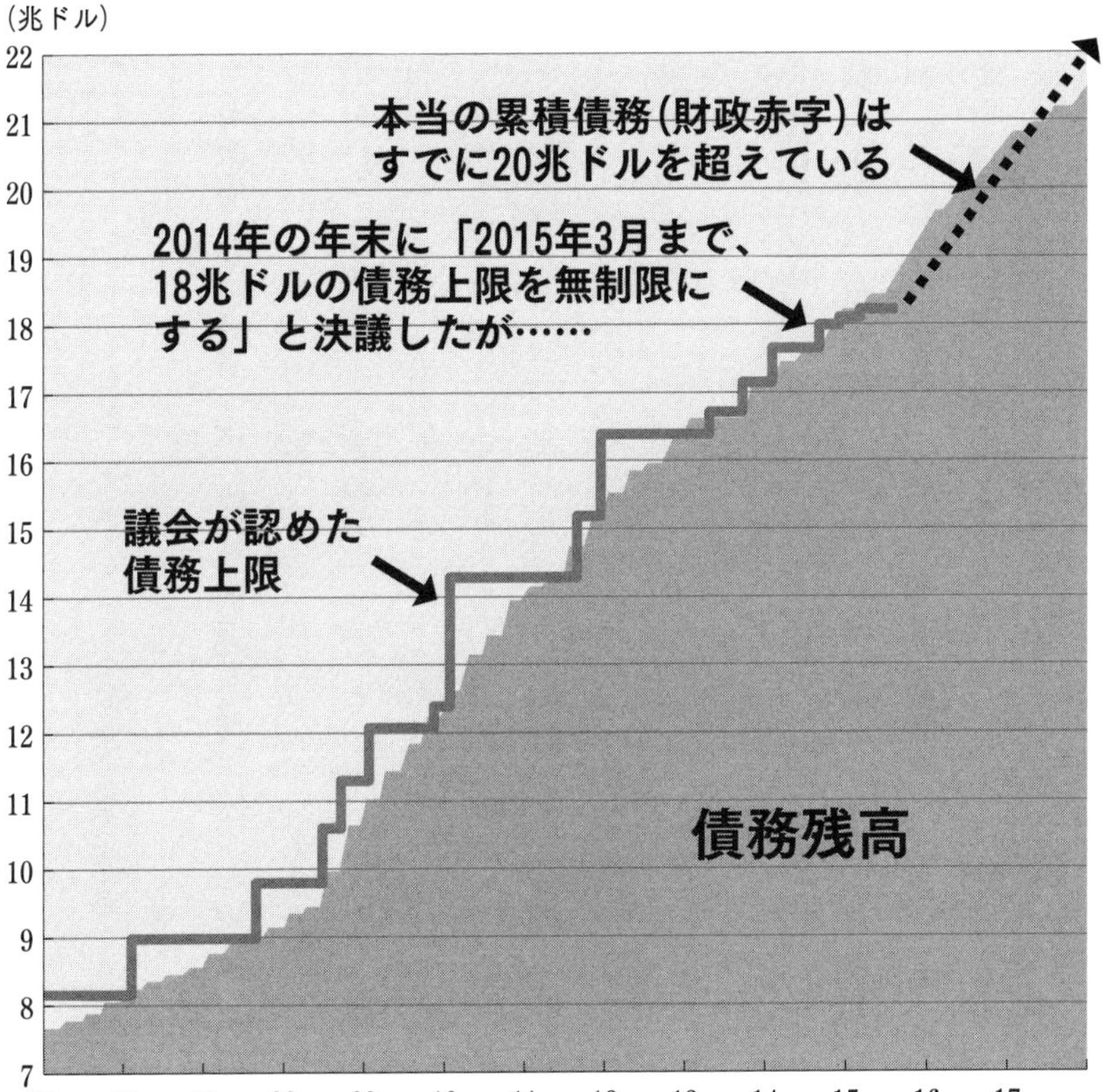

出典：ＦＲＢ Economic Research
ただし債務残高の公表数字は2014年6月まで

米議会は2014年末に、「2015年3月まで債務上限の適用を凍結する」と決めた。これで、国家の法律で決めた政府が抱える借金の制限(上限規制)がなくなった。だから米財務省とＦＲＢは、米国債を今も刷り散らして、今では20兆ドル（2400兆円）突破という巨額の国家借金を抱え込んでいる。それでも議会がまた口を出すしかない。

（時事通信　２０１５年10月2日　注記は引用者）

アメリカ政府（米財務省）は、深刻な財政危機に陥っている。この事実を無視、軽視して「アメリカは、やっぱり強い」などと思い込んでいる者たちはアホである。

9月24日に、米議会（上下両院合同会議）でフランシスコ・ローマ法王が演説した際に、ジョン・ベイナー下院議長（カトリック教徒。法王と面会したあとだった）が急に泣き出した。何度もハンカチで涙を拭いていた。そして次の日、急に「私は9月いっぱいで辞任する」と言って、また泣き出した。ヒドい財政赤字＝債務上限問題で、悩み苦しんでのことだった。この泣いているベイナー下院議長の映像がテレビに映ってしまった。これが今のアメリカである。

●また〝黒田バズーカ〟80兆円が炸裂《さくれつ》する

私が強く予測し、前の本でも書いてきたとおり、ジャネット・イエレンFRB議長は、政策金利（FFレート）を上げることができなかった。現在0・25％という〝ゼロ金利〟になっている。債券市場の取引手数料を考えたら、すでにマイナス金利状態だ。

イエレン議長が利上げを見送った、ということは、ただ単に「世界経済の先行きが不透明であるから」などというものではない。中国のせいにして済むものではない。もしここで政策金利を引き上げる決定をすると、アメリカ社会のさまざまな金利が上がりだす。アメリカ人たちは、クレジットカードとカードローンで生活している者が多い。預金などほとんどしていない。クレジットカードの金利が即座に引き上がる。今は年率4%ぐらいの安い金利のお金を借りて暮らしている。これが5%、6%になる。アメリカの景気に打撃を与える。

米国債（長期金利）は、今のところずっと2・3%で安定してきた。これに影響を与えないようにしながら、そーっと政策金利（短期金利）のほうを0・5%に上げたがっている。「長短《ちょうたん》金利がひっくり返っている」今の状態はマズいのだ。短期金利は長期金利よりも高くなくてはいけないのだ。

イエレンたちは、今のデフレ状態を、何とか無理やり人工的にインフレ経済（好景気、成長経済）に戻したい。「そんなことを自分たちはできるのだ。権力者だから、それだけの力があるのだ」と信じ込んでやってきた。今は0・25%という、ほとんどタダの資金が、銀行間取引ではものすごい量で〝死に金〟となって蠢《うごめ》いている。この異常な状態から早く脱出したい。だから「アメリカの景気は回復しつつある」というコトバを標語《スローガン》にして、「回復しつつあるのだから、だから金利を上げることで金融引き締めに政策転換できる（はずだ）」と考えている。本末転倒《ほんまつてんとう》である。

現実は、アメリカも日本もヨーロッパもデフレ経済（不況）のままだ。鉱工業原料（鉱物資源。石油を含む）は値下がりしているし、労働者（サラリーマン階級）の実質賃金はさらに値下がりを続けている。日本のあらゆる業界で、正社員に対する給料の1割、2割引き下げ（賃金カット）が、当たり前のようにそこらじゅうで実行されている。ひどい世の中になりつつある。

イエレン議長が利上げできないことは、はっきりしていたので、打撃が起きないようにと、日銀の黒田東彦総裁はこれを援護射撃するべく、9月14日に「日本は第三次の金融緩和をする予定がある」とぶち上げた。おそらく来年（２０１６年）に向けて80兆円をさらに日銀が刷りまくって、景気対策にする。この資金で半分は日本国債を買う。残り半分は日銀ＥＴＦ《イーティーエフ》での日経平均の吊り上げ資金にする。

P165で前述したとおり、２０１５年末で、日銀の資産《アセット》残高は３５０兆円に膨《ふく》れ上がる。前述したとおりその金《かね》は、日銀の当座預金勘定に３００兆円となって積み上がる。これをさらに430兆円に向かって、2017年の春までに実現するという宣言をしたに等しい。日銀の政策決定会合での正式発表は10月末らしい。だが、「第三次黒田バズーカの80兆円」は、すでに既定事実として金融業界では進行している。

ヨーロッパ中央銀行（ECB《イーシービー》）のマリオ・ドラギ総裁の名前はほとんど出なくなった。ヨーロッパだってアメリカや日本に劣らずユーロのジャブジャブ増刷をやっている。EU28カ国のうちのユーロ通貨圏《ゾーン》19カ国の一つの国でも、その国の大銀行の一つが破綻しそうになったら、ユーロの札束を積んだ現金輸送車が、ECB（本部はフランクフルト）から大型トラック部隊で駆けつけて、「お金はいくらでもあります。預金を引き出したい人にはすべてに応じることができます。信用不安は起きていません。安心してください」という体裁《ていさい》をとることが決まっている。

●もう「QE4《キューイー》」は許されない

レイ・ダリオ Ray Dalio という世界一のヘッジファンド「ブリッジウォーター」を運用している男がいる。客から集めた運用資産は120兆円（1兆ドル）と言われている。ジョージ・ソロスやジョン・ポールソンら国際投機筋と呼ばれる連中は、だいたいこの半分の5000億ドル（60兆円）ぐらいだ。そのうち自分の個人資産が、1割の500億ドル（6兆円）ぐらいだ。この人物は一応、尊敬されている。

このレイ・ダリオが、「アメリカ政府は『QE《キューイー》4』をやるべきだ」と言い出した。これはイエレンに向かって嫌味を言っているわけではない。彼らヘッジファンドたちにしてみれば、できるだけ安くで資金が取れることが何よりだ。それで、これまでどおり金融バクチを世界規模で行なうことができる。彼ら世界的バクチ奕《う》ちたちにとっては、いつまでもしまりのない、ユルユルのだらしないバクチ・マネーが世界中を駆け巡《めぐ》ることが大事なのだ。

「QE4《キューイーイーフォー》」というコトバは、アメリカ人にとっては、とても許されるコトバではない。漫才を通り越して、異次元空間への脱出のような感じである。QE1、QE2は、まだ「クイーン・エリザベス1世号」と「2世号」という豪華客船も意味していて、現実味があった。「QE3」までなら、何とか「これから建造するだろう」ぐらいに考えることができた。しかし、実際にはエリザベス3世というイギリス女王はいないわけだから、さらにこれがエリザベス4世という話になると、「いつの時代のことですか。未来の世界のことですか」ということになる。人間がやっていいことの限度を超えると感じる。

だから、もしこのあと、さらにアメリカの景気が悪化して、QE4をやらなければいけないという事態になったら、イエレン議長の首が飛ぶだけでは済まない。バーナンキ前議長が、2013年6月19日に「QE3を縮小する」と宣言したとたん、日本とヨーロッパで株がガラッと崩れた。この日、日経平均が843円下げた（1万2415円の安値）。バーナンキはこの時から信用をなくした。FRBの理事会の中でも発言力が低下した。

バーナンキにしてみれば、「自分が始めたQ《キュー》（金融緩和）の1回、2回、3回目の刈り取りを自分でやる」と固く決めていた。そして花道を飾って、FRB議長の職からの引退（2006年から2014年まで）を拍手で見送られることを狙っていた。ところが、バーナンキはブーイングの嵐の中で、惨《みじ》めに辞任していった。この時までバーナンキに副議長として慇懃《いんぎん》に仕《つか》えていたイエレンは、自分の就任式の日に、横にいたバーナンキを「あなたなんか消えてしまいなさい」という表情で冷たくあしらった。

そして、イエレンが責任者として苦悩する番が始まった。イエレンは9月24日に、マサチューセッツ州立大学で講演をした。この時イエレンは、途中で激しく咳《せ》き込み、講演を打ち切って、よろけながら周りに支えられて退場するという姿を晒《さら》した。

どうしてもアメリカ政府は資金が不足する。本当の本当は、ジェイコブ・ルー財務長官のほうに、これからは苦しみがかかっていく。ＦＲＢが行なった金融政策《マネタリー・ポリシー》は、すでに大失敗で万策尽き果てたのだ。あとは米財務省が何とかするしかない。アメリカの連邦政府の債務上限20兆ドル（２４００兆円。Ｐ213のグラフ）突破は、前述したとおり既定の事実である。

野党の共和党は、もう自分たちが、これ以上「お前たちは財政テロリストだ。債務上限にこだわる国家破壊主義者だ」とまで呼ばれるのが嫌だから、米議会で争うことをしなくなった。それでも静かに反対だけはし続ける。ということは、アメリカ財政の巨額の累積赤字問題は、米議会を押さえつけたうえで、財務省内で闇から闇へ処理するというかたちになった。

勘定奉行たちにしてみれば、どこからかお金を持ってきて、日々の政府出費の埋め合わせをしなければいけない。米軍人たちの給与の払いだけは、議会決議の枠の外に置いてある。だが他の国家公務員（連邦職員）の給与の支払いは、資金不足で止まってしまう。バジェット・アクチュアリ budget actuaries と呼ばれる「予算計算員」たち1万人が、議会予算局ＣＢＯ《シービーオウ》の下にいる。しかし彼らの、実務での辻褄《つじつま》合わせの計算能力を超えてしまう。この問題がどうしても表面化してしまう。

私は前著『「熱狂なき株高」で踊らされる日本』の第5章で、**「A＝Bだ。だからB＝Aも成り立つ」ということはない、**ということの証明として論じた。

A（経済の成長がある）＝B（だから、好景気になる）。そこで金利を上げることで＝金融を引き締める。ところがA＝Bなのだから「逆も成り立つはずだ」で、**B（無理やりでも金利を上げれば）＝A（実体経済が立ち直る）になる、**と考えた。これが今のアメリカ経済学者たちの大多数の頭の中身である。

彼らは若いころにケインズ経済学を勉強して、後に一人ずつノーベル経済学賞をもらった連中だ。しかし、彼らはケインズを裏切ってシカゴ学派（マネタリズム。お金の量だけで景気を管理する）についた者たちだ。そして彼らは、「A＝B。だからB＝Aも成り立つ」以上の理論を、この40年間でつくることができなかった。そして「ケインズの政策はダメだ。すべて失敗した」と、腐《くさ》すことだけをやってきた。

この「A＝B。だからB＝Aも成り立つ」の理論は、「ラッショナル・エクスペクテイション・ハイポセシス（合理的予測仮説）」と言う。ロバート・ルーカス（1995年、ノーベル経済学賞）という学者が頭目である。まだ生きている。この合理的予測派の日本における忠実な弟子が、私がP91他で説明した伊藤隆敏である。彼がインフレ・ターゲティング理論（＝インフレ目標値政策）の唱導者でもある。この者たちの大敗北の日がひたひたと迫っている。

彼らは自分たちの経済理論や経済政策の大失敗をまだ認めようとしない。私は前著でも書いたが、伊藤隆敏は「人為的に政策の力で経済成長をつくることができる。株式市場の価格を吊り上げることで経済が成長する」と本気で考えている。P112で彼の最近の発言も載せておいた。

●先進諸国の余剰品が新興諸国を強くする

先進国においては、金利の長期的低迷は必然である。高度成長経済が続いたあとに、同じことをそのままずっとやっていたら、100年も経つと利益率がどんどん低減して（「利潤率逓減《ていげん》の法則」と言う）、ほとんど利益が出なくなってしまう。どんなにおいしい料理でも、それを毎日食べ続けたら、そのうちどんどんマズく感じるのと同じことだ。利益率や限界効率《げんかいこうりつ》（マージナル・イフィーシエンシー）は、放っておけば下落してゆくものなのだ。

100億円投入して、1年後に102億円（利潤率＝利益率2％）にしかならないような業界が、今の日本にはごろごろしている。従来どおりの商売をずっとやっていたら、いつの間にか食べられなくなっている現実を表わしている。だから従業員の賃金カットになるのである。この「利潤率逓減の法則」（law《ラー》 of《オブ》 the《ザ》 tendency《テンデンシー》 of《オブ》 rate《レイト》 of《オブ》 profit《プロフィット》 to《トゥ》 fall《フォール》）が、万力《まんりき》のように先進国を締め上げる。

　これに比べたら、貧乏国から這《は》い上がってきた新興諸国のほうが救いがある。彼らは資本主義的ビジネスを始めたばかりだから元気だ。先進諸国から過剰生産で有《あ》り余《あま》った工業製品が溢《あふ》れ出し、空から降ってくるようだ。中古の製品や型落ち商品が、いくらでもほとんどタダで手に入るのである。これで新興諸国はまだまだ6～7％の成長経済を続けることができる。だからBRICS《ブリックス》（ブラジル、ロシア、インド、中国、南アフリカ）をはじめとする新興諸国、途上国のほうが強い。

　これにひきかえ、先進諸国は、無理やり「期待（目標）インフレ率」という「物価上昇率が2％にまで上がればいい」などという奇妙奇天烈な政策を行なっている。物価が上がったほうがいい、インフレになったほうがいい、という政策を公然と先進諸国の政府たちはやっている。そして現に野菜や魚や穀物などの、本当に国民生活に必要な消費者物価は、じわじわと上がってインフレを起こしている。そして賃金（給料）はますます減らされている。経済全体は激しいデフレのままである。

この動きは、この先もまだ続く。「戦争で不景気（デフレ）を吹き飛ばすしかない」という恐ろしい本音《ほんね》が、そろそろ先進諸国の指導者、支配者たちから出てきている。

なぜ誰も「日本は貧乏になっている」と言わないのか

日本は、どんどん貧乏な国になっている。普通の国民までが貧困化しつつある。多くの中小企業経営者が、廃業（＝清算）、破綻、破産しつつある。大きな負債＝借金を抱えた者たちは夜逃げするしかない。日本の目下《もつか》のビンボー国への転落は、目も当てられないぐらいヒドいものである。

「日本はますます貧乏になっている」と誰も書かない。日本のメディア（テレビ、新聞）は政府に統制されていて、国民を洗脳するための道具に堕《お》ちている。だから、真実の報道や政府批判をしなくなった。国民がジリ貧状態に追い詰められているのに、この現状をみんなに気づかせないようにしている。だからこの厳しい現実を、みんなで正直に語り合おうとしない。誰もが「自分は貧乏ではない」と見栄を張っている。互いにみっともない襤《ぼ》褸《ろ》を隠し合って、必死に取り繕《つくろ》っている。貧乏であることで恥を掻《か》きたくないのだ。自分

日本の景気の波

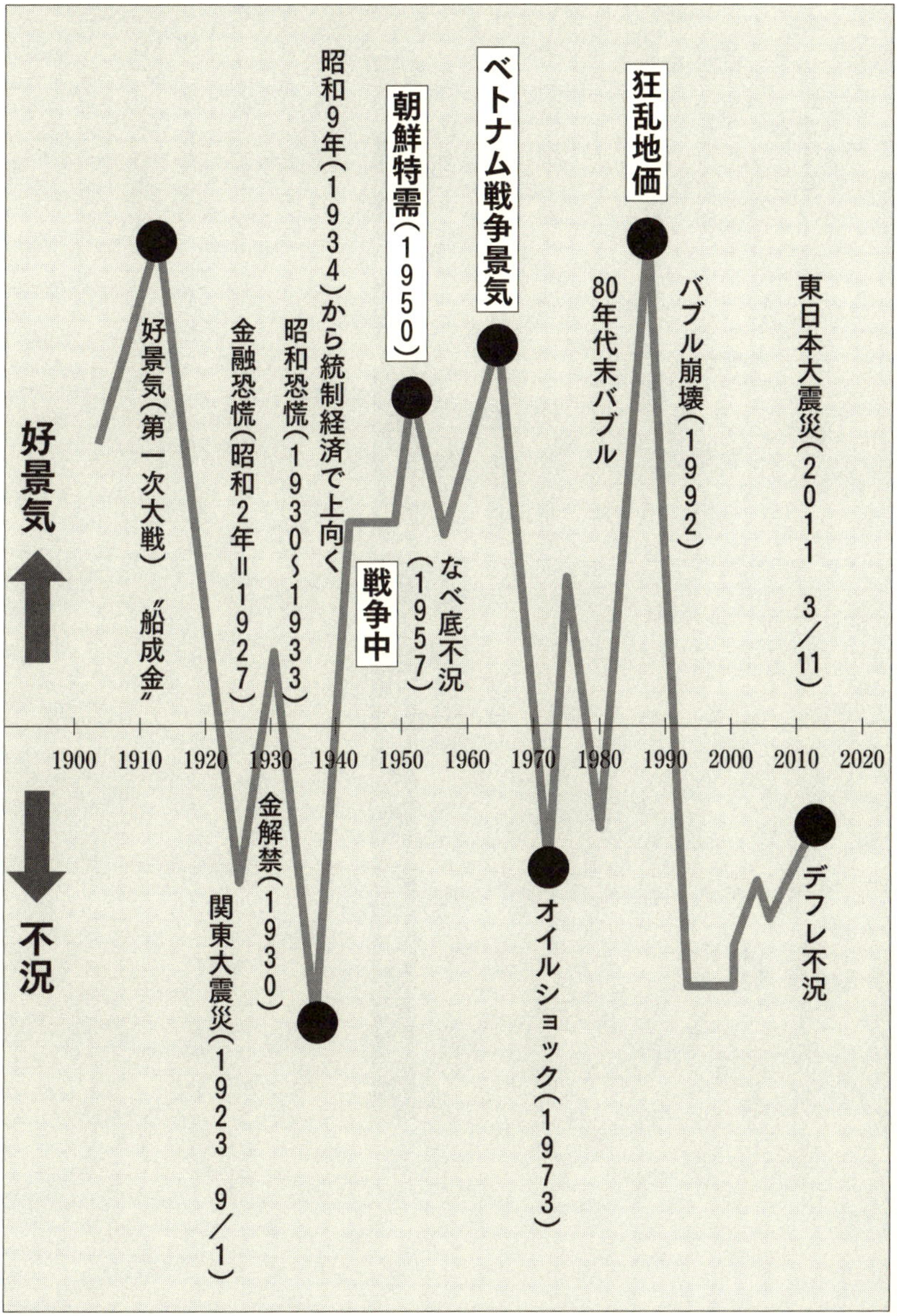

好景気
不況
好景気（第一次大戦）
〝船成金〟
関東大震災（1923 9／1）
金融恐慌（昭和2年＝1927）
金解禁（1930）
昭和恐慌（1930〜1933）
昭和9年（1934）から統制経済で上向く
戦争中
朝鮮特需（1950）
なべ底不況（1957）
ベトナム戦争景気
オイルショック（1973）
80年代末バブル
狂乱地価
バブル崩壊（1992）
東日本大震災（2011 3／11）
デフレ不況
1900
1910
1920
1930
1940
1950
1960
1970
1980
1990
2000
2010
2020

がどれぐらい貧乏になってしまっているかを、互いに言い合えば、大きな真実が見えてくるのだ。それをすべきなのだ。

今の日本人は、「下流老人」、「老人破産」、「貧困女子」とかのコトバでお茶を濁している。他人のことだと思っている。東京の江東区、荒川区、北区などの最下層の人たちの困窮ぶりが表面化してきた。以下に新聞記事を載せる。

若年層で世帯年収300万円未満ほぼ倍増　若い世代の苦しい生活実態が浮き彫りに

財務省は7月31日の政府税制調査会（首相の諮問機関）に、「年齢層ごとの世帯年収が1994年から2009年にどう変化したのか」を分析した結果を提示した。若年層（30歳未満）で、世帯年収が300万円未満の割合は、9・8％（94年）から18・7％（09年）へとほぼ倍増し、若い世代の苦しい生活実態が浮き彫りになった。（略）

総務省の全国消費実態調査を基に、2人以上の世帯について、若年層、壮年層（30～59歳）、高齢者層（夫65歳以上、妻60歳以上）の3区分で変化を調べた。若年層は、年収300万～400万円の世帯が占める割合が、20・5％から26・7％へと増加し、半数近くの世帯が400万円以下となった。500万円以上の世帯割合は、41・1％から32・2％に低下している。

（読売新聞　2015年7月31日）

このように、日本国民の貧困化が進んでいる。私たちは皆、貧乏になっているのだ。富裕層、金持ち層と呼ばれる人々でも、いや彼らこそ年収が半分とかに激減して苦しんでいるはずなのだ。

私、副島隆彦は、日本に全部で3000種ぐらいあるであろう職業、業種、産業のうちの、出版業界（本をつくって書店で売るという仕事）に属する。この出版業界が、本当に追い詰められてヒドいことになっている。私はここに所属する。私はつぶさにこの事実を、自分の目と耳と体で知っている。だから自分のこととして深刻に悩み苦しんでいる。ということは、他の3000種の職業の人々も、本当に、それぞれの業界、職種の存亡《そんぼう》の危機に立たされているだろう、と自分の肌身で分かる。

日本は急激に、とんでもない国になりつつある。ところが安倍晋三政権は、合法を装って（議会制度、選挙制度を操作して）権力の座にある者たちだから、国民の苦しみを無視する。自分たちは権力者だから、自分たちにまで悲劇が来るのは一番あとだ、と思い込んでいる。そのうち、彼らを天罰が襲うだろう。日本が窮乏化しつつあることの責任を、まず政府が感じなければいけないのに、彼らは居直っている。四半期で2期連続のマイナス成長であることがはっきりしてきた。

7~9月「マイナス成長」予測増加　下方修正相次ぐ

政府の景気回復シナリオに暗雲が垂れ込めている。7~9月期の鉱工業生産指数は2期連続のマイナスとなるのが確実だ。同期間の国内総生産（ＧＤＰ）伸び率もマイナスになるとの見方がエコノミストの間で増えてきた。

4~6月期の実質GDP伸び率は前期比年率1・2%減だった。輸出、設備投資が悪化し、個人消費も悪かった。

7~9月期は好調な企業収益や賃金の増加を背景に、指標が持ち直すとの見方が大勢だった。9月7日に日本経済研究センターが発表した民間調査機関のＧＤＰの予測平均値は1・67%増だった。ところが、ＧＤＰの構成項目である輸出や設備投資に関連が深い鉱工業生産が大幅に低下したことで、成長率予測の下方修正が相次いでいる。バークレイズ証券は1%予想を30日付で0%にした。ＢＮＰパリバ証券の河野龍太郎チーフエコノミスト

昭和の円の歴史

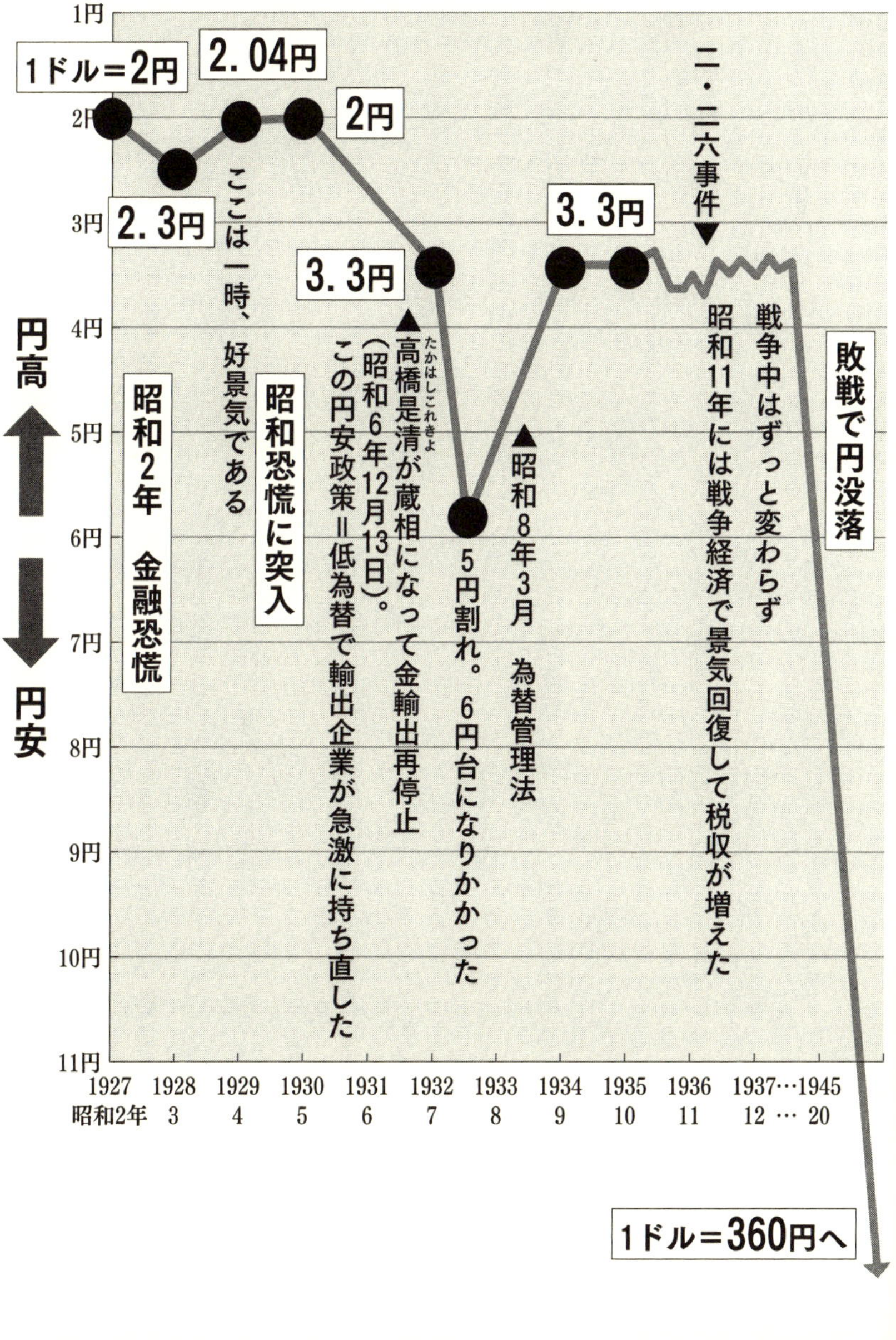

1円
2円
3円
4円
5円
6円
7円
8円
9円
10円
11円
円高
円安
1ドル＝2円
2.04円
2円
2.3円
3.3円
3.3円
ここは一時、好景気である
昭和2年　金融恐慌
昭和恐慌に突入
▲高橋是清《たかはしこれきよ》が蔵相になって金輸出再停止（昭和6年12月13日）。この円安政策＝低為替で輸出企業が急激に持ち直した
5円割れ。6円台になりかかった
▲昭和8年3月　為替管理法
3.3円
二・二六事件▼
昭和11年には戦争経済で景気回復して税収が増えた
戦争中はずっと変わらず
敗戦で円没落
1ドル＝360円へ
1927 1928 1929 1930 1931 1932 1933 1934 1935 1936 1937…1945
昭和2年 3 4 5 6 7 8 9 10 11 12 … 20

は「0％台のマイナス成長になる可能性がかなり高まった」と話す。

2期連続のマイナス成長となれば、「景気は足踏み状態にあり、7～9月に成長軌道に戻る」という**政府のシナリオは崩れ、景気後退局面入り**の可能性すら浮上してくる。

（日本経済新聞　2015年10月1日　太字は引用者）


このようにマイナス（negative《ネガティブ》）1・2％（年率換算）ぐらいの景気悪化が、はっきりしてきた。だが安倍政権の責任追及をする者が誰もいない。おかしな国になったものだ。

●金《きん》の値決めで手を組んだイギリスと中国

私は今年の4月にイラン、アブダビ、ドバイに調査旅行をした。中東の現地をこの目で見て分かったことは、ペルシャ湾岸一帯はイランを含めてイギリスが後ろから応援している地帯であって、アメリカ人は入れないということであった。

19世紀の大英帝国以来のイギリス資本が、湾岸諸国にどんどん戻ってきている。7月14日に「イランの核抜き交渉」の最終合意が成立して、すぐにイギリスが一番乗りで大使館を再開した。イギリスは、ドイツに負けまいとして中国とも組んだ。3月12日である。イ

イラン、アブダビ、ドバイの様子

テヘランの中心部にある「グランド・バザール」。いつも地元の買い物客でごった返している。女性たちは黒い民族衣装（チャドル）で肌を露出しないようにしている。

アブダビにあるシェイク・ザイード・モスク。参拝者を４万人収容できる大きさだ。

私は今年の４月にイラン（テヘラン）とアブダビ、ドバイに調査に出かけた。イラクやシリアでの戦争の影はあるが、国民の生活は安定していた。ドバイに欧米の金持ちが資金を逃がしている。

ギリスの態度変更に、AIIB《エイアイアイビー》（アジアインフラ投資銀行）に世界57カ国がなだれを打つように参加した。これがBRICS《ブリックス》銀行と合わせて「新しい世界銀行」（ニュー・ワールドバンク）になる構えを見せている。

イギリスと中国は、世界的な金《きん》の値段の決定場面でも手を組んだ。

ロンドン金価格入札、中国の銀行が初参加

ロンドン貴金属市場協会（LBMA《エルビーエムエイ》 London Bullion Market Association《ロンドンブリオンマーケットアソシエイション》）は6月16日、中国銀行が同国の銀行として初めて金《きん》価格を決定する電子入札に加わったことを明らかにした。LBMA金価格（旧ロンドン金値決め価格）の決定の基準となる入札（building《ビルディング》）には、中国銀行のほかスイスのUBS《ユービーエス》（スイス銀行）、米ゴールドマン・サックスとJPモルガン・チェース、カナダのノバスコシア銀行、英バークレイズ銀行とHSBC（香港上海銀行）、フランスのソシエテ・ジェネラルの計8行が参加している。

中国銀行の英国担当ゼネラルマネジャーのユー・サン氏は「中国は世界最大の金の産出・消費国である。にもかかわらず、国際金相場の決定に（これまで）大きな役割を果たしたことがなかった。（中略）入札への中国銀行の直接参加は、中国市場と海外市場の関係を強化することになるだろう」と述べた。
（ウォールストリート・ジャーナル　2015年6月16日　注記は引用者）

このようにして金《きん》の価格を決める権限（権力）を、イギリスが中国と組むことで、アメリカ（NYの鉱物資源先物市場、NYMEX《ナイメックス》）から奪還する動きが起きた。ということは、あと2年ぐらいで、今のようなアメリカの官民《かんみん》による〝金殺し《きんごろし》〟（金を売り崩して金の価格を暴落させる）の違法操作ができなくなる、ということだ。

●いよいよ金融抑圧（ファイナンシャル・サプレッション）が始まった

「バロンズ」という、アメリカの個人投資家たちに定評のある金融情報誌がある。「バロンズ」誌の、この記事が重要である。中国政府による人民元の切り下げの断行（8月11日）が、アメリカ政府（財務省とFRB）を相当ビクつかせたという。

アメリカ政府が「金利を上げる」と市場煽動《せんどう》してきたのは、ここまで書いてきたように、本当は米国債市場を自分たちでコントロールしたいからだ。これが本音である。ところが、中国が米国債をNY市場で売りに出し始めている。このことと人民元の切り下げは連動している、とアメリカも分かっている。それでビクついているのだ。

　アメリカ政府による金融抑圧（ファイナンシャル・サプレッション）が行なわれている。誰にも国債を売らせない、という監視と命令、すなわち金優等生の実施が以下の記事に公然と出ている。

人民元切り下げ、米国債の損失リスクに

　中国が、人民元の切り下げを発表した先週（8月11日）、新興国市場や米国の多国籍企業に衝撃が走った。（中略）アシュモア（イギリスの投資運用会社）のジャン・デーン氏は8月17日付のリポートで、「中国は実際のところ通貨戦争《カレンシー・ウオー》を展開しているわけではなく、むしろ世界の準備通貨《リザーブ・マネー》の地位を得るといった壮大な戦略の一環として人民元を切り下げたのだ」と主張している。

　事実、米国などのいわゆる無リスク債に、現在はリスクが高まっている。デーン氏は、「為替レートを一段と柔軟化することで、中国にとって必要な外貨準備額《フォーリン・リザーブ》は今後減少する」とした上で、「国際通貨基金（ＩＭＦ）の特別引き出し権（ＳＤＲ《エスディーアール》）の構成通貨に元《げん》が採用されれば、中国の外貨準備における米国債はさらに減るだろう」と指摘している。

当然ながら、中国が米国債の（これまでの）購入ペースを落とすことで、米連邦準備制度理事会（ＦＲＢ）が量的緩和《クオンティティティヴ・イージング》で買い入れた債券（中古の国債）の償還《リデンプション》金の再投資を打ち切らざるを得なくなれば、（市場に出回る）流通債券の規模が一気に急増する。デーン氏は、スタンダード・チャータード銀行による見積もりを引用して、「総発行残高に占める流通債券（中古の国債、既発債《きはっさい》）の割合は、現在の56・3％から２０２０年には82・3％にまで拡大する」としている。

そうなると、いったい誰がそれを買うのか、という疑問が生じる。デーン氏は、「米国債市場で今後、以下のような状況が繰り広げられる」と予想している。

「米国債は30年に及ぶ上昇相場が続いた。このことの終わりで、利回りが過去最低に近い。これを踏まえると、大幅な資本損失（キャピタル・ロス）が今後生じる、とみるのが合理的だ。一方で、他の要因が支援材料になることも考えられる。景気が上向いた場合でも、ＦＲＢが償還金の米国債への再投資を打ち切らない（で、市場から吸収する）とことも考えられる。ところがもしそうなれば、今度はインフレにつながるだろう。

もう一つの可能性としては、政府による**金融抑圧（金融統制）が今後数年で大幅に強まり、既存の機関投資家《インシティテユーショナル・インベスターズ》は保有する長期国債を売らないよう、それどころか買い**

増すよう促されることさえある。金融抑圧が行なわれた場合、インフレが次第に回復するにもかかわらず、長期の名目債利回りを抑制するから、実質利回りが引き下げられることになる。これは、ドルの（信用の）悪材料になるだろう。つまり、中国がより柔軟な（市場連動する）為替レートを採用したことで、米国債で（中国に）損失が生じる可能性が高まる。その主な原因は実質利回り上昇でなく為替効果ということになる。だからこそ中国は現在のドル高局面をうまく利用し、人民元の柔軟化に踏み切ったのだ。今この時期にそうすることで、中国はバブルの水準での為替取引とつながりを断ち切った。と同時に、IMFが求めてきた一定の基準を満たしたことで元を次なる世界準備通貨《ワールド・キー・カレンシー》にする目標に向かっているのだ。4大準備通貨を提供してきた英国、日本、ユーロ圏、米国が（過度の）量的緩和を進めてきたことで、これら既存の準備通貨が減価《デプリシエイション》（価値の下落）す（ることがはっきりす）れば、世界は人民元を求めることになるだろう」

（バロンズ／ウォールストリート・ジャーナル
2015年8月18日　太字と注記は引用者）

このように、中国は、米・欧・日の先進3地域《リージョン》が緩和マネー（ジャブジャブ・マネー）

をやり過ぎていて、それが世界にバレないように為替のところで協調する密約があることを見抜いている。だから突如の「人民元の切り下げ」の手に出たのだ、とこの記事は鋭く分析している。しかも中国の行動は、ＩＭＦのガイドラインに沿ったものであった。中国は、先進3地域の密約（共同謀議）に加担していないから、だから8月11日の衝撃が世界中で「連鎖する株の暴落」を引き起こしたのだ。

●ユーラシアの時代と有効需要

これからは、実体経済（ジョン・ヒックスが唱えた財《グッズ》の市場のこと）における有効需要《ゆうこうじゆよう》をつくることが大事だ。これが、人類が生き延びる唯一の道だ。それさえできれば大きな戦争をしなくて済む。

「有効需要（effective《イフエクティブ》 demand《デマンド》）をつくり出せ。それで目下の大恐慌《グレイト・デプレッション》を乗り越えることができる」と唱えた（『雇用、利子および貨幣の一般理論』１９３６年刊）のは、偉大なる経済学者、ジョン・メイナード・ケインズ卿《ロード》である。今でもケインズの、この「有効需要を創造せよ」の理論だけが、人類を導く政策思想だ。他にはない。これに失敗したら戦争《ウォーフエア》しか、私たちの前方にはない。

だから、ユーラシア大陸（ヨーロッパとアジア）のど真ん中に人口100万人の都市を1000個つくり、新しい雇用を生み出すべきだ。中国だけでない、ユーラシア全体の職のない若者たちに職を与えなければいけない。中東諸国もインドもロシアもここに含まれる。新疆《しんきょう》ウイグル自治区の中心都市はウルムチである。この広大なタクラマカン砂漠（タリム盆地）の新疆ウイグルを中心に、中央アジアのほうに向かって100万人都市を1000個つくる。合計で人口10億人である。南に行けばチベット、インドで、西へ行けばカザフスタン、中央アジア、そしてロシアである。このあたりに真水をつくって大量に供給できさえすれば広大な農業地帯に変えることができる。

だから、ここで日本の汚水処理技術と、海水から真水をつくる技術がものすごく大事なのだ。フランスのスエズ・エンバイロメント社や、ヴィヴェンディ社なども、ここまでは開発していない。海水の真水化プラントは日本のトップ技術である。東レが最も優れている。それに日立やクボタが追随する。

あとは世界中のあちこちの広大な砂漠《デザート》に、保水ができる紙おむつのようなものを地下1メートルか2メートルの深さで敷き詰めればよい。砂漠でも雨が降ることは降る。だからそれらを保水さえできれば、森林をつくることができる。森林がつくれれば、農業もできる。高湿地帯で地表の温度が45度あっても、人は生きてゆける。巨大な100万人都市を1000個、ユーラシア大陸につくることができる。水さえあれば、都市ができる。

このことを、私は中東に行って、まざまざと目撃して確認した。アブダビとドバイでは、日本の各社の海水真水化プラントによって、観光客を合わせて3000万人から4000万人の人間が水不足に陥らないで生活していた。これはすごいことだ。

先進国のアメリカのＬＡ《エルエイ》（カリフォルニア州）では、すぐに水不足になる。金持ちたちだけが庭に水撒《みずま》きをするので、一般庶民は怒っている。だからカリフォルニアでも海水の真水化プラントをつくればいいのだ。シンガポールは、汚水の再淡水化を実現している。「海水を真水化した水はおいしくない。汚水を処理した淡水のほうがおいしい」そうである。これも、やはり日本の技術である。

もう日本人は東シナ海ばかりを見ている時代ではない。これからの世界は、ユーラシア大陸が世界の中心となる〝陸の時代〟なのだ。水さえ十分つくれれば、人類は生きてゆける。巨大な有効需要もつくることができる。そうすれば、大きな戦争《ラージ・ウオー》＝第3次世界大戦《ザ・サード・ワールド・ウオー》をしないで済むのである。

あとがき

この本の前のほうで書いたが、あのサブプライムローン崩れ（2007年8月）、リーマン・ショック（2008年9月）から8年が経《た》った。いよいよ次の大きな危機が迫っている。

「なーに。株価はまた上がるよ。安倍政権がなんとかしてくれるさ」と強気、楽観で押してゆく投資家、資産家たちがたくさんいることだろう。私は、衆寡《しゅうか》敵せず、多勢《たぜい》に無勢《ぶぜい》で、彼ら体制寄り権力者側の人々からは、ずっと敬遠されてきた。

しかし、金融・経済の近未来予測《きんみらいよそく》は、数《かず》の力では決まらない。未来予測は「議論すべきこと」ではなくて予測（予言）が当たるか、否《いな》か、だ。大きな世界の動き、政治の動きを見据《みす》えながら、質の高い金融予測をした者が勝つ。

私は自分の本の読者たちに、これまで損をさせていない。「注意してください。用心しなさい、また騙《だま》されますよ」と、厳《きび》しいイヤなことばかり書いてきた。夢、希望、願望で言論人をやってこなかったからだ。大きな処《ところ》で予測を外《はず》していない。だから私の信用（クレディビリティ）は今も続いている。

そして、この本の前作である『官製相場の暴落が始まる』（2014年11月刊）のとおりになった。さあ、いよいよ強気派《ブル》（株価は再上昇する）と、私のような弱気派《ベア》（再発する世界連鎖暴落）の決戦の時が近づいている。このことは「議論すべきこと」ではない。どっちの予測が当たるか、だ。

この本も祥伝社書籍出版部の岡部康彦部長との二人三脚であった。思わぬ伏兵《ふくへい》は二人の体調崩れであった。相場《そうば》（市場）も人間と同じで体調を崩すのだ。記して感謝します。

2015年11月

副島隆彦

ホームページ「副島隆彦の学問道場」　http://www.snsi.jp/
ここで私、副島隆彦は、前途のある、優秀だが貧しい若者たちを育てています。
会員になってご支援ください。

巻末付録

「どん底値」で買う！ 優良銘柄36

次の暴落が来た時にサッと拾える〝どん底値〟で買うべき日本の優良大企業の一覧を載せる。

今回の銘柄一覧で大切なことは、8月25日その他の大暴落でつけた底値を、さらに下回っていることが「今こそ買いだ」ということである。それぞれのチャートに「底値」と明記して、その時の株価と日付を入れた。その値段よりも、さらに安い底値が出た時に買うことが目標である。

どこまでも「どん底」を追求することこそ、素人が投資で儲ける唯一の道だ。これを「ヴァリュー投資」と言う。〝投資の神様〟ウォーレン・バフェットの手法である。徹底的に「どん底」で拾ってください。銘柄一覧の中には、経営トップが〝ワル〟の大企業もある。しかし、これも大企業が生き残るための真実である。

《銘柄一覧表の見方》

①企業名の横にある4ケタの数字は「証券コード」である。
②「現在の株価」は2015年10月8日現在。
③株価チャートは東京証券取引所他の時系列データ（終値）から、直近半年間（6カ月）で作成した。

※投資はあくまでも自己責任で行なうことが原則です。あとで私、副島隆彦にぐちゃぐちゃ言わないでください。

1 トヨタ 7203　現在の株価 7,402円

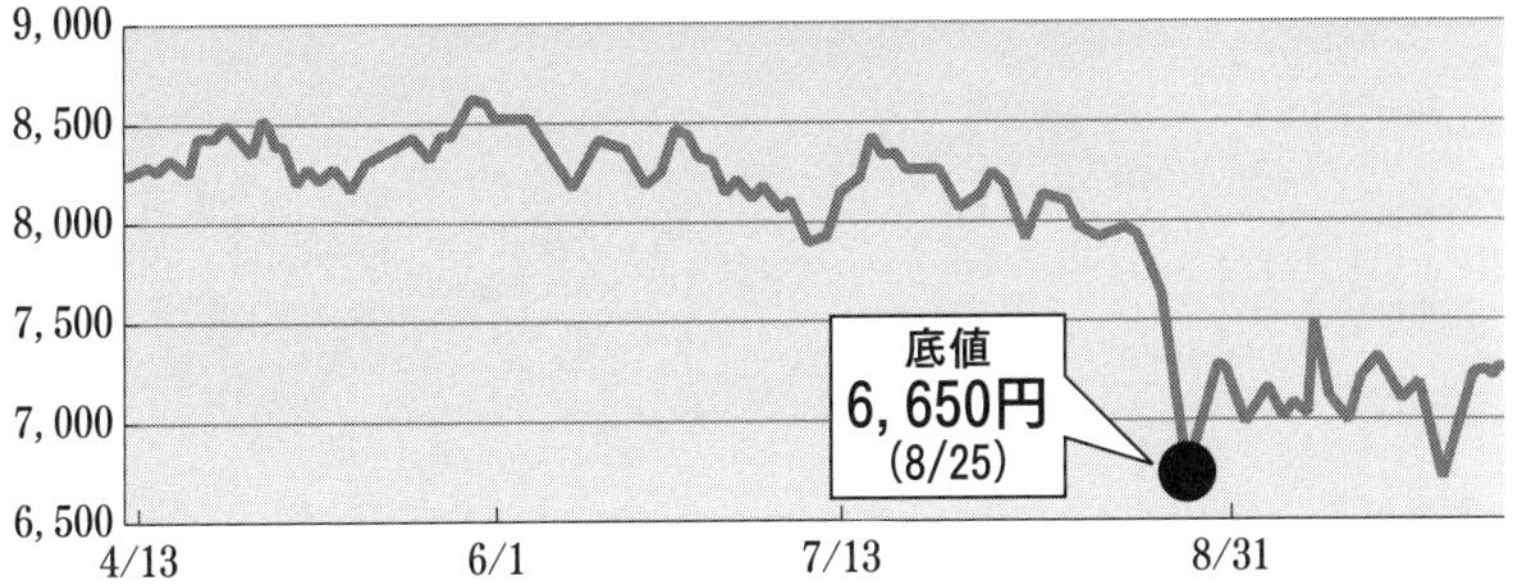

世界第1位の自動車メーカーである。1937年、トヨタ自動車工業を設立。1982年、トヨタ自動車販売と合併し、現在の社名に変更。全世界の販売台数(2014年)は1023万台と、3年連続で世界第1位。軽自動車のダイハツ、商用車の日野自動車を子会社に持ち、フルライン体制を敷く。2016年3月期は売上高27兆8000億円、営業利益2兆8000億円と、3期連続の過去最高益更新を見込む。2017年3月期以降も北米とアジアの販売が伸び、クルマづくりの改革方針「ＴＮＧＡ」による新型車投入で収益力アップの見通し。

2 ソニー 6758　現在の株価 3,213円

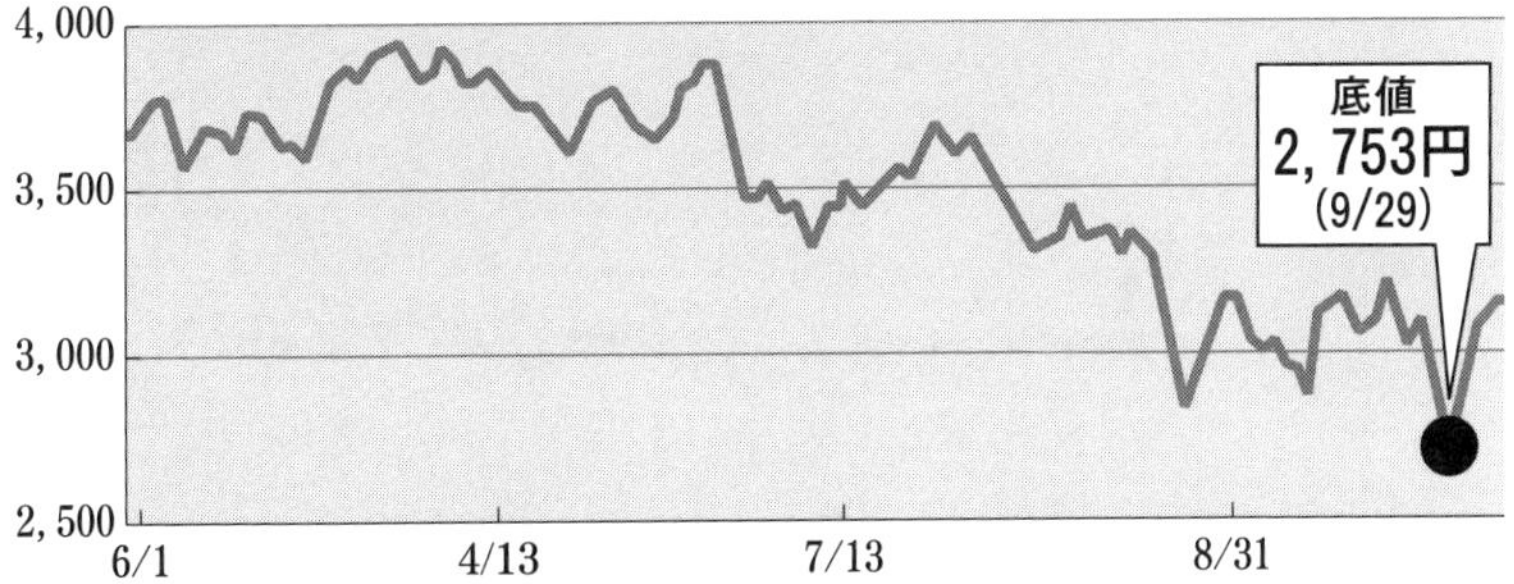

ＡＶ関連を中心とした家電大手。1946年、東京通信工業を設立。1958年、現在の社名に変更。1993年にはソニー・コンピュータエンタテインメントを設立し、グループ内に映画、音楽などのコンテンツビジネスを抱えるほか、金融ビジネスも手がける。海外売上高比率73%。2016年3月期は構造改革の効果やイメージセンサーなどの拡大により売上高7兆9000億円、営業利益3200億円と、大幅増益を見込む。2017年3月期以降もゲームなどが牽引し、営業増益が続くと見られる。

3 パナソニック 6752　現在の株価 1,329円

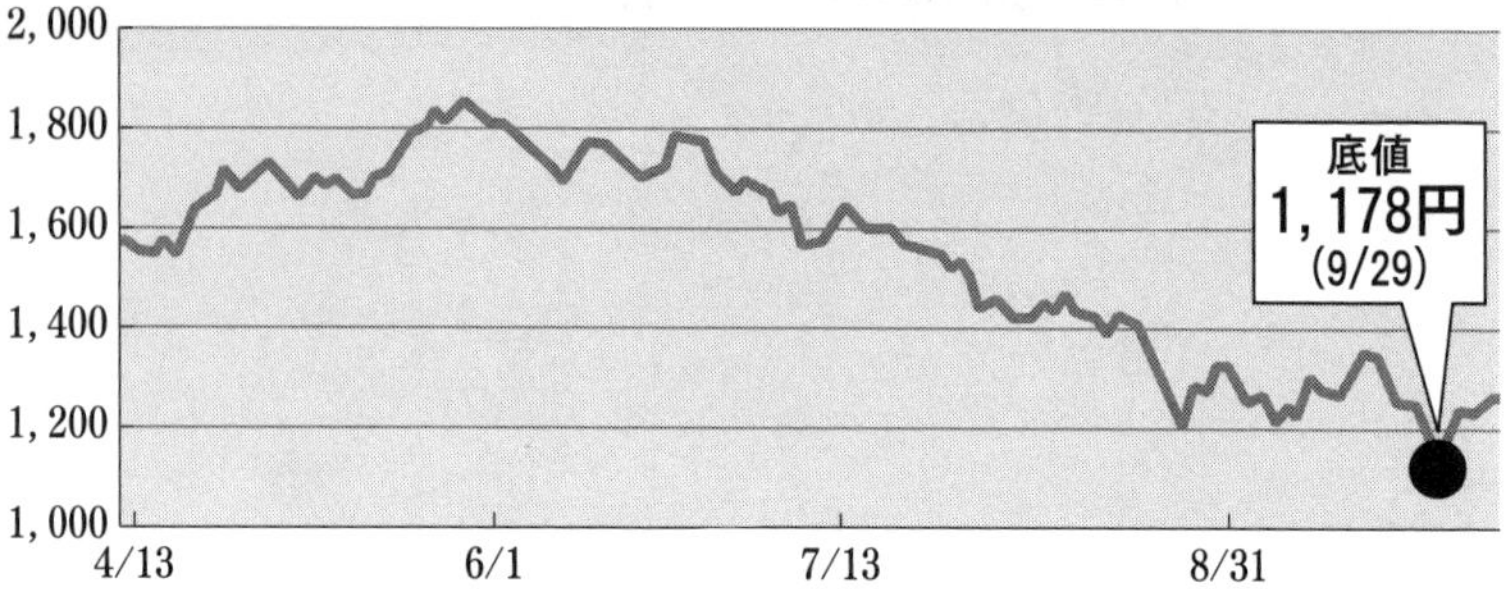

日本を代表する総合家電メーカーである。1918年、松下電気器具製作所として創業し、2008年に現在の社名に変更した。映像・音響機器、白物家電、住設機器、住宅事業など幅広い事業を手がける。半導体などの電子部品、ＦＡ（工場の自動化）関連など企業向けのビジネスも展開する。海外売上高比率は52％。2016年3月期は売上高8兆円、営業利益4300億円と、増収増益を見込む。2017年3月期以降も車載向けや産業向けなどＢtoＢ（企業間取引）ビジネスの拡大や、家電などの海外展開により増収増益が続くと見られる。

4 シャープ 6753　現在の株価 138円

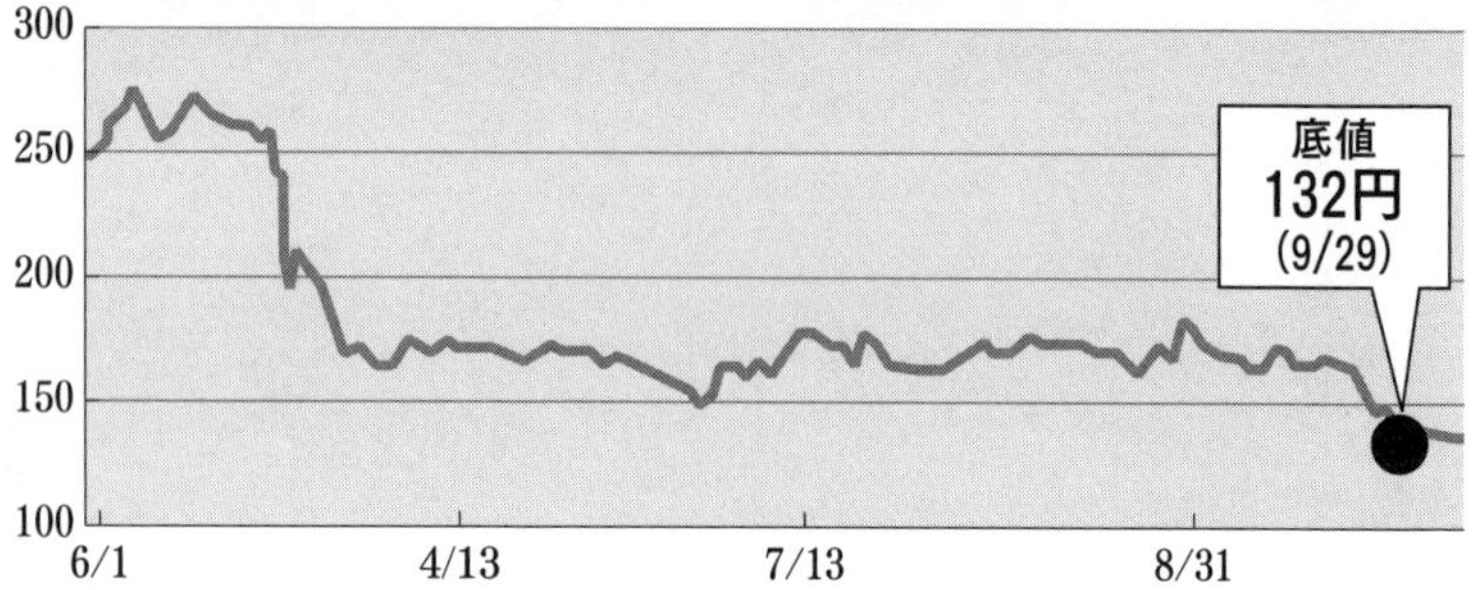

総合家電メーカーの大手。1912年、東京で個人企業として創業。1915年、金属繰出鉛筆を発明して、「エバーレディーシャープペンシル」として発売。1935年、株式会社に改組し、早川電機工業に改称したあと、1970年にシャープに改称した。白物家電、通信機器、情報機器のほか、各種の電子部品など幅広い製品の製造販売を手がける。南北アメリカでのテレビ事業の撤退、聖域視されてきた液晶の分社化など構造改革を検討し、経営再建中である。2016年3月期は売上高2兆8000億円、営業利益800億円を見込む。

5 東芝 6502

現在の株価 329円

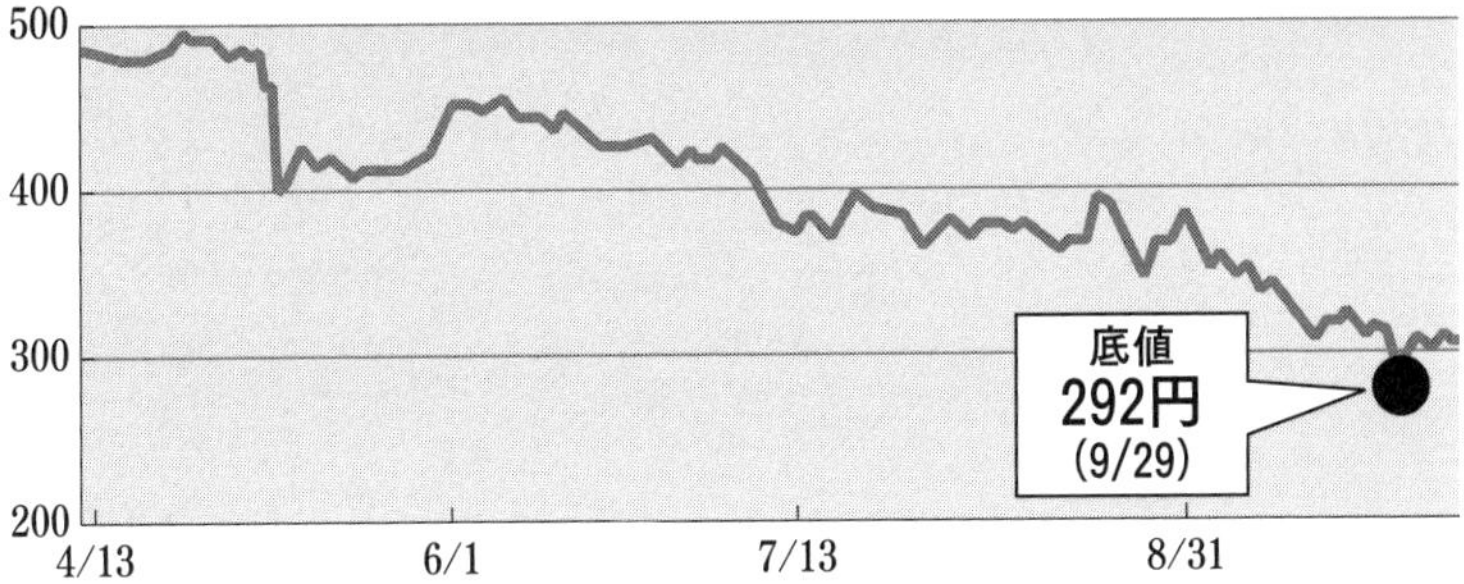

総合電機の大手。1939年、芝浦製作所と東京電気が合併して東京芝浦電気となり、1984年、現在の社名に変更した。半導体に強みを持つ。「不適切会計問題」が生じた2015年3月期第4四半期以降は、全般に事業が低調。ＮＡＮＤ型フラッシュメモリーなど主力の電子デバイス部門が低迷し、2016年3月期は営業減益の見通し。しかし2017年3月期は、パソコン、テレビ、白物家電の構造改革効果や、電子デバイス部門の損益改善で営業増益。新興国のインフラ需要の増加が続けば、電力・社会インフラ部門も回復の見通しである。

6 オリンパス 7733

現在の株価 3,905円

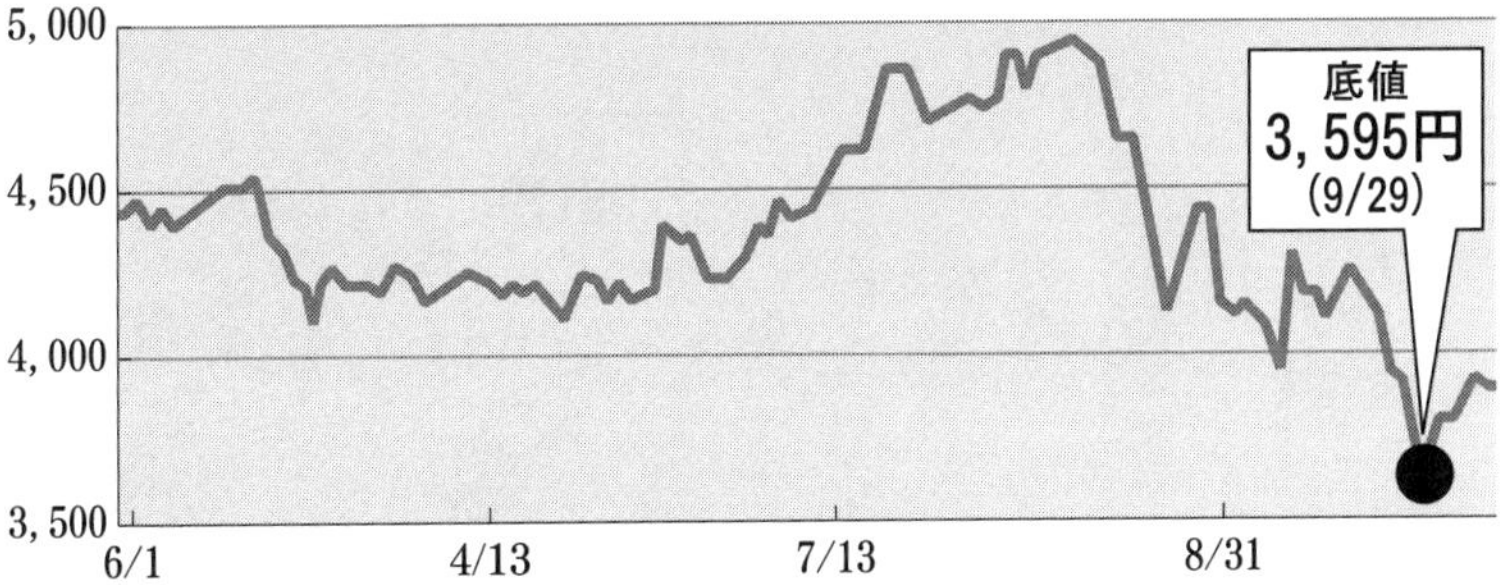

光学機器の大手である。軟式内視鏡は世界シェアのトップ。1919年、高千穂製作所として創立。1948年、国産初のレンズシャッター付きカメラを発売。2003年、オリンパスに改称した。医療分野は内視鏡を中心に拡大し、外科・処置具などの拡販を狙った北米での人員増強策が効果を発揮する。生物顕微鏡などライフサイエンス領域、工業用検査機器、デジタルカメラなどコンシューマー向け製品にも展開する。海外売上高比率79％。2016年3月期は売上高8100億円、営業利益1000億円と、増収増益を見込む。

7 キヤノン 7751　現在の株価 3,626円

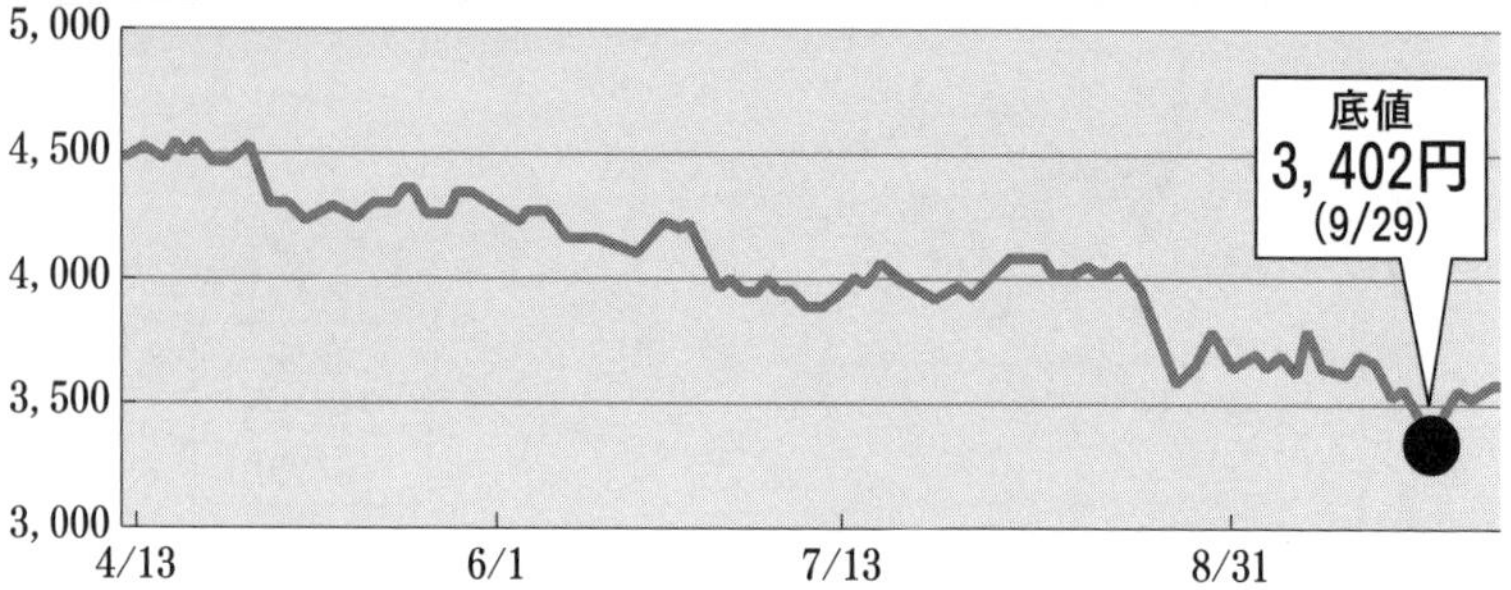

カメラ、事務機器の世界大手メーカーである。1937年、精機光学工業を設立。「右手にカメラ、左手に事務機」をスローガンに業容を拡大し、1969年、現在の社名に変更。オフィス、コンシューマー、産業機器分野において、開発、生産から販売、サービスにわたり事業を展開。海外売上高比率が81％を占める。業界全体のデジタルカメラの出荷台数は減少が続いているが、高価格帯へのシフトが功を奏し、本格回復に向かう兆しが見えてきた。2015年12月期は売上高3兆9300億円、営業利益3800億円を見込む。

8 東レ 3402　現在の株価 1,018円

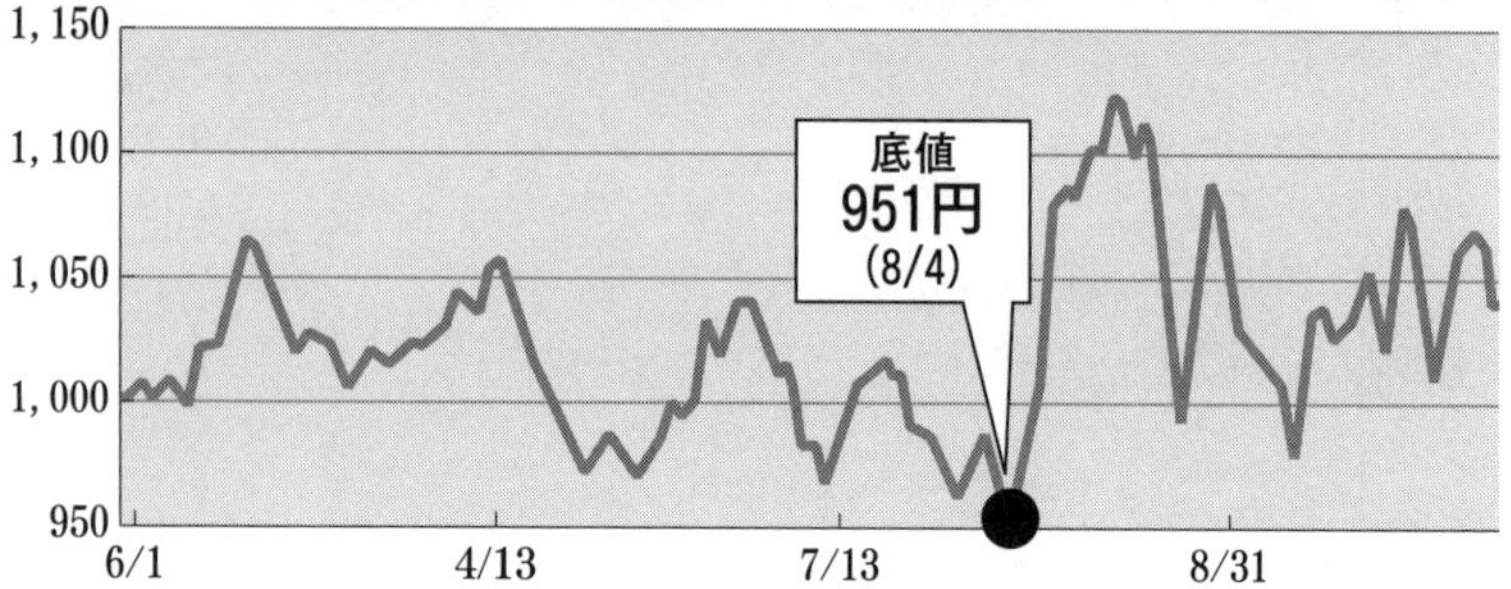

合成繊維の最大手で、炭素繊維は世界シェアのトップである。1926年、東洋レーヨンとして設立。戦後はナイロン、ポリエステルを中心に、合繊のトップメーカーの地位を確立した。1970年、現在の社名に変更。人工皮革、炭素繊維など新製品で業界をリードし、合成樹脂や医療・医薬品分野に進出。海外売上高比率54％。航空機向けの炭素繊維複合材料や産業繊維が牽引し、業績は順調な伸びを続けている。中期的にも増益基調が続く。2016年3月期は売上高2兆2500億円、営業利益1500億円を見込む。

9 クラレ 3405

現在の株価 1,505円

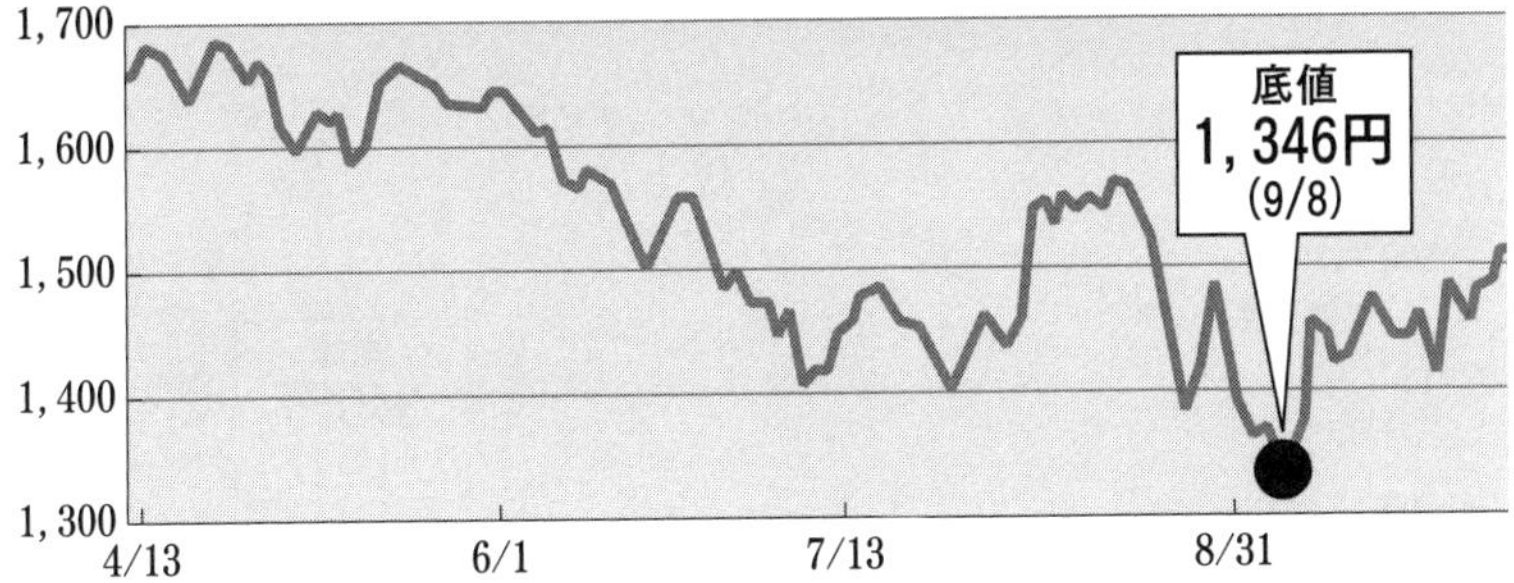

高機能素材に強い化学メーカーである。1926年、倉敷絹織として設立。1949年、倉敷レイヨンに改称。50年代後半からポバール樹脂、アクリル樹脂などに参入。1964年には人工皮革「クラリーノ」を世界に先駆けて事業化した。現在主力の光学用ポバールフィルムは、液晶ディスプレイ用偏光板の原料で世界シェア8割を占める。海外売上高比率66%。生産能力増強の効果もあって販売を伸ばし、原料安の効果とあわせて全部門が増収増益。2015年12月期は売上高5400億円、営業利益660億円を見込む。

10 旭化成 3407

現在の株価 895円

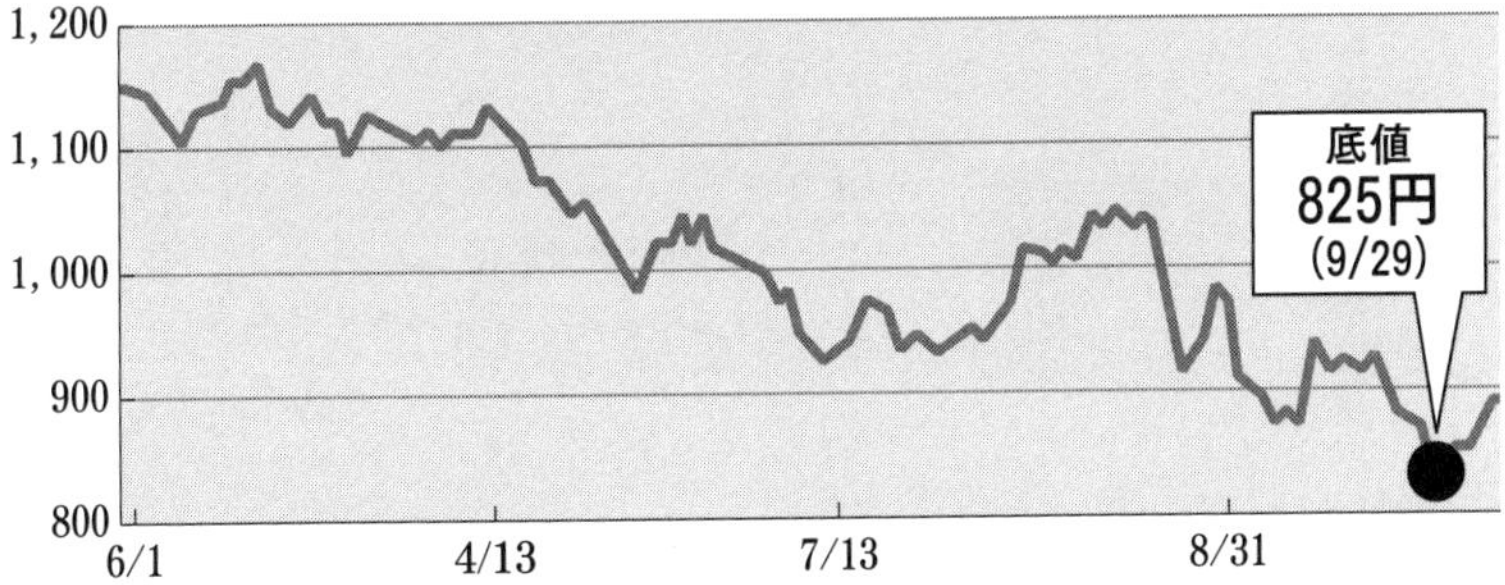

総合化学メーカーの大手。1908年、日本窒素肥料として設立。工業薬品、化成品、化学繊維で発展したが、戦後の集中排除法によって解体された。1946年、繊維事業などを受け継ぎ旭化成として再出発した。石油化学系事業に加え、医薬品、エレクトロニクス、住宅まで幅広く展開する。家庭用食品包材の「サランラップ」を手がけ、電子コンパスとリチウムイオン二次電池用セパレーターは世界シェアのトップ。子会社のデータ問題で株価が急落したが、持ち直す。2016年3月期は売上高2兆円、営業利益1640億円を見込む。

11 日東紡 3110　現在の株価 345円

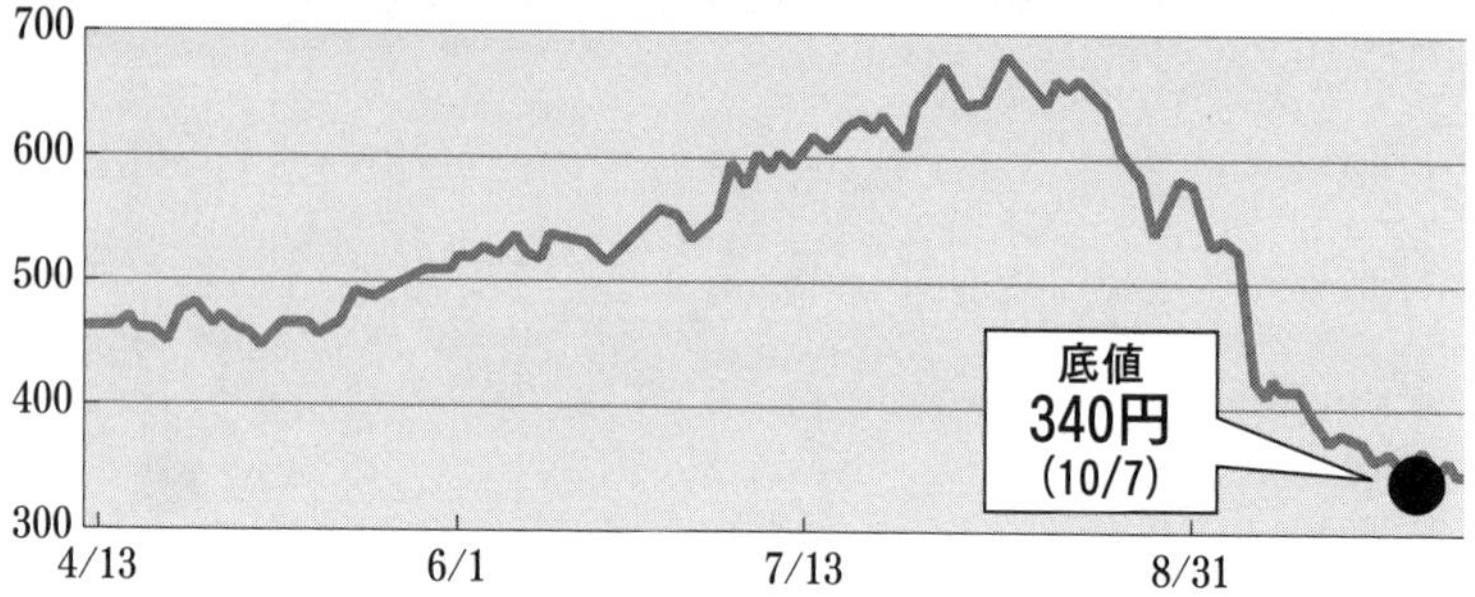

グラスファイバーが主力の産業資材メーカー。1918年、福島精練製糸として設立し、1923年に日東紡績に商号変更した。1938年、グラスファイバーの工業化に成功し、生産を開始。グラスファイバーは、糸の製造からガラスクロス加工、複合材料の開発を一貫して行ない、電子部品や建築資材など幅広い分野に製品を提供している。環境・ヘルス事業では、体外診断用医薬品、機能性ポリマー、清涼飲料水など多岐にわたるビジネスを展開する。2016年3月期は売上高900億円、営業利益80億円を見込む。

12 荏原《えばら》 6361　現在の株価 493円

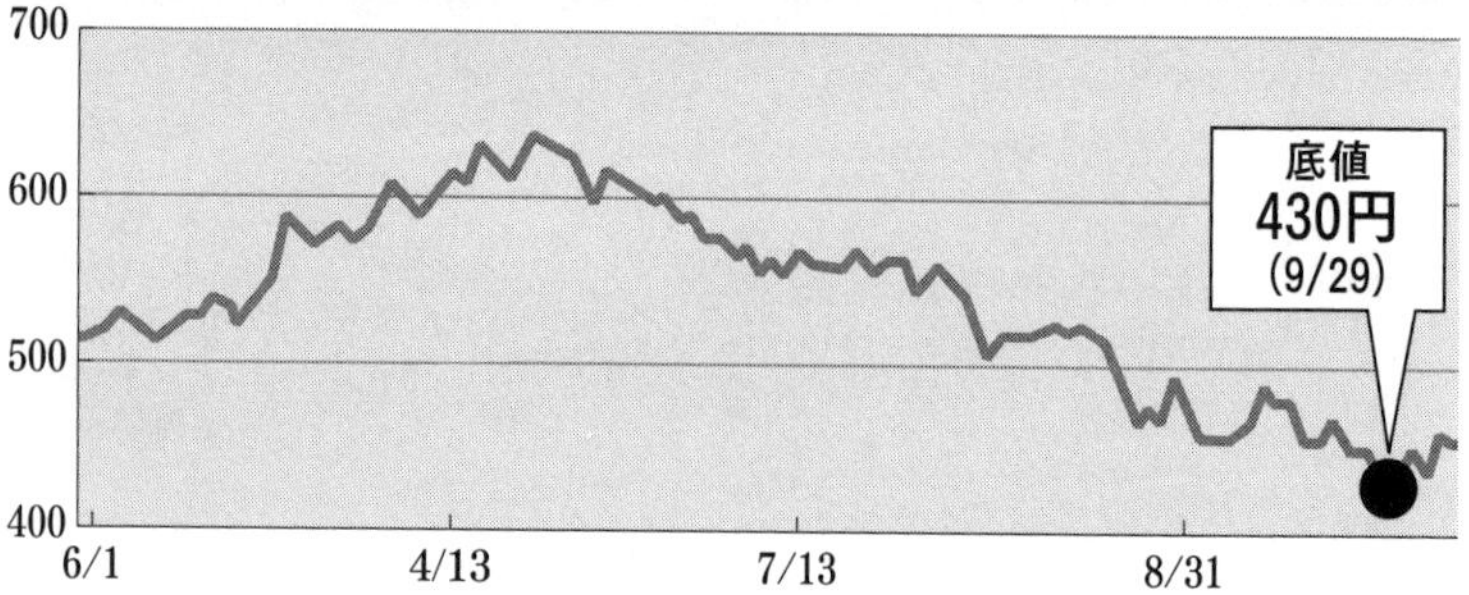

ポンプの総合メーカー。1912年、ゐのくち式機械事務所を創業。1920年、荏原製作所を設立。ポンプやコンプレッサー、タービン、冷熱機械など風水力関連に強い。都市ごみ焼却プラントや産業廃棄物プラントの製造販売も手がける。業界内で高シェアを誇る製品が多く、技術力への評価が高い。2000年、米国の気体機械大手・エリオット社を完全子会社とした。石油・ガス化学プラント向けのコンプレッサーに強みを持つ。2016年3月期は売上高5070億円、営業利益370億円を見込む。

13 ユニ・チャーム 8113 現在の株価 2,265円

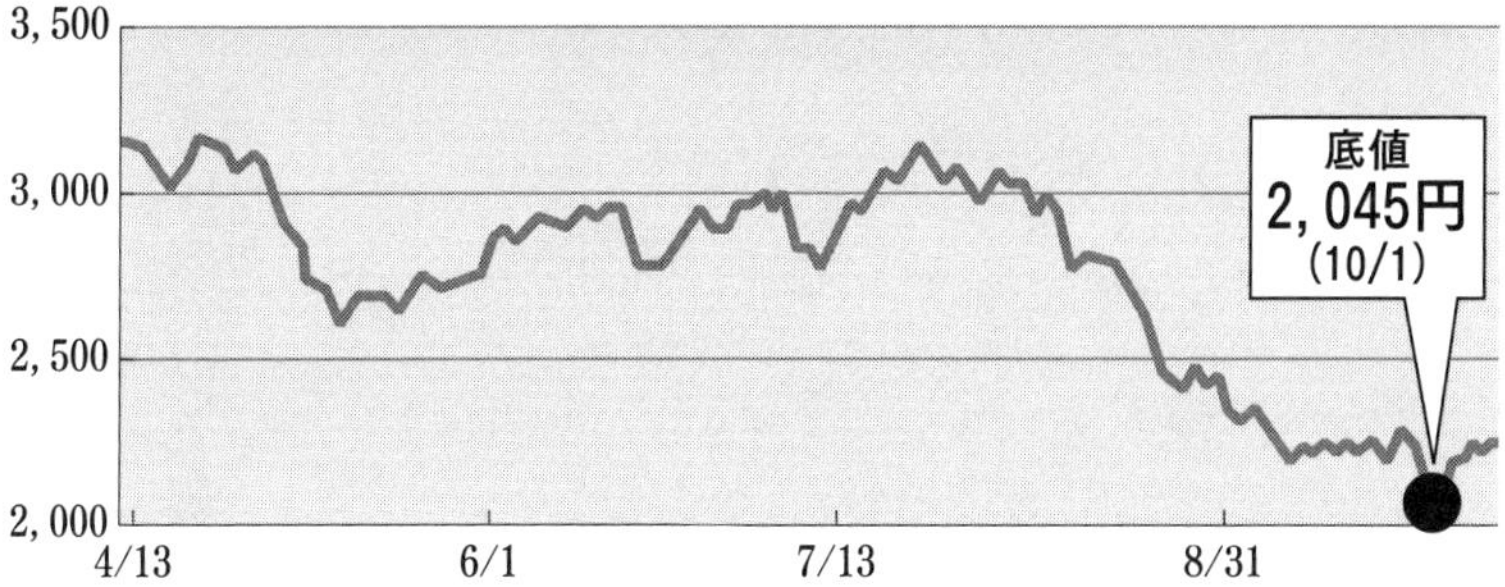

衛生用品の大手である。1961年、建材の製造販売を目的に設立。1963年に生理用ナプキンの製造販売を開始し、1981年からベビー用紙オムツの販売を開始した。生理用品の「ソフィ」、ベビー用紙オムツの「ムーニー」「マミーポコ」、大人用排泄ケア用品「ライフリー」などのブランドを持つ。90年代後半からアジアを中心に海外展開。2015年の吸収体シェアは世界3位、アジア1位。ユーラシア大陸の砂漠を緑地化するには欠かせない製品を生み出している。パーソナルケアとペットケアの二本柱での成長を目指し、2015月12月期は売上高7600億円、営業利益860億円と、増収増益を見込む。

14 王子HD 3861 現在の株価 563円

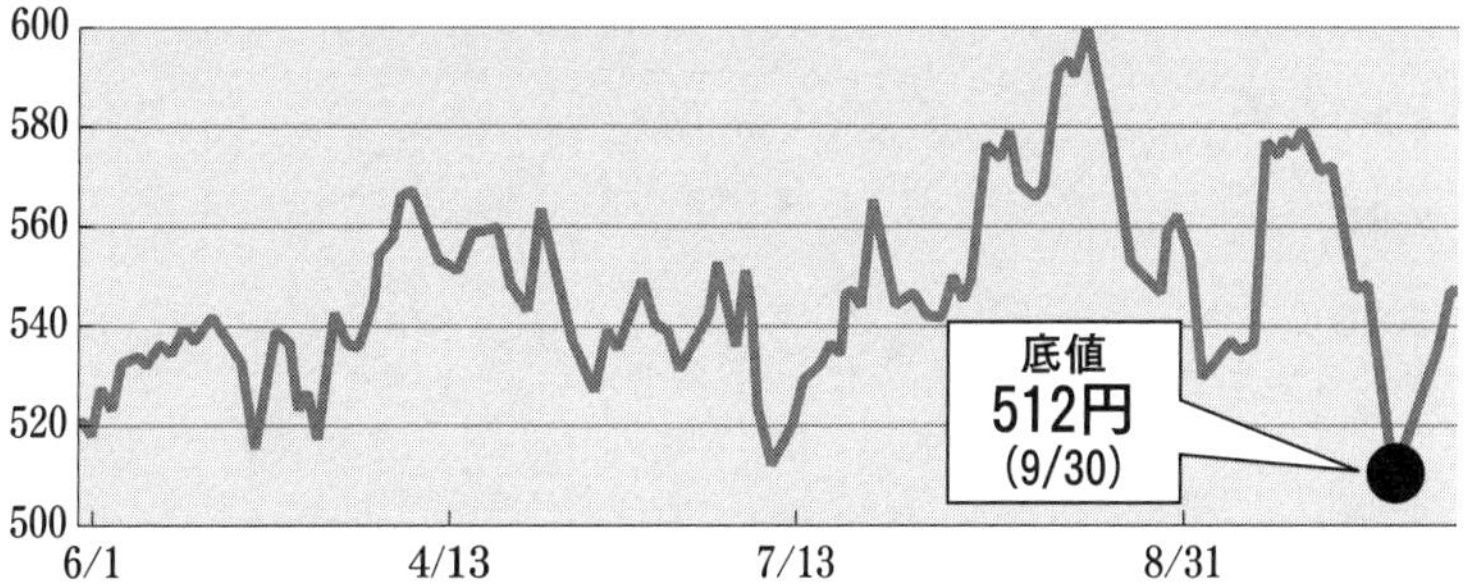

製紙で国内トップ。1873年、渋沢栄一により設立。1960年、王子製紙に改称。1993年、神崎製紙と合併し、新王子製紙としたが、1996年に本州製紙と合併し、王子製紙に戻った。2012年、持ち株会社体制へ移行して、現在の商号に変更。紙、おむつ、自動車や電子機器で使用されるフィルムなど、事業は多岐にわたる。国内事業の成熟化を背景に中国・南通市に工場を展開するほか、アジア、ブラジルなど海外でM＆Aを推進。2016年3月期の売上高1兆5300億円、営業利益700億円と、増収増益を見込む。

15 酉《とり》島《しま》製作所 6363

現在の株価 905円

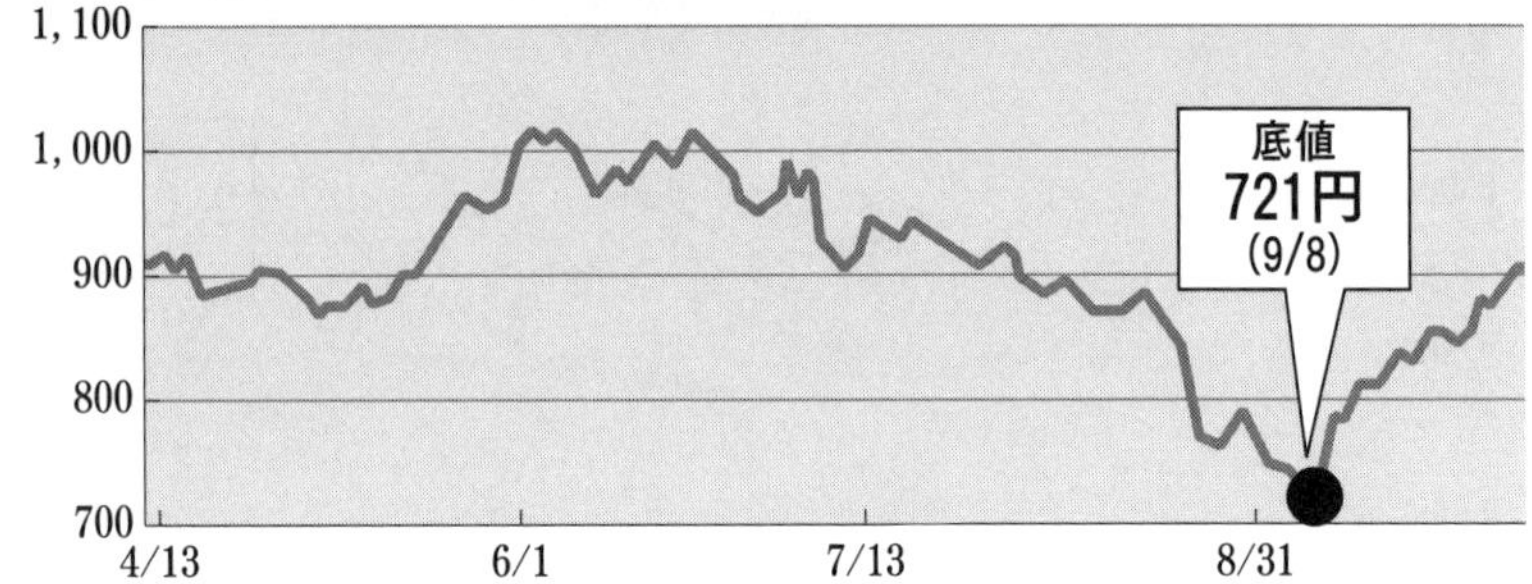

ポンプ専門メーカーの大手。1919年、大阪市でポンプ専門製作工場を創設。1984年、インドネシアに合弁会社を設立した。それ以降、アジア、ヨーロッパ、中東などに進出。海水淡水化プラント向けでは世界シェア4割を占める。発電用高効率ポンプは国内1位。プロジェクト事業は上・下水道、灌漑《かんがい》、排水設備などのポンプ場設備全体の設計・調達・建設を一貫して行なう。ポンプの鋳造から機械加工、組み立て、塗装まで自社での一貫生産が特徴。2016年3月期は売上高430億円、営業利益10億円を見込む。

16 栗田工業 6370

現在の株価 2,766円

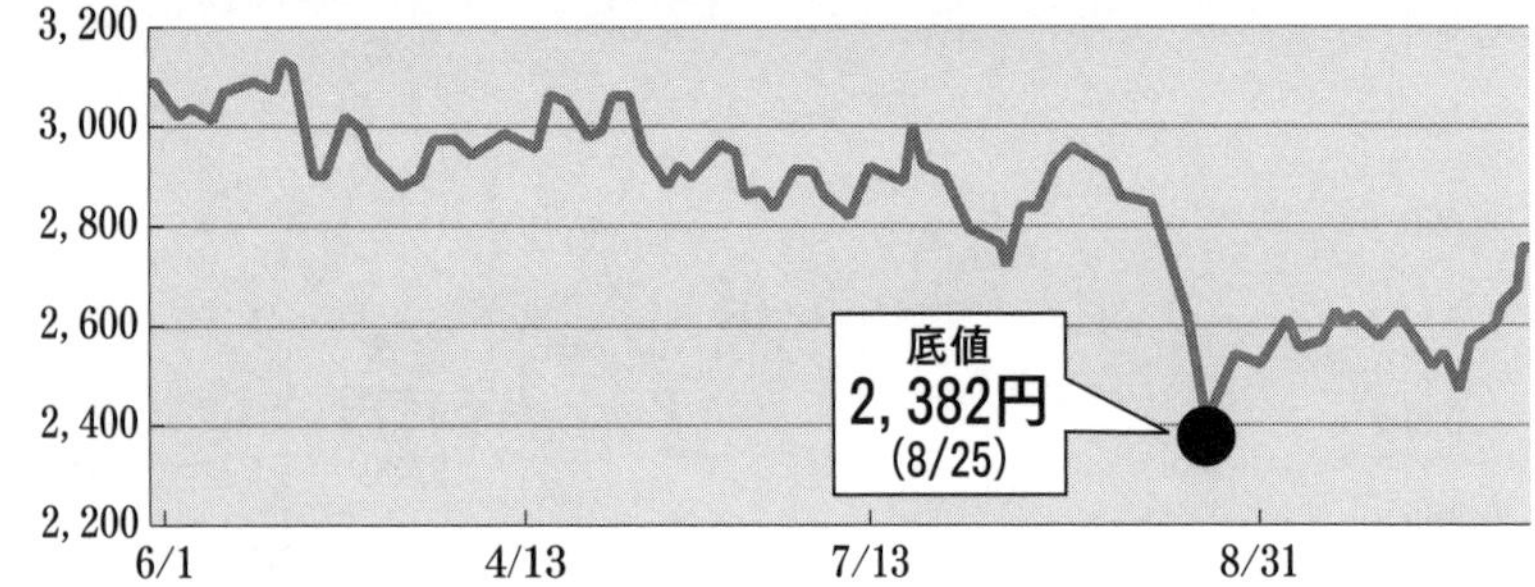

水処理関連事業の国内最大手である。1949年、水処理薬品の製造販売を目的に設立。1951年、水処理装置事業に参入した。水処理関連の薬品類の製造販売・メンテナンスを手がける水処理薬品事業と、水処理関連の装置・施設などの製造販売・メンテナンスを手がける水処理装置事業が主力。装置事業では、半導体製造工程で用いられる超純水製造装置、ろ過装置、排水処理装置、海水淡水化装置などを手がけている。海外売上高比率は21％。2016年3月期は売上高2160億円、営業利益195億円と、増収増益を見込む。

17 グローリー 6457　現在の株価 3,035円

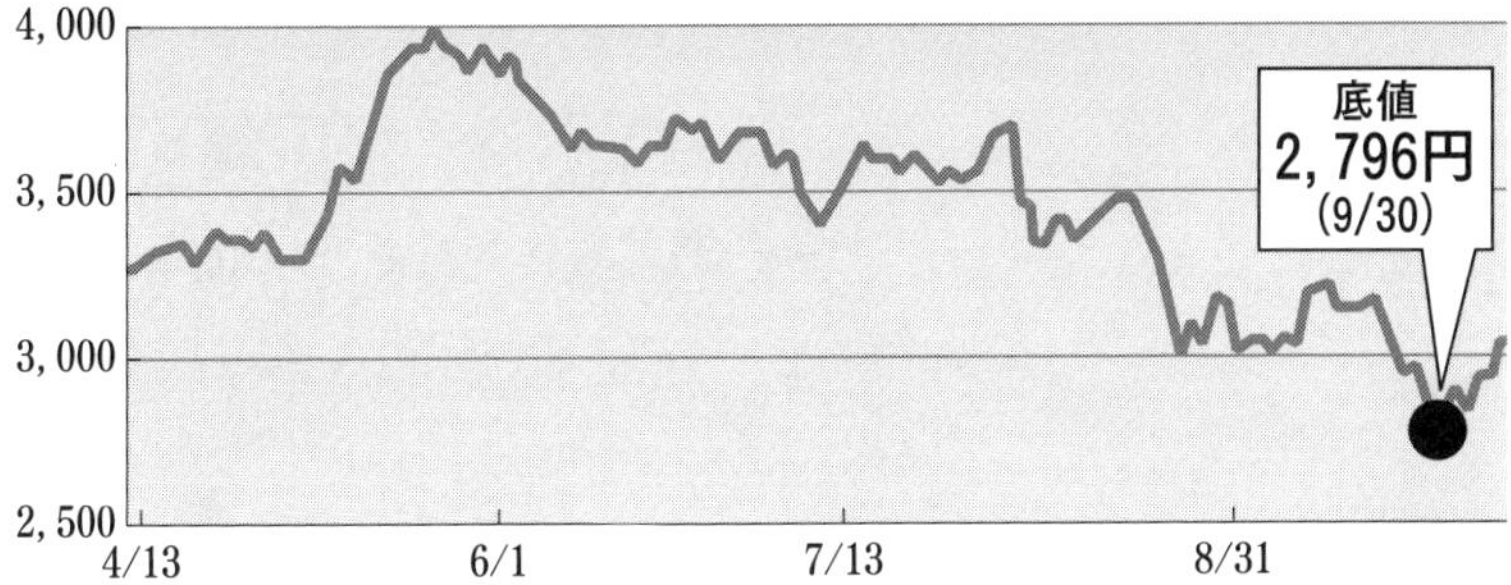

硬貨・紙幣処理機で国内シェア5割強を誇る。1918年に創業。1953年、国産第1号の硬貨計算機を開発し、製造販売を開始した。以後、煙草販売機、硬貨包装機、硬貨選別機、千円紙幣両替機でも国産1号機を手がける。2012年、金融機関、流通業界向け貨幣処理機の世界的メーカーである英タラリス社を買収。海外売上高比率48%。主力製品は国内の金融機関向け製品で、流通・交通市場向けのレジつり銭機、遊技市場向けのカードシステムも手がけている。2016年3月期は売上高2300億円、営業利益200億円を見込む。

18 セブン&アイHD 3382　現在の株価 5,445円

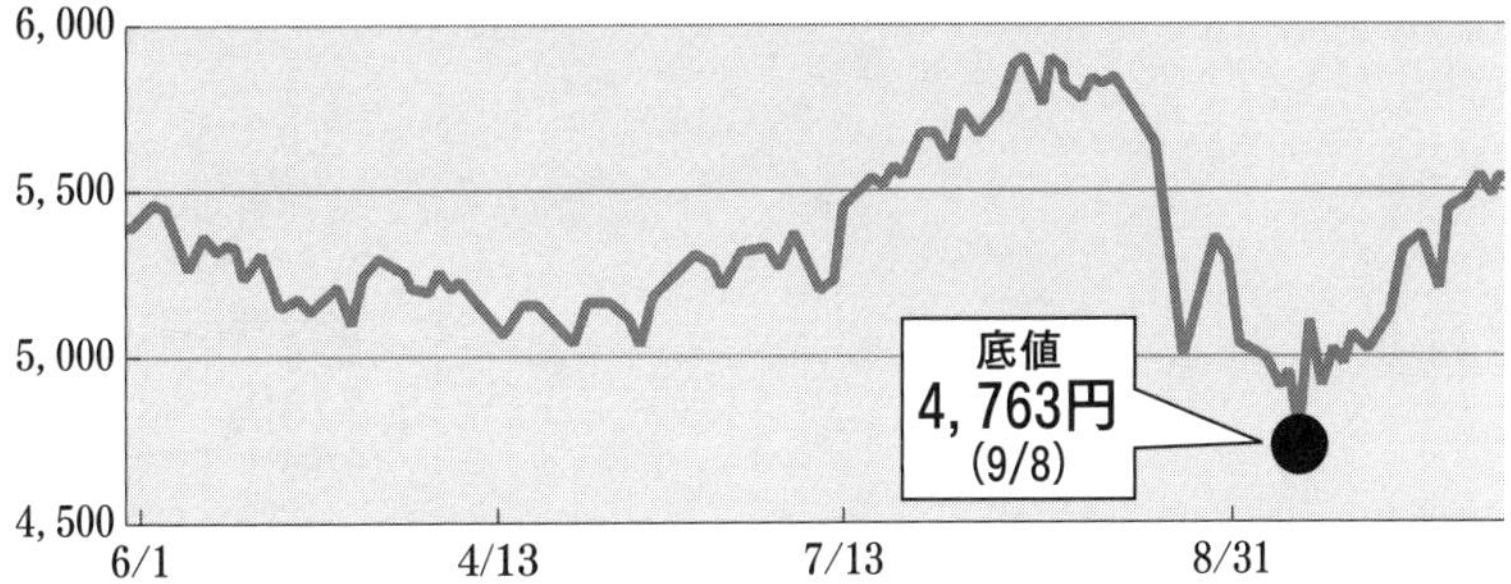

国内2位の総合小売グループである。1973年、セブン-イレブン・ジャパンを設立。2005年、純粋持ち株会社を設立し、イトーヨーカ堂などを完全子会社化。2006年にはそごう・西武を子会社化した。傘下に専門店(アカチャンホンポ、ロフト)、ファミレス(デニーズ)、金融(セブン銀行)、通販(ニッセン)も持つ。2015年から実店舗とネットが融合するオムニチャネルが本格始動。海外ではコンビニ3万8232店、中国でスーパー11店を運営している。2016年2月期は売上高6兆4000億円、営業利益3730億円と、増収増益を見込む。

19 ファーストリテイリング 9983 現在の株価 48,730円

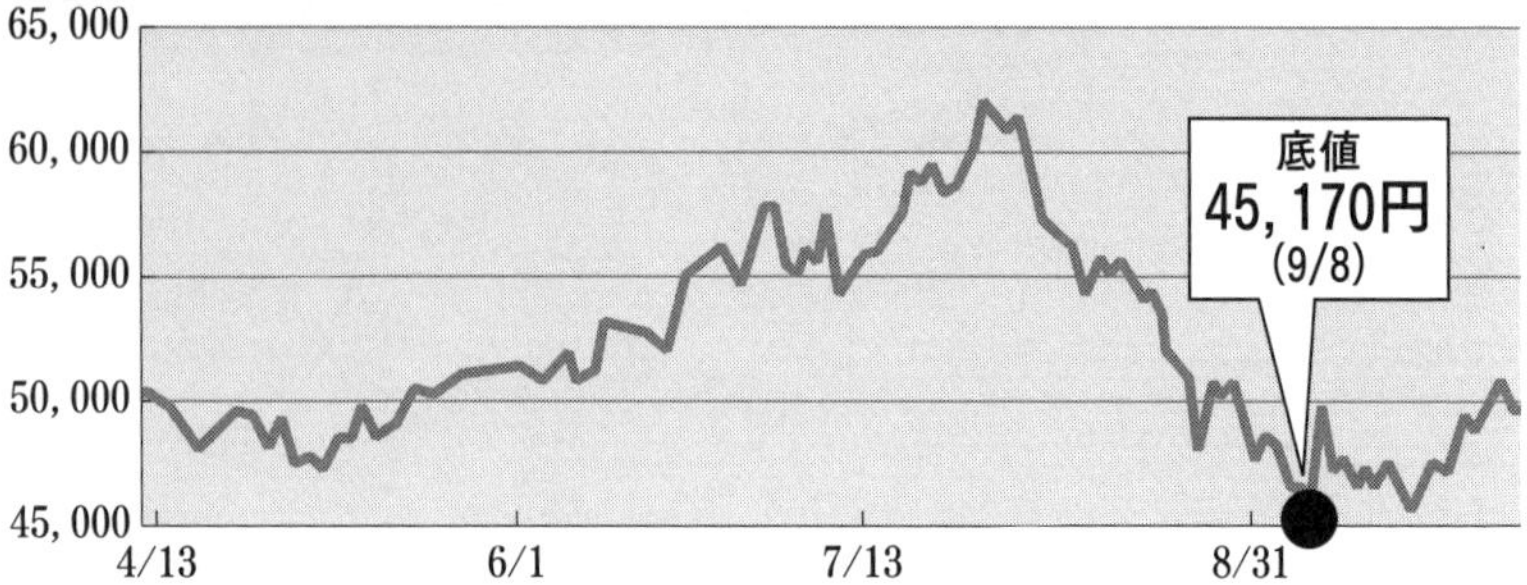

世界4位の衣料品製造小売大手である。1949年、宇部市に小郡商事を個人創業。1984年、広島市に「ユニクロ」第1号店を開店。1991年、現在の社名に変更した。1998年、原宿に首都圏初の店舗を開設。製造・販売一体となった収益構造改革、フリースの大ヒットで業績は急拡大した。2005年、純粋持ち株会社体制に移行。アジアなど海外での店舗数拡大を加速した。「セオリー」などのグローバルブランド、「ジーユー」などの新ブランドも展開。2015年8月期は売上高1兆6500億円、営業利益2000億円と、増収増益を見込む。

20 ソフトバンクグループ 9984 現在の株価 6,326円

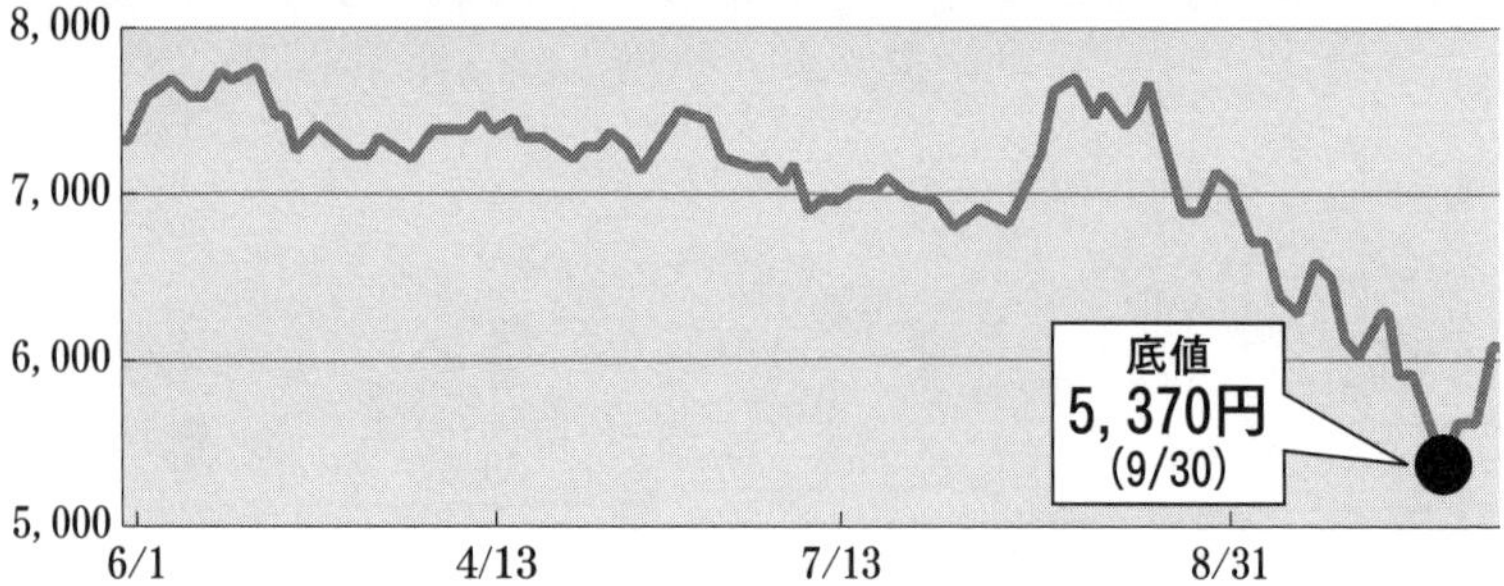

1981年、日本ソフトバンクを設立。1999年、持ち株会社体制に移行。2004年に日本テレコム、2006年にボーダフォンを買収し、ネット関連事業を軸に多様な収益基盤を確立。中国を中心にアジアでの戦略的シナジーグループの形成を進めてきた。他方で2013年には米国のスプリント、2014年には米国のブライトスターを買収している。2015年、現在の社名に変更。モバイルインターネットを核に「情報革命」を進めている。2016年3月期は売上高9兆円、営業利益1兆円強と見られる。

21 ヤフー 4689 現在の株価 477円

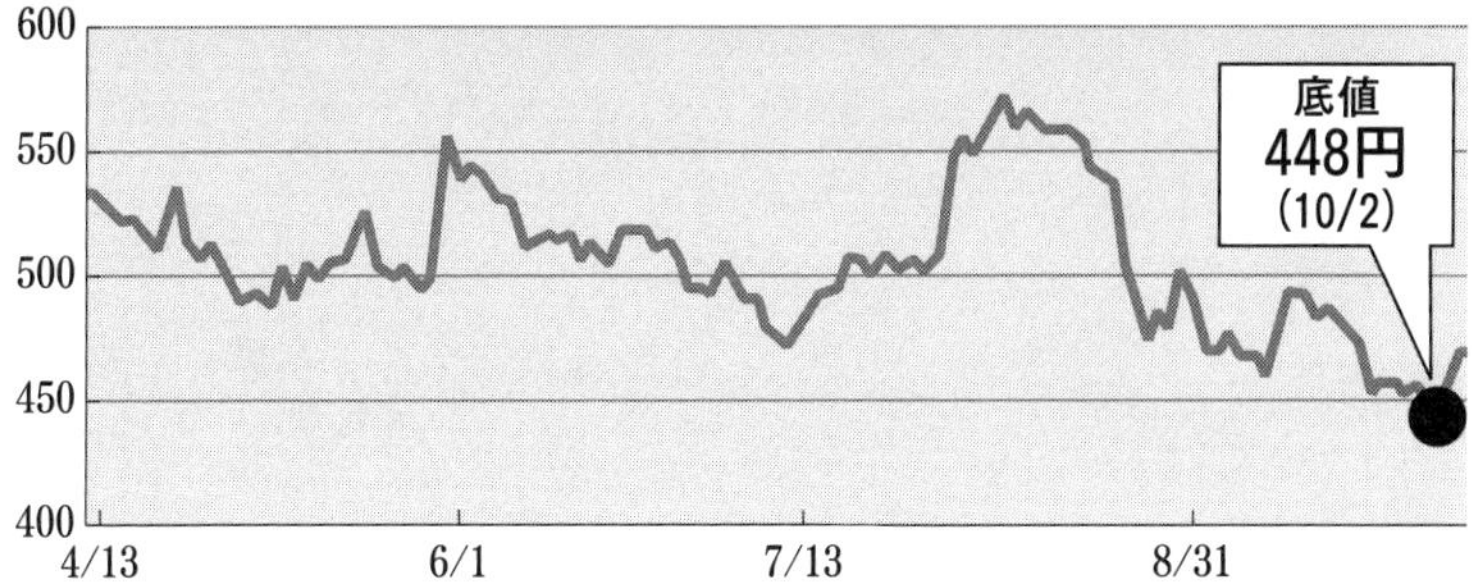

ポータルサイト最大手の運営会社である。1996年1月、ソフトバンクと米国ヤフー・コーポレーションが合弁で設立。同年4月に商用としては日本初のインターネット情報検索サイト「ヤフー！　ジャパン」をスタートした。ネット広告とオークション、電子商取引が中核事業。ＰＣ向け広告の減少で伸び悩んでいた広告収入が、スマホ版ポータルサイトで2015年5月に導入した「インフィード型広告」の好調で復調しつつある。2016年3月期は売上高4850億円、営業利益2000億円強と見られる。

22 エイチ・アイ・エス 9603 現在の株価 3,925円

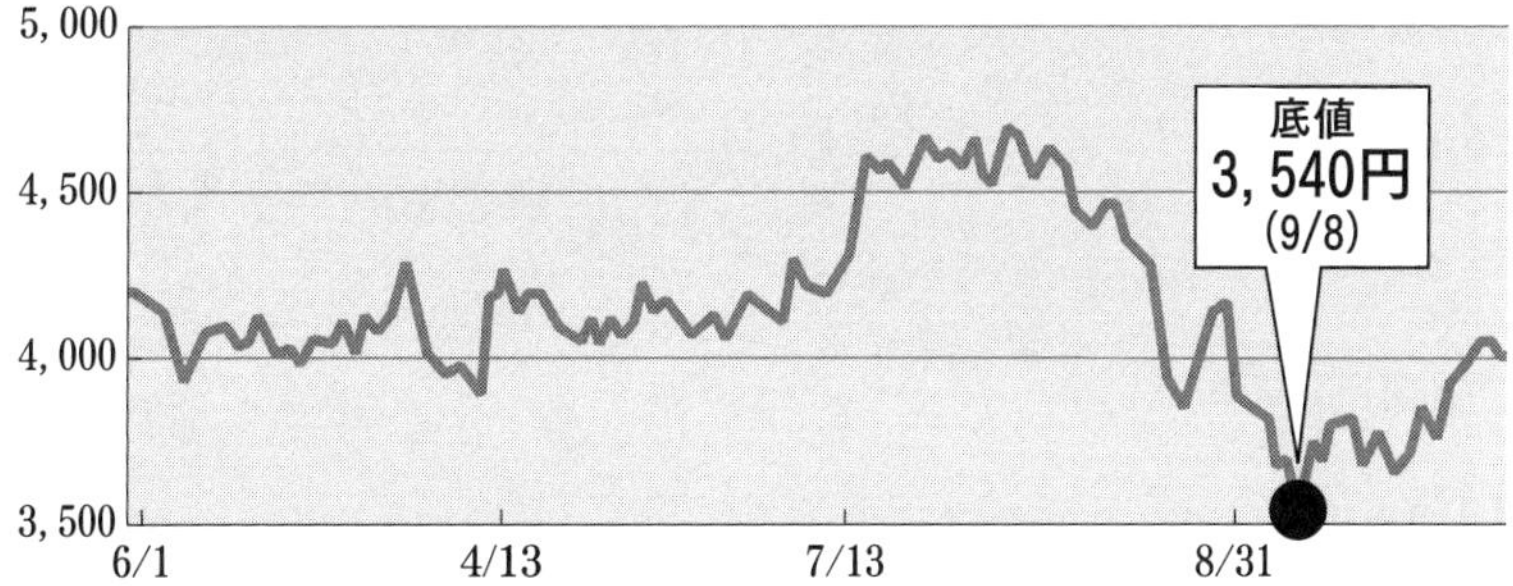

海外格安航空券の販売大手である。1980年、インターナショナルツアーズを設立。1990年、現在の社名に変更。2010年にハウステンボス、2012年に九州産業交通ホールディングスを子会社化した。2014年、ラグーナ蒲郡《がまごおり》の運営を開始。主力の海外旅行は円安基調や各地の情勢不安の影響があるが、順調な国内旅行、中国からの訪日旅行客増加で営業利益は拡大。中国経済減速によるマイナスが懸念されていたが、足元は好調に推移している。 2015年10月期は売上高5797億円、営業利益194億円と、増収増益を見込む。

23 クボタ 6326　現在の株価 1,795円

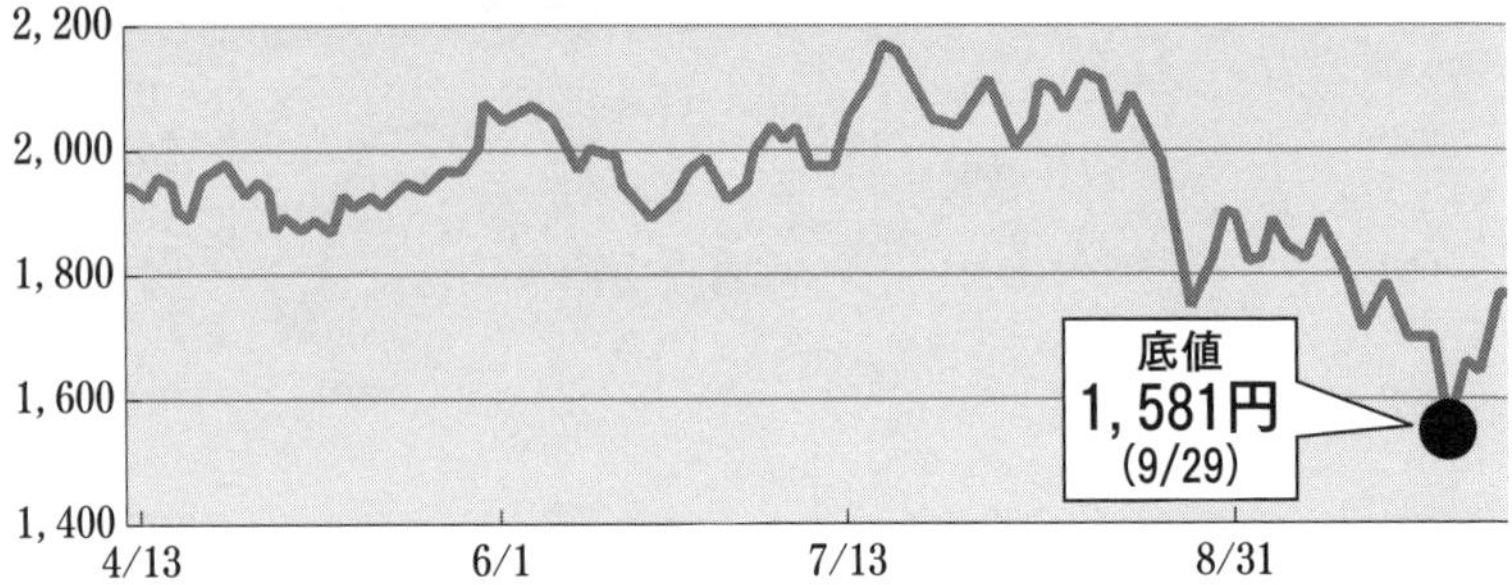

農業機械の国内最大手。1890年、鋳物《いもの》メーカーとして創業。1947年、耕うん機を開発し、製造販売を開始。1990年、現在の社名に変更した。産業用小型ディーゼルエンジンでも世界シェアが高い。バックホーやホイールローダーなどの建設機械も展開。傘下のクボタシーアイなどを通じてパイプ関連製品や環境関連プラントなども手がける。海外売上高比率は64.6％。2015年12月期は売上高1兆2500億円、営業利益1650億円を見込む。2016年12月期以降も大型農業機械の投入で北米を中心に業績拡大と見られる。

24 ダイキン工業 6367　現在の株価 7,460円

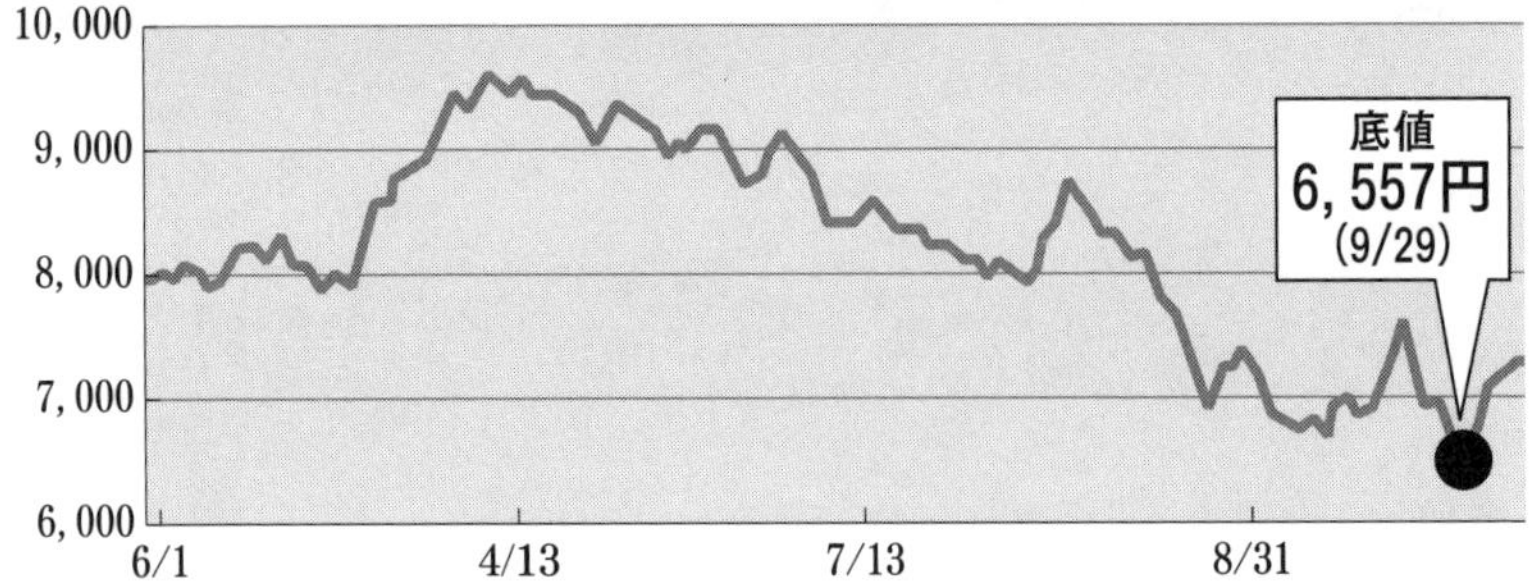

エアコンの世界トップメーカー。1924年、大阪金属工業所を設立。1963年、現在の社名に変更。業務用空調機に強く、家庭用でも「うるるとさらら」シリーズを中心に高いシェアを持つ。成長市場の中国では、空調機器大手の珠海《ジュハイ》格力電器と合弁会社を設立。2007年、空調メーカー大手のＯＹＬ社（マレーシア）を買収。2012年には米国の住宅用空調大手のグッドマン社を買収した。2016年3月期は売上高2兆600億円、営業利益2120億円を見込む。2017年3月期も2ケタ営業増益が予想される。

25 花王 4452 現在の株価 5,458円

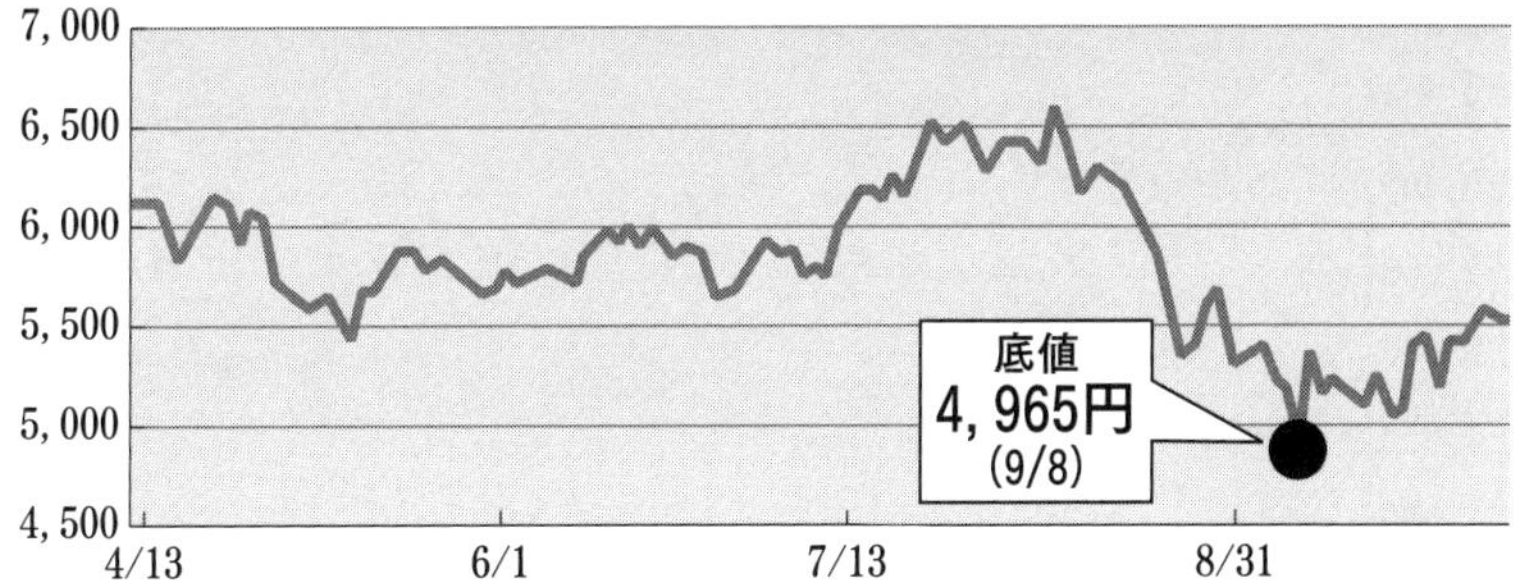

家庭用品の国内トップメーカーである。1887年、洋小間物問屋の長瀬《ながせ》商店として創業。1890年、「花王石鹸」を発売し、以後、家庭用品分野に幅広く展開する。1954年、花王石鹼に社名を変更。1966年、販売会社を設立して製販一貫体制を構築。1985年、現商号に変更した。衣料用洗剤でトップクラスのシェアを持ち、化粧品も「ソフィーナ」ブランドに加え、カネボウ化粧品買収で資生堂に次ぐ国内2位のシェアを占める。2015年12月期は売上高1兆4700億円、営業利益1500億円を見込む。

26 日立製作所 6501 現在の株価 663円

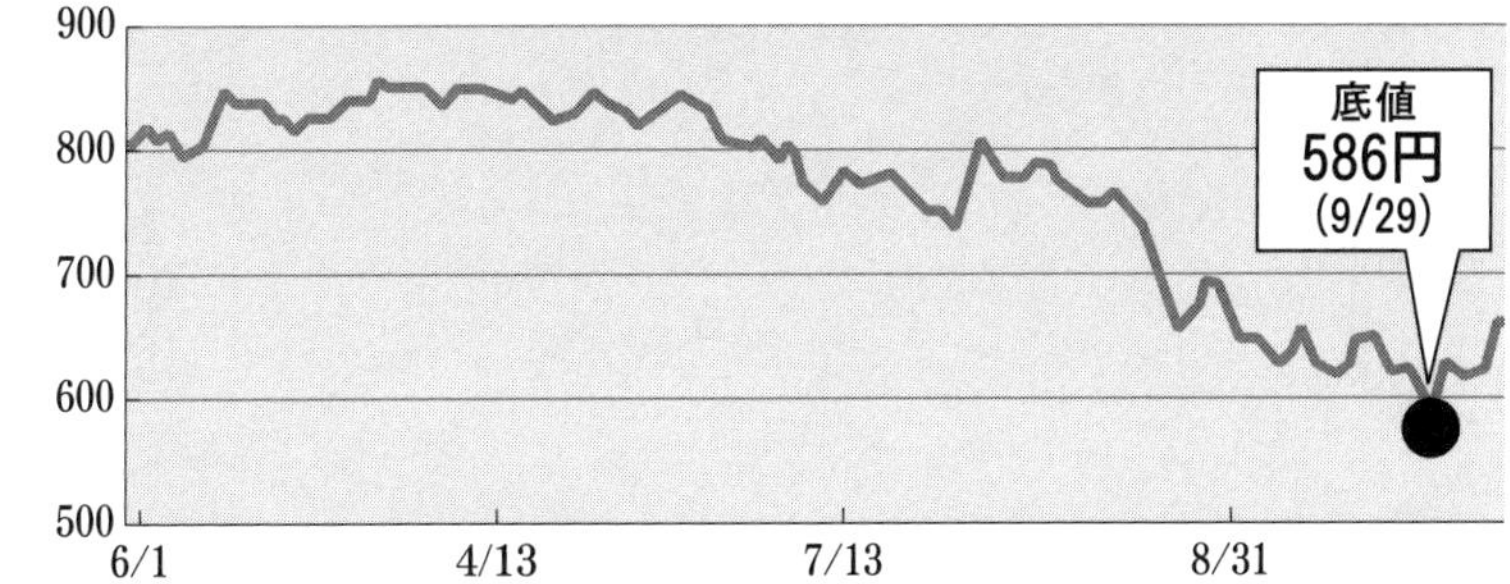

総合電機・重電のトップである。1910年、久原《くはら》鉱業所の修理工場として発足。1920年に日立製作所として独立した。海外売上収益比率は47%。低迷が続くデジタルＡＶへの依存度が低くなり、新興国の成長メリットを受けやすい社会インフラ整備関連ビジネスが柱となる事業構造への転換が進んでいる。今期より国際会計基準に変更したが、インフラビジネスの拡大を背景に好調が続いている。2016年3月期は売上高9兆9500億円、経常利益6000億円と、増収増益を見込む。

27 コマツ 6301 現在の株価 1,932円

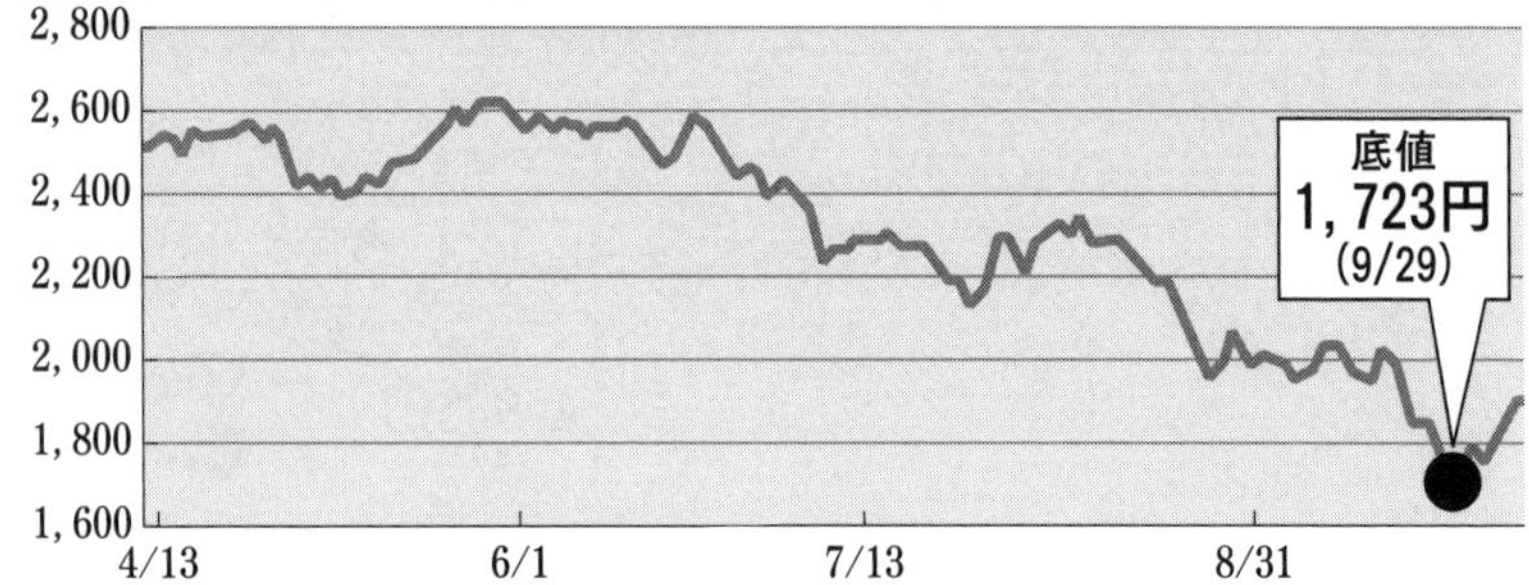

国内最大手の総合建機メーカーだ。世界シェア2位。1921年、小松製作所を設立。1931年、農耕用トラクターの国産第1号を完成。1943年には国産ブルドーザーの原型を製作した。製品にＧＰＳや通信機能の付いた車両管理システムを装着。製品・部品のＩＣＴ(情報通信技術)化にも強みを持つ。主力は建設機械だが、大型ダンプトラックや無人ダンプトラック運行システムなど鉱山分野にも注力している。海外売上高比率78.6％。2016年3月期は売上高1兆8800億円、営業利益2210億円を見込む。

28 IHI《アイエイチアイ》 7013 現在の株価 349円

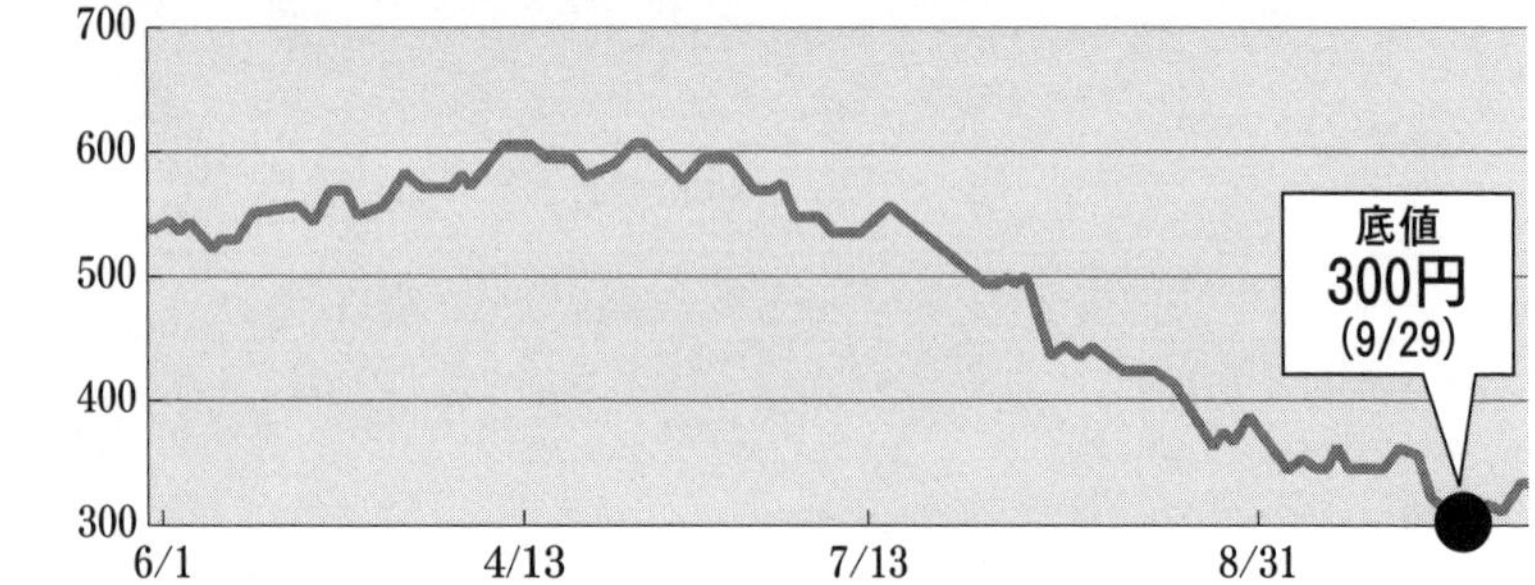

造船重機の大手で、ジェットエンジンは国内トップ。1876年、石川島平野造船所を設立。1945年、社名を石川島重工業と改称。1960年、造船大手の播《はり》磨《ま》造船所と合併して石川島播磨重工業が発足した。以後も、1964年に名古屋造船、1967年に芝浦共同工業、1968年に呉《くれ》造船所を合併し、規模を拡大させた。2007年、現在の社名に変更。2016年3月期は売上高1兆5800億円、営業利益750億円を見込む。2017年3月期は小幅な営業減益、2018年3月期以降は業績拡大と見られる。

29 国際石油開発帝石 1605 現在の株価 1,219円

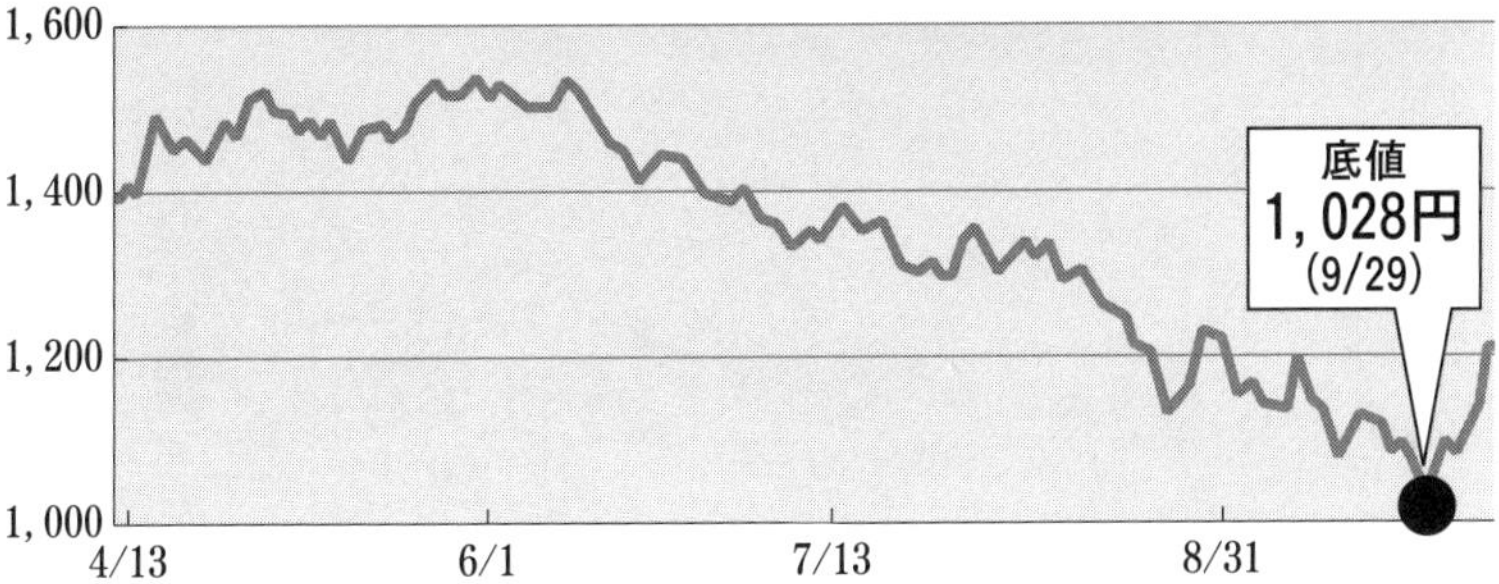

石油・天然ガス開発の専業企業である。2008年10月、国際石油開発および帝国石油の2社が経営統合して発足。天然ガスは、マハカム沖鉱区(インドネシア)での生産が主力。原油は、マハカム沖鉱区とＡＤＭＡ《アドマ》鉱区(アラブ首長国連邦)が主力。2015年には、ＡＤＣＯ《アドコ》鉱区(アブダビ首長国)の一部権益を取得した。主導権を握る開発案件として、イクシスＬＮＧプロジェクト(オーストラリア)があり、2017年7〜9月からの生産開始を予定。2016年3月期は売上高1兆1810億円、営業利益4710億円を見込む。

30 住友化学 4005 現在の株価 669円

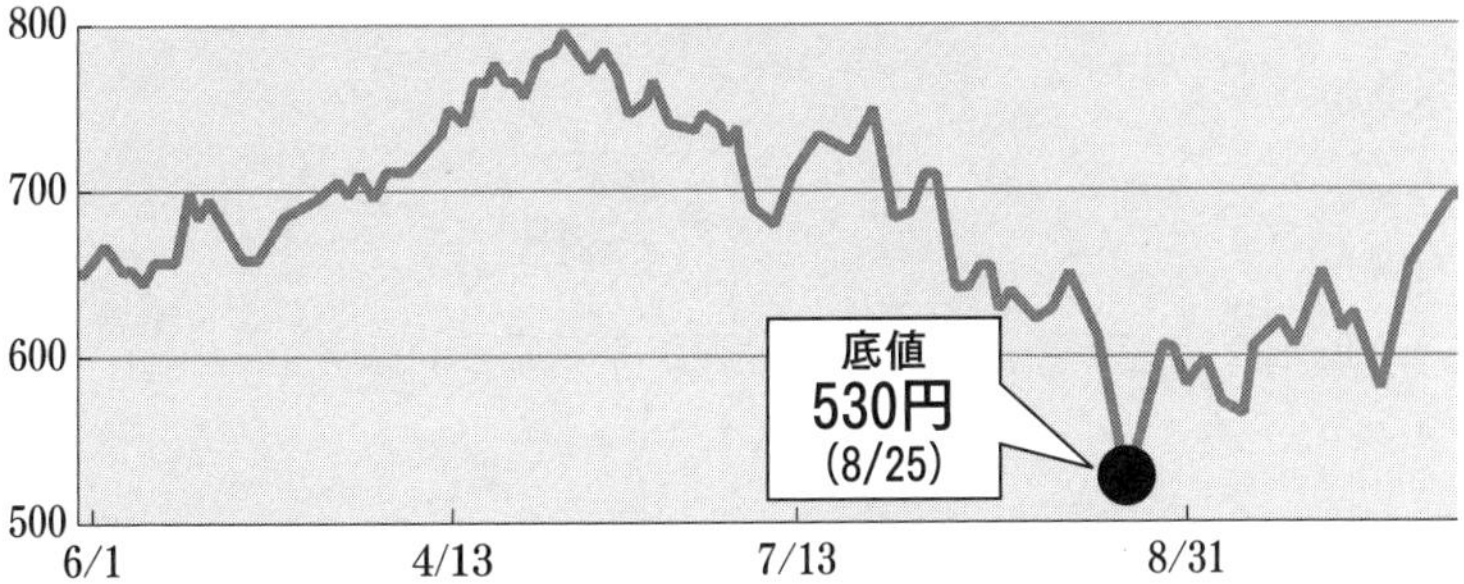

総合化学メーカーの大手。1925年、住友肥料製造所として設立。2004年、住友化学工業から現在の社名に変更した。2003年に三井化学との経営統合計画を撤回したあと、各分野で積極的な拡大策を推進する。石油化学分野では、現地企業との合弁でサウジアラビアのラービグ(紅海に面している)に大型設備を建設。農薬分野では、2002年に武田薬品工業から農薬事業を買収した。2009年には米国のセプラコール社を買収している。2016年3月期は売上高2兆2500億円、営業利益1450億円を見込む。

31 テルモ 4543　現在の株価 3,335円

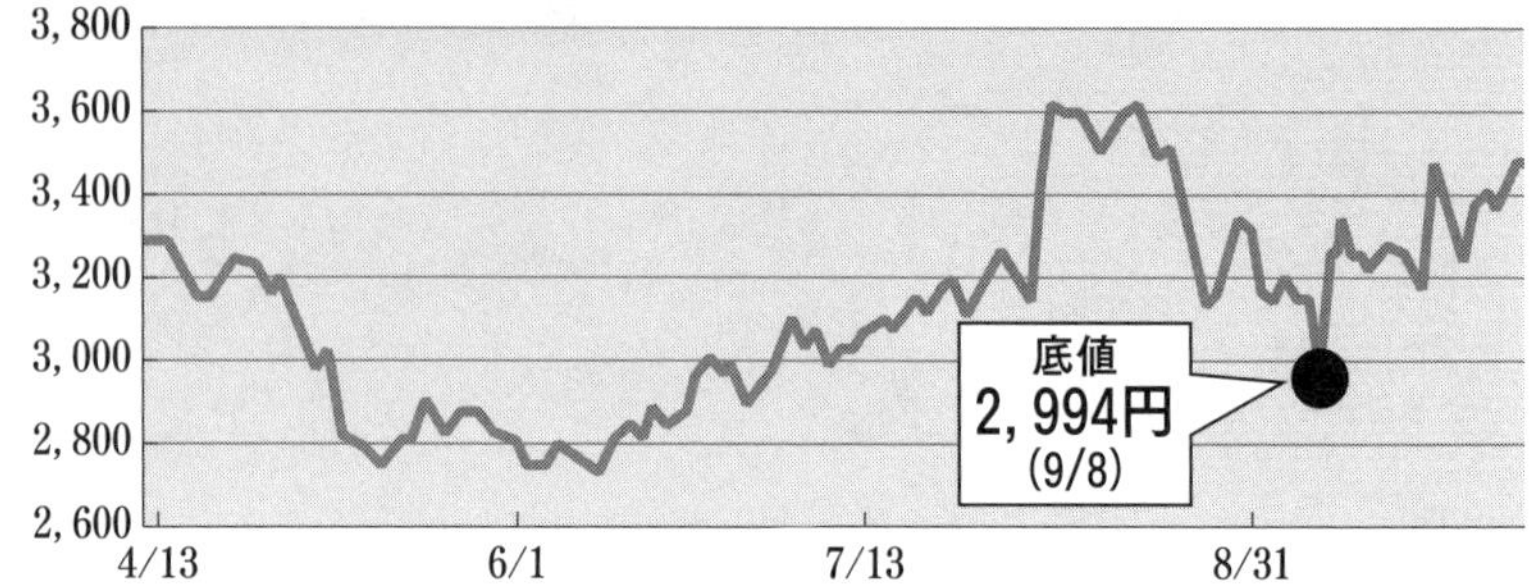

医療機器の大手である。1921年、北里柴三郎《きたざとしばさぶろう》博士らが発起人となり、赤線検温器を設立。1955年、この会社の体温計が国内生産の3割を占め、第1位になった。1974年、現在の社名に商号変更。世界160カ国以上で事業を展開し、心臓・血管領域の高度医療機器に強みを持つ。1977年、人工腎臓を発売して人工臓器分野に進出。1985年、血管造影用カテーテルシステムを発売し、高機能カテーテル分野に進出。1988年、腹膜透析システムを発売し、在宅医療分野にも進出した。2016年3月期は売上高5250億円、営業利益760億円を見込む。

32 富士フイルムHD 4901　現在の株価 4,596円

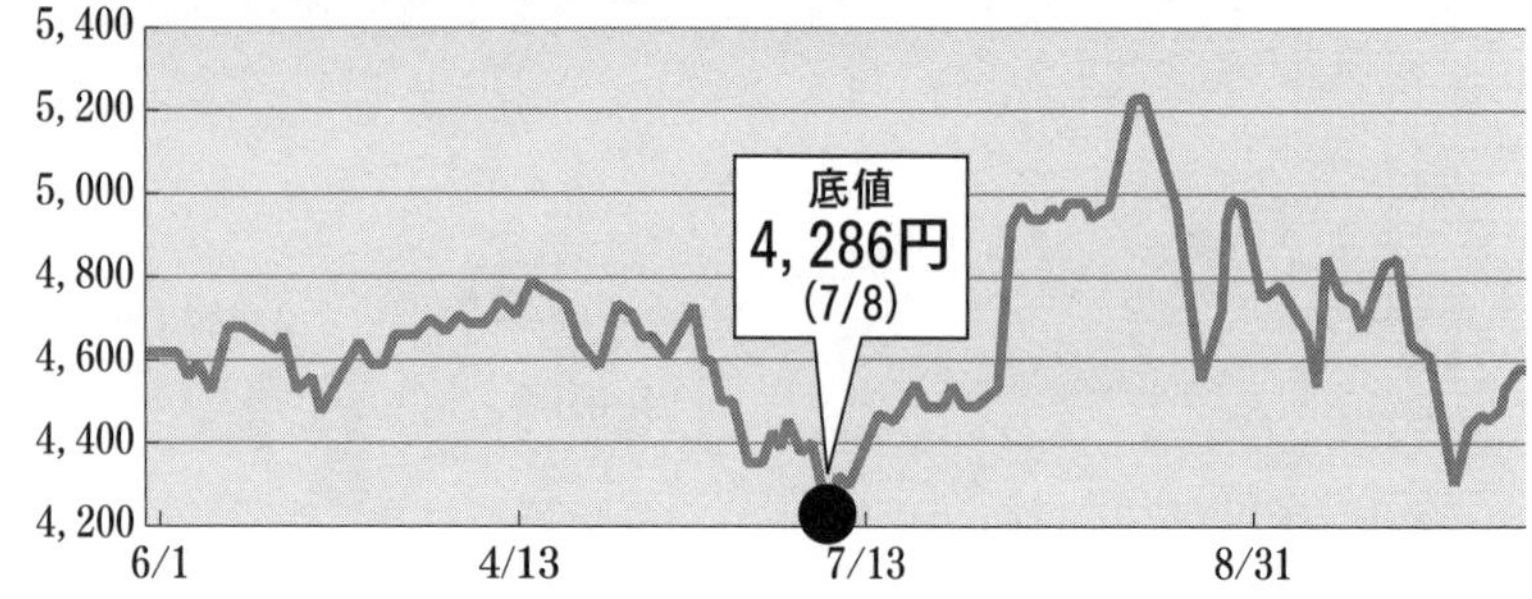

化学、画像処理などの技術を活《い》かして多角化展開している。1934年、写真フィルム製造の国産工業化計画に基づき、大日本セルロイドの写真フィルム部の事業一切を分離継承して設立した。液晶の偏光板保護フィルムなど世界トップシェアの製品を多数抱える。1962年、英国ランクゼロックス社との合弁により富士ゼロックスを設立。2001年、富士ゼロックスを連結子会社化。2006年、持ち株会社体制に移行した。2016年3月期は売上高2兆5800億円、営業利益1900億円を見込む。

33 TOTO 5332 現在の株価 3,850円

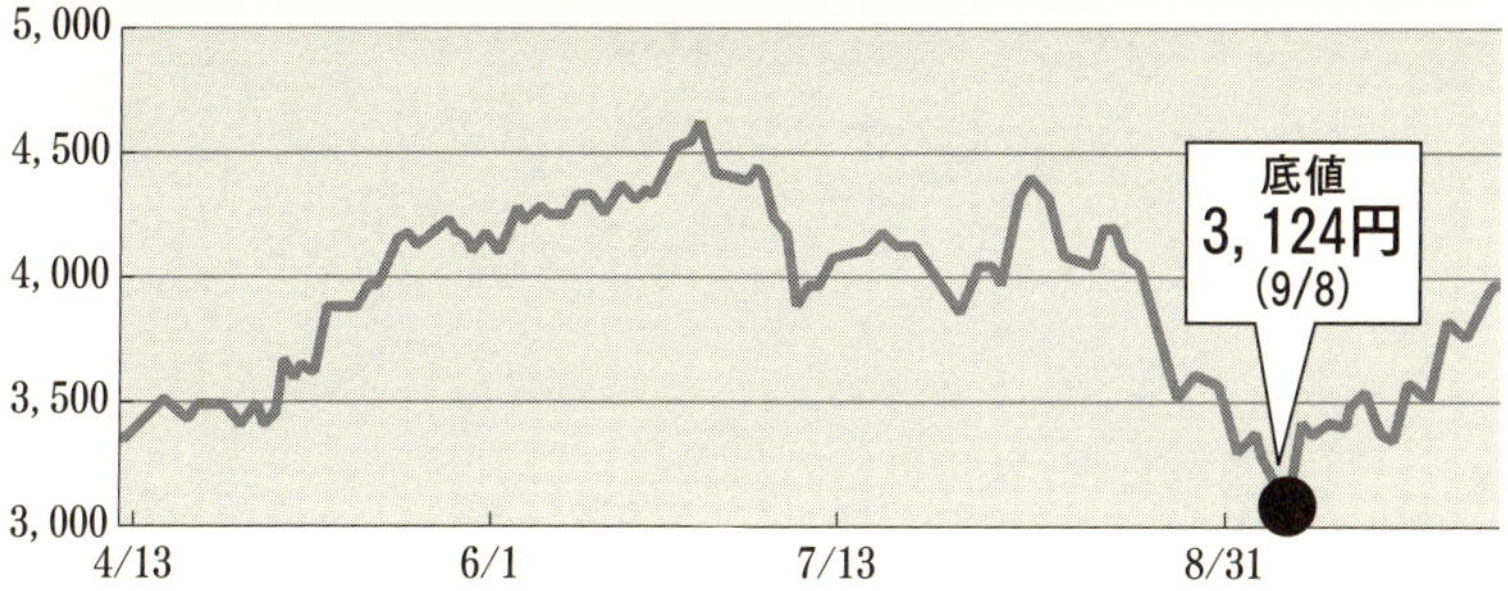

衛生陶器で国内トップである。1917年、日本陶器合名会社が衛生陶器の部門を分離して、東洋陶器として設立。2007年に現在の社名に変更した。衛生陶器を主力に水栓金具、ユニットバス、システムキッチンなどの商材を手がけている。温水式洗浄便座の代名詞ともなっている「ウォシュレット」も展開。新築住宅に依存しない経営基盤づくりに向け、リフォーム需要の開拓や海外での拡販に注力している。環境建材やセラミックなどの新たな事業領域も展開している。2016年3月期は売上高5845億円、営業利益428億円を見込む。

34 日本特殊陶業 5334 現在の株価 3,025円

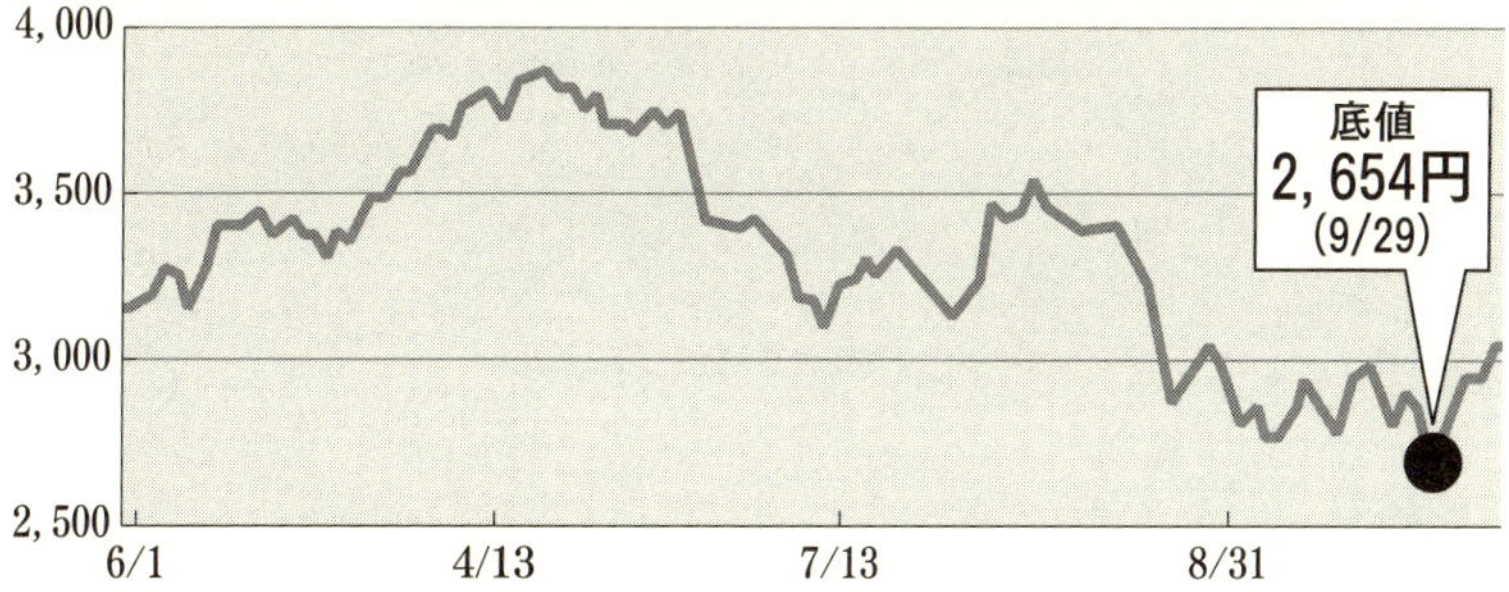

世界シェアトップのスパークプラグのメーカーである。1936年、日本ガイシのスパークプラグ部門が分離して設立。プラグや各種センサーをはじめとする自動車部品の製造販売が主力事業である。自動車の排気ガス浄化システム用制御装置である酸素センサーでも世界シェアトップだ。世界各地に拠点を展開し、ほとんどの自動車・バイク、汎用《はんよう》エンジンメーカーに製品を供給している。海外売上高比率が84%。2016年3月期の売上高3945億円、営業利益670億円を見込む。

35 デンソー 6902　現在の株価 5,450円

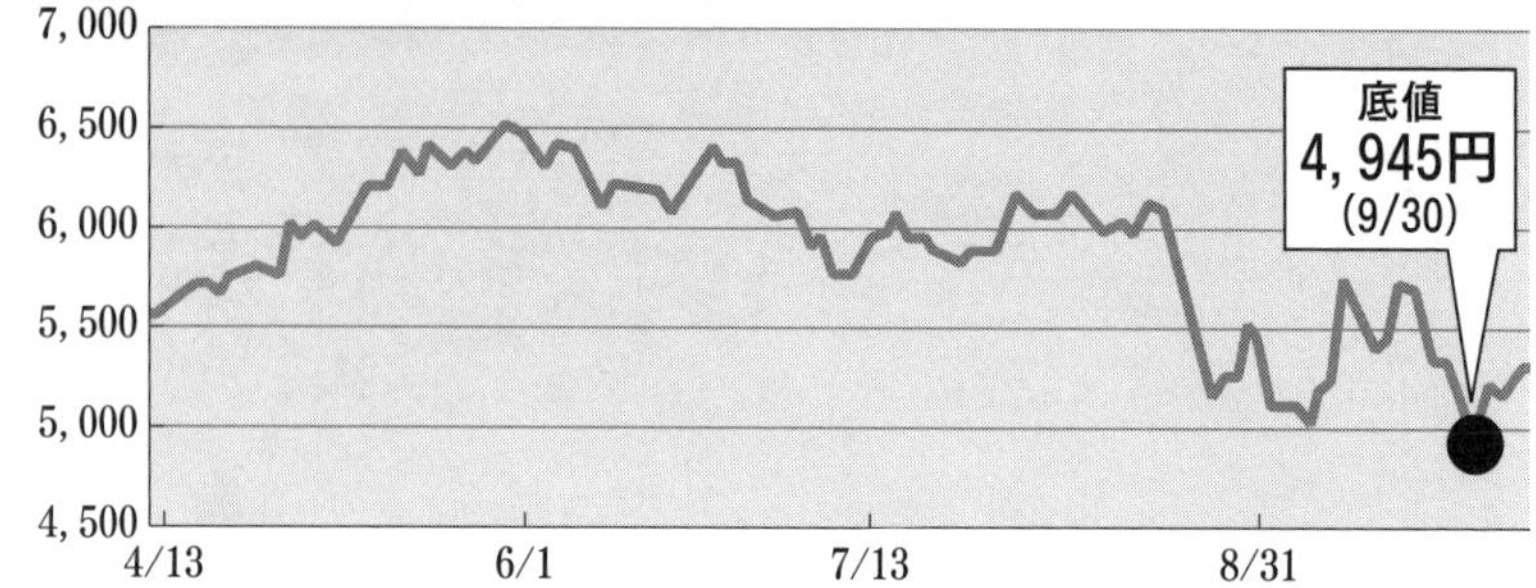

世界有数の自動車部品メーカーがこの会社だ。トヨタグループの中核で、売上収益規模、技術力ともに優れている。1949年にトヨタ自動車工業の電装品・冷却器部門を分離独立し、日本電装を設立。60年代後半からモータリゼーションの進展に伴い、1965年に池田工場、1967年に安城製作所、1970年に西尾製作所を操業開始。1971年に海外拠点を米国に設立し、海外展開を開始。1996年、現在の社名に変更。2016年3月期は売上高4兆4700億円、営業利益3800億円を見込む。2017年3月期以降は業績拡大の見通し。

36 浜松ホトニクス 6965　現在の株価 2,947円

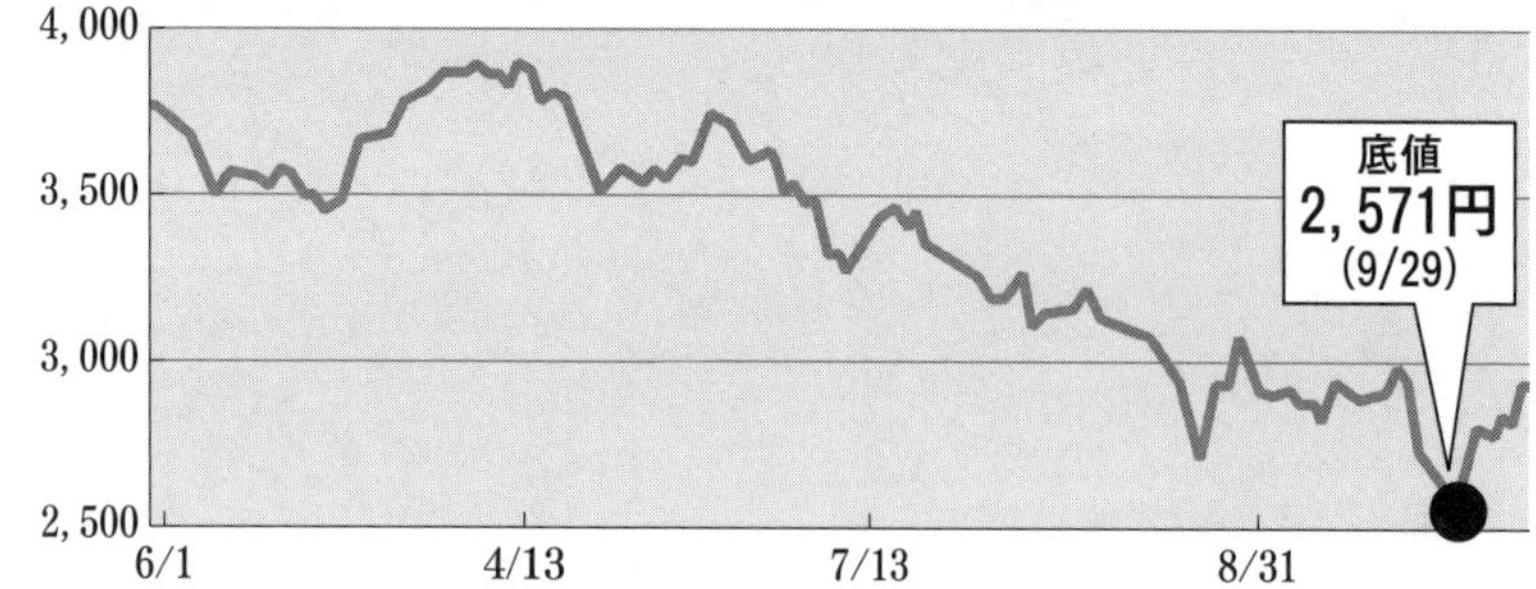

光関連製品の研究開発型企業である。1948年、東海電子研究所を設立。1953年、浜松テレビを設立し、東海電子研究所の業務を引き継いだ。1978年、事業目的に医療機器などの研究、試作、製造、販売を追加。1983年、現在の社名に商号変更した。光電子増倍管は世界シェアで90％強を占めている。放射線検査装置や検体検査装置などの医用機器が主力。半導体製造装置や非破壊検査装置などの産業用機器などを扱う。海外売上高比率67.1％。2015年9月期は売上高1243億円、営業利益252億円と、過去最高業績を見込む。

切りとり線

★読者のみなさまにお願い

この本をお読みになって、どんな感想をお持ちでしょうか。祥伝社のホームページから書評をお送りいただけたら、ありがたく存じます。今後の企画の参考にさせていただきます。また、次ページの原稿用紙を切り取り、左記編集部まで郵送していただいても結構です。

お寄せいただいた「100字書評」は、ご了解のうえ新聞・雑誌などを通じて紹介させていただくこともあります。採用の場合は、特製図書カードを差しあげます。

なお、ご記入いただいたお名前、ご住所、ご連絡先等は、書評紹介の事前了解、謝礼のお届け以外の目的で利用することはありません。また、それらの情報を6カ月を超えて保管することもありません。

〒101―8701（お手紙は郵便番号だけで届きます）
祥伝社　書籍出版部　編集長　萩原貞臣
電話03（3265）1084
祥伝社ブックレビュー　http://www.shodensha.co.jp/bookreview/

◎本書の購買動機

＿＿＿新聞の広告を見て	＿＿＿誌の広告を見て	＿＿＿新聞の書評を見て	＿＿＿誌の書評を見て	書店で見かけて	知人のすすめで

◎今後、新刊情報等のパソコンメール配信を　　希望する　・　しない

◎Eメールアドレス　　※携帯電話のアドレスには対応しておりません

@

100字書評

再発する世界連鎖暴落

住所

名前

年齢

職業

再発《さいはつ》する世界《せかい》連鎖《れんさ》暴落《ぼうらく》
貧困に沈む日本

平成27年11月10日　初版第１刷発行

著　者　副《そえ》島《じま》隆《たか》彦《ひこ》
発行者　竹内和芳
発行所　祥《しょう》伝《でん》社《しゃ》
〒101-8701
東京都千代田区神田神保町3-3
☎03(3265)2081(販売部)
☎03(3265)1084(編集部)
☎03(3265)3622(業務部)
印　刷　堀内印刷
製　本　ナショナル製本

ISBN978-4-396-61546-8 C0033　Printed in Japan
祥伝社のホームページ・http://www.shodensha.co.jp/